やわらかアカデミズム
〈わかる〉シリーズ

よくわかる
家族社会学

西野理子/米村千代
[編著]

ミネルヴァ書房

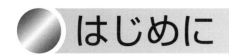

■よくわかる家族社会学

はじめに

　「大切なもの」と聞けば「家族」が筆頭に挙げられ，家族への一般的な関心は，近年ますます高まっている。少子化や超高齢社会の到来といった社会情勢のなかで，諸問題の解決のために家族のあり方が問われることも多い。社会のなかで家族を把握し理解する家族社会学は，これからの時代を切り開いていくうえで，より活用されるべき研究であることは間違いない。

　実際に，近年，気鋭の若手研究者を中心に，家族社会学の教科書や入門書は多々出版されている。しかしながら，「現代家族」を俎上にのせた研究書，あるいは「家族の問題」「新たな家族」「家族を超えて」などをテーマとするものが大半であり，家族社会学が何をどのようにとりあげてきたかを網羅する書は，最近ではあまり見当たらない。また，今日的な課題に取り組むにあたって，ポスト現代の諸理論はよく活用されているが，過去に家族社会学が自明のものとして取り入れていた理論が活用されないままに据え置かれたり，過去の成果が顧みられることがなかったりすることもある。時間がたてば理論も進化していき，過去に活用された理論が時代遅れになることは事実だが，蓄積されてきた理論が活用される可能性が本当にないかどうかは，あらためて問われてもよいのではないか。その作業は，今日的な課題をとらえなおす視点の開拓にもつながるだろう。そもそも，学問は蓄積の上に進展していくものである。

　そこで本書は，やわらかアカデミズム・〈わかる〉シリーズの1冊として，家族社会学が取り組んできた領域やテーマを広くとりあげ，家族社会学の理論，ならびにその活用をわかりやすく説明することを目的とする。家族社会学という学問領域が，これまで何をどのように明らかにしようとしてきたかを提示し，家族社会学という研究の可能性をさらに開拓しようというものである。そのため，本書を通じて，家族のことがわかるようになることは目的としていないし，家族に関わる何らかのテーマが明らかにされることを目的ともしていない。

　上記の目的のために，第一に，少なくとも第二次世界大戦後から現在に至るまで，家族社会学がとりあげてきた研究に幅広く目配りする。家族社会学を専門としている研究者は数多くおり，そこで取り組まれてきた諸研究を射程に収めようという試みといえる。もちろん，家族社会学と一言にいってもその範囲は極めて広く，すべて網羅したとは残念ながら言えない。漏れ落ちた領域があることはお断りしておきたい。

　第二に，家族社会学を理解するため，とくに研究の理論的な側面に着目した

i

説明を心がけたつもりである。家族という日常生活にうもれた存在を対象とすることもあってか，家族そのものを理解しようとする側面が重視され，理解のためのアプローチや理論が（研究者以外には）わかりにくくなっているという反省に立ち，あえて理論を整理することを試みている。具体的には，第Ⅰ章を「家族をとらえる理論と視角」と題し，家族社会学分野で展開されたり，参照されたりしてきた理論・視角を取り上げている。すでに「古典」と扱われている理論から，最近の研究で頻繁に言及されるポスト現代の理論まで取り上げている。

　第三に，本書は家族社会学をこれからも活用するという企図をもって編まれているため，理論の説明に終わらず，その理論を展開したり，実際の家族研究に適用する側面を示した。すなわち，第Ⅱ章～第ⅩⅠ章においては，家族研究でよく取り上げられている，ないしはとりあげられるべきと考えたトピックスを選び，それぞれのトピックスごとに，①社会の現状を紹介し，②その現状を説明するために用いられている理論を整理した上で，第Ⅰ章で紹介したどの理論を用いて現状のどの部分が説明されているかを提示した。家族社会学が蓄積してきた数多くの研究を概観した上で，現実のトピックスに接近してきた研究成果を理論面を明らかにしながら解説していくという構成である。そして，③さらなる研究の展開可能性についても触れている。

　家族社会学がこれまで蓄積してきた成果と可能性を提示しようとするうち，あらためて家族社会学という領域の広さと隣接領域との境界のあいまいさに気づくことになった。そのため，第ⅩⅡ章では家族と社会の他領域との関連を，第ⅩⅢ章では家族社会学と他の学術領域との架橋をとりあげた。さらに，今日的な課題としてはずすことができない問題に家族社会学はどのように取り組んできているのかを，第ⅩⅣ章でとりあげた。

　冒頭でも述べた通り，本書は，家族社会学研究のさらなる展開を期待して編まれている。そのため，今日的な課題への取り組みを明らかにしてその成果を問い，社会的な実践や政策等への提言につながる観点にもふれるようつとめている。研究はそれ自体で意味を持つと，研究者として考えているが，家族社会学への社会的期待を考えるとき，実践への提言の重要性は看過できない。「家族社会学は現代的な問題に対してこのように活用でき，その成果として提示できることがある」と言えるよう，本書を通じてあらためて考察していきたい。社会学の研究者としては，一つ一つの研究成果にはきわめて慎重であるべきと考えているが，あえて提言にまで踏み込んだのはそのためである。

　　2019年9月

　　　　　　　　　　　　　　　　　　　　　　　　　　　　　編　者

もくじ

■よくわかる家族社会学

はじめに

prologue 家族社会学の成り立ち ……… *2*

Ⅰ 家族をとらえる理論と視角

1 家族の成立 ………………… *6*
家族は自然にできるのか

2 親族と家族 ………………… *8*
親族と家族の境界とは

3 直系家族と夫婦家族 ………… *10*
家族制度論

4 父系と双系化 ……………… *12*

5 日本の「家」制度と「家」概念…… *14*

6 理念としての核家族化論 ……… *16*

7 実態としての核家族化論 ……… *18*

8 家族システム論・家族発達論…… *20*

9 家族ストレス論 ……………… *22*
家族の危機をどうとらえるか

10 近代家族論 ………………… *24*
私たちの思う家族は昔からあったのか

11 ネットワーク論 ……………… *26*
ネットワーク論から家族をとらえる

12 ライフコース論 ……………… *28*
個人の人生軌道から家族過程をとらえる

13 臨床的なアプローチ ………… *30*
家族の危機にどう立ち向かうか

14 資源論・交換理論的なアプローチ
……………………………… *32*

15 家族の個人化 ……………… *34*
家族はバラバラになるのか

16 家族のリスク化 …………… *36*
家族をあてにしてもよいのか

17 公共圏と家族 ……………… *38*
家族の親密さとは

18 主観的家族 ………………… *40*
誰を家族だと思うか

19 日本の家族の地域性 ………… *42*
家族に地域差はあるのか

20 世界の中の家族 …………… *44*
家族のグローバル化

Ⅱ 結婚：理論から家族をとらえる⑴

1 晩婚・非婚化の現状 ………… *46*

2 晩婚・非婚化を説明する諸理論… *48*

3 さらなる理論的展開の可能性…… *52*

4 未婚化 ……………………… *54*
結婚制度の再考

5 離再婚 ……………………… *56*

iii

Ⅲ 家事分担：理論から家族をとらえる⑵

1 家事分担の現状……………………58

2 家事分担を説明する諸理論………60

3 さらなる理論的展開の可能性……64

Ⅳ 子の養育：理論から家族をとらえる⑶

1 子の養育の現状，社会問題化……66

2 子の養育を説明する諸理論………68

3 さらなる理論的展開の可能性……72

4 親と子のつながり…………………74

Ⅴ 高齢期のケア：理論から家族をとらえる⑷

1 高齢期のケアの現状………………76

2 高齢期のケアを説明する諸理論
　………………………………………78

3 さらなる理論的展開の可能性……80

4 独居問題……………………………82

Ⅵ 夫婦間の情緒的関係：理論から家族をとらえる⑸

1 夫婦間の情緒的関係の現状………84

2 夫婦間の情緒的関係を説明する
　諸理論………………………………86

3 さらなる理論的展開の可能性……90

Ⅶ 中期親子関係：理論から家族をとらえる⑹

1 中期親子関係の現状………………92

2 中期親子関係を説明する諸理論
　………………………………………94

3 さらなる理論的展開の可能性……96

Ⅷ きょうだい関係：理論から家族をとらえる⑺

1 きょうだい関係の現状……………98

2 きょうだい関係を説明する諸理論
　………………………………………100

3 さらなる理論的展開の可能性……102

Ⅸ 祖父母・孫関係：理論から家族をとらえる⑻

1 祖父母・孫関係の現状……………104

2 祖父母・孫関係を説明する諸理論
　………………………………………106

3 さらなる理論的展開の可能性……108

Ⅹ 親になること・妊娠と出産：理論から家族をとらえる⑼

1 親になること・妊娠と出産の現状
　………………………………………110

2 親になること・妊娠と出産を
　めぐる諸理論………………………112

3 少子化論……………………………114

4 さらなる理論的展開の可能性……116

XI 家族支援：理論から家族をとらえる⑩

1 家族支援の現状 ……………… 118

2 家族支援をめぐる諸理論 ……… 120

3 さらなる理論的展開の可能性 … 122

XII 家族と社会

1 家族と先祖 ……………… 124

2 家族と地域 ……………… 126

3 家族と職業・仕事 ……………… 128

4 家族と教育 ……………… 132

5 家族とメディア ……………… 134

6 家族とイデオロギー ………… 136

XIII 家族社会学の隣接領域

1 人口学 ……………… 138

2 法学 ……………… 140

3 福祉社会学 ……………… 144

4 地域社会学 ……………… 146

5 教育社会学 ……………… 148

6 歴史社会学 ……………… 150

7 歴史人口学 ……………… 152

8 計量的アプローチ ……………… 156

9 フェミニズム ……………… 158

10 計量的な調査 ……………… 160

11 質的な調査 ……………… 162

XIV 現代家族をめぐる諸問題へのアプローチ

1 DV ……………… 164

2 子ども虐待 ……………… 166

3 ひとり親家庭 ……………… 168

4 子どもの貧困 ……………… 170

5 孤立 ……………… 172

6 LGBT ……………… 174

epilogue 家族社会学のこれから … 176

さくいん ……………… 178

やわらかアカデミズム・〈わかる〉シリーズ

よくわかる
家 族 社 会 学

家族社会学の成り立ち

1 家族社会学の誕生

　家族社会学は，家族を研究関心の対象とする社会学の一領域である。○○社会学という連字符社会学のなかでは歴史が古いほうで，社会学の祖といわれるオーギュスト・コントは，個人と社会の結びめとなる家族に注目していた。H. スペンサーは社会関係の進化を論じるなかで家族に触れているし，E. デュルケムは『自殺論』のなかで家族内の関係性を視野に入れている。いずれも家族をテーマに論じているわけではないが，社会学の成立と同時に，家族を対象に含める考察は展開され始めている。

　ただし，家族社会学といえる学問領域が成立したのは，社会学が先行した西欧においても，ほぼ20世紀半ば以降と言われている。19世紀中には，社会進化論的な研究やル・プレーの貧困研究など下層労働者の生活研究が展開していた。それらを伏流として，19世紀末から蓄積されてきた社会学の理論構築のうえに，徐々に家族社会学がたちあわられている。

2 農村社会学から家族社会学へ

　日本においても，家族社会学が独立の領域としてあらわれる以前から，家族に関心が寄せられてきた。第二次世界大戦以前から，社会学に限らず，民俗学や人類学，法制史，歴史学などの隣接領域も含め，村を対象として多くのフィールドワークがなされてきた。特に農村社会学においては，有賀喜左衛門や喜多野清一らが家や親族関係，村の研究を精力的に推進した。有賀と喜多野の間で繰り広げられた有賀-喜多野論争においては，family の訳語である家族が，日本における家との関連でどのように位置づけられるかが論点となった。欧米の概念である家族が，当時，日本の研究者の目の前に広がっていた農村の家とどのように異なるのか，家族概念で日本の家をどのように説明することができるのかが問われたのである。

　この論争に先行して戦前日本において家族を直接取り上げた研究者として，戸田貞三をあげることができる。戸田は，村落における家族研究が多いなかで，いち早く都市家族に注目し，第一回国勢調査（1920年）の分析から，以降の家族社会学において重要な論点の 1 つとなっていく小家族論を唱えた。当時の平均世帯人数は4.5人であること，世帯に含まれる親族の 8 割強を夫婦と未婚の

▷ 1　 I-1 参照。

▷ 2　有賀喜左衛門, 2000-01,『有賀喜左衛門著作集[第 2 版]』未来社；喜多野清一, 1983,『家族・親族・村落』早稲田大学出版部。

▷ 3　半村千代, 2014,『「家」を読む』弘文堂, pp. 26-28を参照。

▷ 4　戸田貞三, 1937,『家族構成』弘文堂。

子どもが占めることという実証研究の知見や，家族の集団的特質に近親者の感情融合を置く視点は，戦後の核家族論へと連なっていく考え方である。戦後，家族研究が農村における村や家の研究から都市における核家族の研究へと大きく重心を移していくなかで，森岡清美は核家族を分析単位とした家族変動論を展開し，家と家族の変動を実証的に明らかにしていく[5]。

3 アメリカ社会学の影響

　日本の社会学すべてがそうであったように，家族社会学も，戦後，アメリカ社会学の影響を強く受けて展開した。1950〜70年代に日本に圧倒的な影響力を及ぼしたのは構造機能主義であった。構造機能主義では，家族という集団が社会の中で一定の機能を果たして（機能して）いることによって社会構造の中に位置付けられるとする。代表的な論者の1人であったT.パーソンズはR.F.ベールズとの共著において[6]，子どもの社会化とそれを通じての大人のパーソナリティ安定を家族の専門的な機能だと論じ，核家族が社会を構成するのに適した基礎的集団であると理論化した。それまで，産業化・都市化に伴い家族が地域共同体から離れて弱体化したとか，都市部における家族は問題含みのものに変質したと論じる研究者が多かったのに対し，パーソンズは親族構造から孤立した核家族こそ産業化に適合した社会の基礎単位であると位置付けた[7]。

　日本では第二次世界大戦後，GHQ の指導のもとで民法が改正され，戦前の家父長制度は廃止された。新たな憲法ならびに民法のもと，社会ならびに政治の体制は民主主義へと変換した。また新民法では，婚姻と同時に新たな戸籍が創設されることになり，少なくとも法律上は夫婦家族制度が導入された。家族の近代化・民主化に着目し，「新しい家族」をとらえようとする気運が高まっていった。社会学においても，夫婦家族を基本単位とする家族研究が本格的に展開していく。

　森岡清美は，夫婦中心の核家族を中心概念として家族をとらえることで，戦後日本の家族変動を把握する議論を展開していく。核家族を分析単位とすることには，山室周平などによる反論[8]もあったが，核家族は日本の家族変動をとらえる代表的な枠組みとなっていった。実態面でも，1970年代における実生活での核家族世帯の増加もあり，日本でも核家族化が進んで核家族に収斂していく[9]のか，それとも日本の従来の制度である家が日本的な伝統として残存するのか，あるいは両者が併存する度合いを考えるべきか，研究者が関心を寄せたさまざまな地域で小規模な調査が繰り返された。また，核家族を中心とすることにより，核家族ではない家族のあり方に目を向け，家族病理や家族問題としてとらえる研究も展開された[10]。

　同時期にアメリカから流入したのが相互作用主義のアプローチである。シカゴ学派のバージェスの著作は，その副題「制度から友愛へ」に象徴されるよう

▷5　森岡清美，1993，『現代家族変動論』ミネルヴァ書房。

▷6　パーソンズ，T.・ベールズ，R. F.，橋爪貞雄ほか訳，2001，『家族』黎明書房。

▷7　主として都市社会学の分野において，20世紀前半に，都市と農村の二項対立の枠組みで論じられた。

▷8　池岡義孝，2017，「家族社会学における『小さな世帯』」『社会保障研究』2(1)：pp. 77-89。

▷9　 I-7 参照。子ども数が多かった時代に生まれた子どもたちが成長して都市部に移動して結婚，新たに核家族となった世帯増加であって，多世代家族の解消にともなう核家族化ではないことに留意。

▷10　那須宗一・上子武次，1980，『家族病理の社会学』培風館。

に，家族が情緒的なつながりによって結ばれたものへと変化していくという理論的な道筋を示した。人々の生活実態を手掛かりに，家族内のミクロな関係性への着目が促され，夫婦関係や親子関係，家族内の権力関係，家事分担など，ミクロな研究領域が開拓されていった。

④ 集団論アプローチから多様化論へ

　構造機能主義も相互作用主義も，家族が1つの集団システムであることを前提として理論化されている点は共通していた。現実にも，集団性に疑問が投げかけられることはほぼなかった。戦前の農村で家族とは使用人や遠い親戚などを含み，時に応じて確保される労働力が拡大したり縮小したりすることが多々みられたが，少なくとも戦前から戦後にかけて以降の家族は，少数の成員から構成され，範囲が明確な集団として人々に認識されていた。1970年代には，「近代家族」と呼ばれる特徴を備えた家族が，庶民生活に広く普及したと指摘されている。家族が集団としてのまとまりをもつ存在であることは，「近代家族」の特徴の1つでもある。

　しかしながら，1980年代になると，近代家族のあり方に揺らぎが認められるようになり，家族の集団性自体に疑問が投げかけられた。離婚やひとり親家族，シングルマザーの増加など多様な家族のあり方がみられるようになり，一様に安定した核家族の生活が営まれるというイメージは維持できなくなった。性別役割分業意識のリベラル化や母親の就労増加は，母親は家族のための役割のみに従事するという家族一体モデルに疑問を呈した。家族研究に先んじて，ジェンダー研究やフェニミズム研究において，夫婦や親子から構成される家族や性別役割分業を批判的にとらえなおす論考が次々と発表され，影響力を持って展開された。これらは戦後を近代化としてとらえる視点への批判も提示していた。また，社会史や歴史社会学，歴史人口学の研究領域においても，データを活用して，家族の集団論の前提を問い直す指摘が重ねられた。認識論的な歴史研究からも，家族という前提を問い直すアプローチがなされるようになった。

　「個電」「個食」などの社会事象が紹介されるようになり，「家族の個人化」が指摘された。主婦の憂鬱，育児不安，子どもの不登校，単身赴任などの家族の別居生活，アルコール依存症や精神疾患などのさまざまな新たな家族内の問題も，家族とその中の個人の関係を浮かび上がらせ，家族内にとどまらない対応が求められるようになった。

　家族社会学のアプローチも，個人を中心とするものへと転換していく。欧米で展開されていたライフコースやネットワークなど，多様なアプローチが導入された。同時に，家族概念自体の再考を促す構築主義や，主観性への着目など，ポストモダンのさまざまな考え方が家族に援用され，研究が展開している。社会経済学とでもいうべき，経済学からの援用もはかられている。家族事象の多

▷11　落合恵美子，2004，『21世紀家族へ［第3版］』有斐閣選書。Ⅰ-10 参照。

▷12　ⅩⅢ-9 参照。

▷13　ⅩⅢ-6 参照。

▷14　ⅩⅢ-7 参照。

▷15　目黒依子，1987，『個人化する家族』勁草書房。

prologue 家族社会学の成り立ち

様化が指摘されると同時に，家族へのアプローチ自体が多様化しているのである。

⑤ 方法論の多様化

あわせて，方法論も多様化してきた。農村社会学では，研究対象とするフィールドを1農村など一定の範囲に限定し，そこに密着しながらインタビューや資料収集を通して全体像を描き出す手法が典型的にはとられた。都市の一部地域で調査票を配布する計量的な調査も試みられたが，個々の研究者は一定の範囲に限定して家族を掘り下げるしかなかった。戦後になると，計量的な手法が徐々に普及したが，政府統計は2000年代に入るまで利用に制限が課されていた。

家族に関する全国統計をもとめ，日本家族社会学会が1999年に第一回全国家族調査を実施し，データを研究者に提供した。この調査はその後も継続し，家族研究者が計量的な手法を相互に研鑽する場となっている。

これまで研究者個人や各種研究機関などは，それぞれの研究関心・テーマから調査を実施して成果を発表してきた。だが，研究後のデータは失われ，同じような調査が次々と実施されては消えていく状況を生み出してしまう。そこで，それぞれの調査データと概要を専門のアーカイブ機関に寄託し，アーカイブ機関が窓口となって，データを利用して研究したい個人・機関に一定の誓約のもとに貸し出す活動が開始されている。全国家族調査のデータもデータ・アーカイブを通じて研究者に提供され，データの2次利用による研究成果が蓄積されるようになってきている。

もう一方で，質的な調査方法とその分析技法も，高度化が進んでいる。例えば，インタビュー口述データをスクリプトとして保存してからグラウンデッド・セオリー・アプローチを使う，エスノメソドロジーの手法を活用して参与観察を行う，録音した会話データを電子化して内容分析を行うなど，いくつもの手法がある。農村社会学の時代には，フィールドに深く入り込む質的なアプローチの方法は，教員や先輩と一緒にフィールドに入り，彼らの実践から学ぶしかなく，その方法も「名人芸」「職人芸」的な要素が多くあった。しかしながら今日では，質的な方法論を扱った研究書や教科書は多数刊行されており，質的な研究法として学ぶことができる。質的に家族に接近するにしても，研究テーマに応じた手法を適切に選択し活用することの重要性が増しているといえよう。

日本家族社会学会による2019年実施の第四回全国家族調査では，質的なアプローチも組み入れられており，大勢の研究者が質的なアプローチを共有して大規模なプロジェクトに取り組む道も開かれようとしている。今後さらに，方法論の精緻化が進むことであろう。　　　　　　　　　　（西野理子・米村千代）

▷16　家族に関する理論的・実証的および実践的な研究を推進し，個人と社会の発展に寄与することを目的として，1991年に結成された学術団体。学会HP（www.wdc-jp.com/jsfs/）参照。

▷17　全国家族調査については，http://nfrj.org/参照。

▷18　代表的なアーカイブ機関に，東京大学社会科学研究所附属社会調査・データアーカイブ研究センターがある（https://csrda.iss.u-tokyo.ac.jp/）。

▷19　自ら実施した調査データを活用して研究する場合をデータの1次利用というのに対し，既存のデータを活用して研究することをデータの2次利用という。2次利用の場合，すでにあるデータを使うことから，調査実施によるさまざまな事情やそれによるデータの特性をよく理解した上で分析に用いることが肝要となる。

▷20　XIII-10 参照。

▷21　質的な方法論に関する文献が多数出版されている。XIII-11 を参照。

Ⅰ　家族をとらえる理論と視角

家族の成立
家族は自然にできるのか

社会進化論による家族の起源の説明

現代に生きる私たちにとって，家族は当たり前に存在する。世界中をながめてみても，また，人類（ホモサピエンス）の歴史をたどっても，家族がない社会はない（ただし，その家族のあり方は多様である）。

家族の起源をめぐって，長らく説明が試みられてきた。1800年代に提示された説明は，多数の男女の乱婚状態から，徐々に社会が進化していくにつれ，一夫一婦制の安定した家族集団が成立していったというものである。その嚆矢となったのはJ. J. バッハオーフェンで，女性が子どもを産むことから，まず母権制社会が成立し，その後に父権制的・家父長制的な家族制度へ移行したと論じた（『母権論』）。多数の民族社会に関する資料を渉猟した人類学者のL. H. モルガンは，その著『古代社会』において説明を精緻化・体系化した。K. マルクスとF. エンゲルスはモルガンの論を受け継ぎ，エンゲルスの手による『家族，私有財産，および国家の起源』が出版された。エンゲルスによれば，性関係の相手が特定されない群婚状態から，いくつかの段階を経て一夫一婦制の単婚社会が成立し，その変化を決定づけているのが私有財産の普及である。私有財産を持つようになり，その財産を自身の子孫に継承させるため，自分の子孫が明確にわかるような制度が確立していく。そして，その制度を遵守するために国家が成立する。

20世紀にはいると，さまざまな研究から，これらの主張は否定されていく。第一に，G. P. マードックの『社会構造』をはじめとして，核家族という社会組織が（進化の結果形態としてではなく）ほぼ普遍的に認められることが理解されてきた。第二に，人類学や民族学などの研究の蓄積から，原始状態であっても乱婚はないことがわかってきた。現代では家族の進化説はほぼ否定された。

② 自然人類学からの示唆

では家族は，人間社会において自然にもとから存在するのか。つまり，家族は人間社会の基本的な構成要素で，人間だから家族生活をおくるのだろうか。

人間以外の動物でも，雄と雌がカップルになって子育てをするなど，家族的な暮らしをおくる種がいることは幾多も報告されている。だが，それが人間社会のような家族といえるかどうかといえば，議論の余地がある。異性のカップ

▷1　エンゲルスの説明は，当時の社会を席巻していた進化論の影響を強く受けており，自然な状態から文明社会へという進化図式を前提としていた。

▷2　マードック, G. P., 内藤莞爾訳, 2001, 『社会構造[新版]』新泉社。

▷3　家族の起源に関する霊長類学の研究の成果は，以下を参照。今西錦司, 1961, 「人間家族の起原」『民族学研究』25(3): pp. 119-138；伊谷純一郎, 1983, 「家族起原論の行方」『家族史研究』7: pp. 5-25；山極寿一, 1994, 『家族の起源』東京大学出版会。

▷4　フィッシャー, H. E., 伊沢紘生・熊田清子訳, 1983, 『結婚の起源』どうぶつ社。

▷5　人間の共同性をめぐっても，さまざまな議論，推論が展開されている。

6

ルが成立しても，その継続性，共同する作業の内容，はたす機能，他の成員との関係など，検討すべき争点が多々ある。

　人間と共通の祖先からわかれて進化し，遺伝子上でも人間に近いのが，チンパンジーやゴリラなどの霊長類である。霊長類研究では，ヒト以外の霊長類の生態を解明することを通じて，人間性や家族の起源に関する考察を展開している。集団での生活の有無，インセスト（近親相姦）の忌避，雄と雌のカップルのあり方，子育ての仕方などの，種や居住地などによる相違を丹念に明らかにする。そして，霊長類が進化して枝分かれしていくどの過程で，それらの要素が成立していたのかを推測していく。進化の過程は一方向的とは限らないし，当時の気候や地域による多様性もある。その上で，人間に進化していく過程で，どのような人間性をどのように私たちが身につけてきたのかを探り，人間社会の本質に迫っている。

　同じく人類学でも，形質人類学・古生物学の分野では，発掘された骨やその他の遺物から人類の祖先の生活をたどり，そこから人間社会や家族の起源を検討している。化石を手掛かりに，人類の祖先である猿人に着目すると，猿人が直立二足歩行に移行し，子どもが養育を必要とする状態で産まれてくると，子の養育のために母は遠方での狩猟ができなくなり，それを補ってある程度の期間にわたってサポートしてくれる異性を必要とするという。直立歩行の開始，人間の脳の容量の増加，発情期の恒常化，さらに，道具や言語を使い始めた時期などをめぐって議論が継続しているが，人間になっていく過程で，助け合って暮らし，そこで家族らしき集団が徐々に成立していったと考えられている。

③ 家族の起源をとく手がかり

　家族は実際には多様で定義が困難であるが，その基礎的な要素は夫婦と親子であろう。生活を助け合うか，子どもをもうけるか，あるいは性関係をもつか，なんらかの機能をもつカップルが成立し，そこに子どもが加わって近親からなる集団が成立する。家族となりうるカップルが，親子やきょうだいどうし，あるいは小規模な集団内で成立していては，その集団は社会的に長くは存続していけない。インセスト・タブー（近親相姦禁忌）という原則が働き，一定の範囲外での外婚が行われることになる。そして，カップルがある程度継続するには，そのカップル内で性別役割分業が行われる。

　女性が子どもを産み，その子どもは誰かによって育てられなければならないという生物学的条件と，社会にはインセスト・タブーと性別役割分業が規則として作用しているという社会的条件のもとに家族は成立している。昨今，家族社会学の議論の焦点は移り，起源をめぐる議論は低調ではある。だが，家族の現状を把握する上でも，他の学問領域の研鑽を学び，家族の基本となる要素をあらためて検討する余地もあるのではないだろうか。
（西野理子）

遺伝子から人間の共同性を説明したものとして，ドーキンス，R.，日高敏隆ほか訳，2006，『利己的な遺伝子』紀伊國屋書店がある。それに反対する論も数多い。たとえば，コミュニケーションの必要に着目した，トマセロ，M.，橋彌和秀訳，2013，『ヒトはなぜ協力するのか』勁草書房。「共感」が進化したと説くドゥ・ヴァール，F.，柴田裕之訳，2010，『共感の時代へ』紀伊國屋書店。

▷6　家族を定義することの困難については，以下の文献を参照のこと。山田昌弘，1986，「家族定義論の検討」『ソシオロゴス』10：pp. 52-62；田渕六郎，1996，「主観的家族論」『ソシオロゴス』20：pp. 19-38。

▷7　インセスト・タブーを繰り返すと，劣性遺伝が顕在化する可能性が高まり，生物学的に弱い子孫が生まれて再生産に不利だという説があるが，この説には賛否両論がある。少なくとも，小集団内での再生産の繰り返しは，自然災害の多い環境では，絶滅する危険性が高い。

▷8　Ⅱ-3 ▷1参照。

▷9　「男は外，女は内」という性別役割分業とは限らない。

▷10　ジョナサン・ターナーによる一連の著作も参考のこと。ターナー，J. H.，正岡寛司訳，2007-13，『感情の社会学』全5巻，明石書店。

I　家族をとらえる理論と視角

2　親族と家族
親族と家族の境界とは

1　親族概念とは

　親族とは，血縁関係，配偶者，配偶者と血縁関係にある人々を指す総称である。血縁関係にある人を血族，姻戚関係にある人を姻族と呼び，親子関係を軸として縦に連なる関係を直系親族，横に連なる関係を傍系親族と呼ぶ。

　一組の夫婦と未婚の子によって構成される核家族を基本の単位とし，子からみると，親族は父方および母方の双方に広がっていく関係である。例えば父および母のきょうだい（オジ，オバ）およびその子（イトコ）の関係がそれにあたる。オジ，オバからみると，きょうだいの子はオイ，メイとなる。

　親族関係の範囲は，法的には一定の制限があるものの，社会的には無限に広がりうる。親族の関係を表す呼称は親族カテゴリーという。誰をどんな呼称で呼ぶか，個々の親族カテゴリーにどんな機能や役割が期待されているか，社会集団がどんな親族で構成されているかなど，親族研究は，編成原理とともに研究テーマとなってきた。

　このように親族になりうる範囲は広がりをもち，双系的（双方的）であることが1つの特徴である。つまり父方，母方，双方に広がりうるのである。さらに，個人（ego）を中心として網の目に広がりうる関係である。親族と類似した表現として親戚，親類があり，日常的にはほぼ同義に用いられている。

2　親族集団・親族関係と家族

　現実の親族集団や親族関係は，日常的な相互扶助関係や冠婚葬祭においてさまざまな社会的な機能を担っており，時代や地域によってその大きさや関係の濃淡は異なっていた。日本の村落社会の多くは，「家」を単位として構成されていたため，社会的，政治的には父系親族が表面に出て組織化されているが，日常生活における相互扶助においては母方親族との関係も密であり，双系的な関係が無視できない機能を担ってきた。親族は，生活・生業を営む上で欠かせない関係であり，現代社会と比べて，より重要な役割を担っていたのである。

　では，現代社会において親族はどのような意味をもっているだろうか。そして，私たちが「家族だ」と思う関係性との境界はどこにあるのだろうか。相続権など法的に定義される親族がもつ権利義務を除くと，親族関係は義務的な関係から，より状況依存的，選択的関係になっていく傾向がある。また「遠くの

▷1　なお，日本においては養親子関係も親族に含む。民法においては，6親等内の血族，配偶者および3親等内の姻族を親族と定めている。

▷2　兄弟姉妹を，性別にかかわらずここではきょうだいと表現している。

▷3　例えば祖父母のきょうだいの子をハトコ，別の呼び方でマタイトコ，ハタイトコと呼ぶ。

▷4　例えば「家」は，構成員の誰から見ても同一性が保たれているが，親族関係は誰にとっての親族かによって関係性が異なっている。 I-5 参照。

親戚より近くの他人」という言葉に象徴されるように，親族のもつ意味も変容
していると考えられる。

　藤見純子と西野理子は，1998年の全国家族調査（NFRJ）のデータを，「誰を
家族と思うか」という視点から分析し，現代社会における親族関係では，人々
はより近い親等，親等が同じであれば姻族よりも血族，同親等血族であれば傍
系より直系，上向世代より下向世代の親族カテゴリーを「自分の家族の一員」
と認知しがちであると指摘している。同居親族はほとんど家族と認知されてお
り，同居親族を媒介した別居親族も家族と認知される傾向があり，さらに，媒
介役割を果たす親族に対する家族認知が，媒介される親族への家族認知に連鎖
しているという。親族と家族の境界は一律に決まっているのではなく，人々の
認知においても関係性を媒介として形成されているのである。

▷5　藤見純子・西野理子，2004，「親族と家族認知」渡辺秀樹・稲葉昭英・嶋﨑尚子編『現代家族の構造と変容』東京大学出版会，pp. 387-412。

③ 現代的展開

　家族を親族関係の一部ととらえれば，親族関係は，同別居や親族カテゴリー
の遠近，さまざまな支援関係によって家族関係が拡大してネットワーク化した
ものととらえることができる。親族ネットワークに関する研究の多くは，ネッ
トワークの中心に家族をおいて，その広がりを問うている。しかし，今日，家
族を，血縁や婚姻を前提とした集団としてのみとらえる見方は再考を迫られて
いる。つまり家族自体の集団性を前提とするのではなく，親族のみならず家族
関係自体も認知やアイデンティティ，ネットワークとしてとらえ直す見方へと
研究の焦点は移行しつつある。

　近年の親族研究は，社会ごとの親族集団の特質をとらえる集団的，静態的ア
プローチから，人々が核家族や近代家族という小さな単位では解決できない問
題をどのように支え合って解決していくのか，そこに親族関係がどんな役割を
果たしているのかを問う動態的なアプローチへと再構築されている。養育や介
護が小さな関係だけで遂行できなければ，私たちは家族の外側にさまざまな互
助関係を形成する必要がある。現代社会において親族関係が生活の前面に出て
くる機会は減ったかもしれない。しかし他方で子育てや介護においては，祖父
母と孫の世代間のつながりが注目されつつある。親族関係は，子どもの数，き
ょうだいの数が減れば関係は縮小するが，平均余命の伸長によって多世代が併
存するという変化もある。親族のつながりは弱まったととらえるのが一般的で
あるが，多世代がともに生きる時間はむしろ長期化している。

▷6　信田敏宏・小池誠編，2013，『生をつなぐ家』風響社。

　今日の概念と重ね合わせれば，親族ネットワークも親密圏の1つと位置付け
ることができる。家族と親族の境界は，私たちが誰を身近な関係と認知し，誰
と助け合うのか，という問題としてあらためて問い直すことができるだろう。

（米村千代）

Ⅰ　家族をとらえる理論と視角

直系家族と夫婦家族
家族制度論

① 類型と分類からみる直系家族と夫婦家族

　直系家族と夫婦家族は，日本の家族変動を語る上で欠かせない概念である。家族社会学においては，複合家族を加えた3類型を用いることも多いが，直系家族と夫婦家族という2つの家族類型が日本の家族変動の分析にとっては重要である。これらの概念について，森岡清美は，理念と実態の位相を分けてとらえることを提唱した。類型が理念・制度，分類が現実の構成・実態に対応する。

　夫婦家族制（conjugal family system）とは，一組の夫婦を中核的構成員とし，夫婦の結婚によって形成され，その死亡によって消滅する一代限りの家族を規則とする家族制度である。直系家族制とは，夫・妻・あととりである子・その配偶者・次の代のあととり予定の孫，あるいは夫（妻）の親を中核的構成員とする家族制度である。そして，複合家族制とは，夫・妻・複数の既婚子・その妻子を中核的構成員とする家族制度である。夫婦家族制の原則に立つ家族を夫婦制家族，直系家族制の原則に立つ家族を直系制家族，複合家族制の原則に立つ家族を複合制家族と呼ぶ。上記の3類型は，家族形成規則によって分けられたものであるのに対し，現実の家族構成に着目するのが以下の3分類である。

　夫婦家族（conjugal family）とは，夫婦と未婚の子どもからなり，核家族が単独で存在する形態である。直系家族（stem family）とは，夫婦と1人の既婚子と彼／彼女の配偶者および子どもからなり，2つの核家族が既婚子を要として，世代的に結合した形態をいう。複合家族（joint family）は，夫婦，複数の既婚子と彼らの配偶者および子どもからなる。複数の既婚子が共属する定位家族を要として，複数の核家族が世代的および世代内的に結合した形態である。森岡は，さらに類型と分類という概念に加えて類型の下に特定の文化的内容を持った「典型」をたてる必要性を指摘し，日本の直系家族制を「家」（制度）と呼んだ。そして日本における家族変動を直系家族制から夫婦家族制への変化としてとらえた。

　制度としての家族（類型）と実際の家族形態（分類）をわけてとらえる意義はどこにあるのか。例えば実際の世帯は夫婦家族の構成であっても，直系家族制に基づいていることがありうる。親夫婦が若く子どもが未婚の期間は，世帯はおのずと夫婦家族世帯となるが，あととりが結婚した後にも同居し続け，孫が生まれれば三世代家族となり，直系家族制に基づく直系家族となる。対照的

▷1　森岡清美・望月崇,1997,『新しい家族社会学[4訂版]』培風館, pp. 12-13。

▷2　図Ⅹ-2-1参照。

▷3　▷1の文献のp. 16。

▷4　▷1の文献のp. 15。

10

に 2 世帯住宅のように，1 つ屋根の下に直系家族で住んでいても世代ごとに生活がかなり独立している，夫婦家族連合と呼ぶ方がふさわしいような家族もある。

② 家族制度とは

　制度という概念は，狭義には，例えば法制度のように明文化されている制度に用いることもあるが，社会学で用いる際は，広く社会に了解として成立している規範や規則を指し，社会全体を包含する概念として用いられることが多い[5]。ただし，家族制度は，社会学においてのみ用いられる概念ではなく，学際的に使用され，わけても戦前の家族に関する制度を指すこともあるので注意が必要である。その場合の家族制度は，「家」や家制度とほぼ同義で用いられる[6]。ここでは，森岡に従って家族形成規則に基づいて概念化された家族制度を紹介しているが，家族制度という概念がこのように多義的であることには留意しておく必要がある。

③ 家族変動をとらえるために

　こうした家族類型は異なる社会間の家族の比較や家族の変動をとらえるために用いられるが，日本においては特に居住規則に焦点をあてて家族変動がとらえられてきた。子どもが結婚後，親と同居するかどうかに着目して家族形成規範の変容を問おうとするものである。しかし，今日，居住を中心に据えて家族の変化を問うことにはいくつもの留意が必要である[7]。現在の家族を分析するためには，居住形態から単一の規則を読み取るのは容易ではないし，問題関心に照らして適切であるのかどうかを見極める必要があるだろう。

　現在は，夫婦制家族からのさらなる変化が家族変動論の 1 つの焦点である。晩婚化や晩産化，生涯未婚率の増加，親と未婚成人子の同居の長期化といったことも少なくない。人が人生で**定位家族と生殖家族**[8]の 2 つの家族を経験するというモデルが適合しない現状がある。

　家族の個人化[9]が指摘される現状において，分析道具としての家族類型の有効性が問われることは不思議ではない。他方で，介護や相続に関する問題をとらえようとするとき，この図式にいまだ有効性があることも確かである。人々が，家族についてどのような規範や制度を共有しているのか，そこにどんな齟齬があるのかに着目しようとするとき，分析の足掛かりとして理解しておくことは重要である。多様な世代が共在し，葛藤や矛盾を抱えながらいくつもの変化が複合的に重なり合って起こっているのが現代家族である。　　　　（米村千代）

▷5　盛山和夫，1995，『制度論の構図』創文社。

▷6　 I-5 参照。

▷7　いったん別居した親子が高齢期になった親と再び同居するケースや，1 つ屋根の下に住んでいても玄関や台所を別々にする 2 世帯住宅あるいは近居や隣居など同居と別居の間にあるさまざまな居住関係がある。また週末だけ一緒に過ごす家族や，仕事や学校の都合で別世帯を構成しているが家族として生計を共にしている構成員を含むということも少なくない。

▷8　**定位家族と生殖家族**　人が産まれおちて所属する家族を定位家族（oriented family），結婚して形成する家族を生殖家族（procreated family）という。

▷9　 I-15 参照。

Ⅰ 家族をとらえる理論と視角

4 父系と双系化

父系・母系・双系

　父系制とは，先祖観や親族関係が父方を軸に編成されることをいう。またその原則によって編成されている集団を父系集団という。他方，母系とは，母方の親族や系譜意識を軸に親族集団が形成されていることを指す。父系と母系は，単一の系譜のラインに基づいているのに対し，双系制とは，個人（ego）を中心として先祖が双方に扇形に広がっていく系譜観念である。

　父系制と父権制（家父長制）は異なる概念である。父権とは，継承の中心にいる家長がもっている権力のこと，父権制とは，そのルールで社会が編成されていることを指す。父系社会では系譜の中心にいる家長が権力をもつことが多いため，現実に父系と父権は重なることもある。しかし母系制のもとでの家父長制もあるので，両者は概念の位相が異なっていることに留意が必要である。母系制であっても，母方のオジが権力をもっていることもある。母権制の存在や女性の権利については日本においても主に女性史の領域に多くの先行研究があるが，母系社会においては，相対的に母親の力が強いということはしばしば報告されている。

　父方居住，母方居住も父系制，母系制と現実には重なりが多い。実際，系譜観念と居住や生活の共同は重なることが多い。しかし，系譜観念と居住形態も位相を異にする概念であることに変わりなく，特に今日，それらは分離独立してとらえる方が現状に即している。これらの概念は，系譜観念と実際の生活共同がどのように形成されているかを分析するために比較研究や家族変動研究において用いられてきた。

父系出自・系譜意識

　日本の「家」は，父系の系譜意識を中軸として家産，家名，家業を媒体としながら超世代的存続を希求される制度体である。父系の系譜を中心に本家と分家がお互いに系譜を共有する本分の関係にあると相互に認知することによって同族団を形成する。父系の系譜観念は，「家」の集団構成，本家分家の関係を規定する軸となる観念である。

　日本における系譜意識は，実際の血縁のラインとは必ずしも重ならない。つまり系譜を共有することは，血縁関係にあることを必要としない。本家と分家

▷1　女性史総合研究会編，1982，『日本女性史1　原始・古代』東京大学出版会；服藤早苗，1991，『家成立史の研究』校倉書房；大竹秀男，1977，『「家」と女性の歴史』弘文堂。

▷2　Ⅰ-5 参照。米村千代，2014，『「家」を読む』弘文堂。

▷3　同族団
同族団とは，本家・分家の系譜関係で結ばれている集団。系譜関係とは同じ出自をもち共通の先祖を祀る関係である。近世から近代にかけて，日本社会では養子が多く見られ，血のつながっていない養子が「家」を継ぐことは珍しくなかった。奉公人の分家（別家）も，同族団に含まれた。なお今日，ファミリービジネスを同族企業と訳すことがあるが，社会学や民俗学で用いてきた同族団とは異なる概念である。

12

の関係は，お互いがお互いを本家と分家だと相互に認め合うことによって成立する。それを可能にしたのは，系譜観念のこのような可塑性，柔軟性にあり，日本の「家」は父系でありながらも，血統のラインではなく人々の相互認知に基づく系譜観念によってたどられる制度であった。そうした家々が共住していたのが日本の村落社会の1つの典型であった[4]。本家分家関係は，親族集団と同一だと考えがちであるが，その編成原理は異なっている。親族とは，本人を中心として双系的にひろがる関係網である。他方で同族関係の中心にあるのは系譜のラインであり，どの個人からみても，あるいはどの世代から見ても世代を超えた同一性が保たれている。

村落社会においては，本家分家関係によって保たれる援助関係と，親族関係によって保たれる援助関係とが併存していた。「家」を中心に村をとらえれば，その他の関係性は二次的なものとして後退するが，さまざまな日常的援助関係に目を向けると，母方との関係性は看過できない重要性をもっていた。日本社会の編成原理がいずれかと問われれば父系である。しかし，生活や労働の支援関係も含めてみれば，そこには双系的要素が必ずといってよいほど内包されていたということができる。母方とのネットワークは，例えば閨閥[5]がインフォーマルに力をもつような政治的ネットワークなども含めて考えると，父系制という第一次的制度とともにそれを補完強化する機能をもっていた。現代は，父系が弱まり双系化しているというのが家族変動の大きなとらえ方であるが，実際には，過去の社会において母系的あるいは双系的要素がもっていた潜在的な役割や機能にも目を向けることで，家族変動のダイナミズムの厚みをとらえることができるだろう。

③ 現代日本における父系・双系化（双方化）

現代の日本社会において父系制の要素が色濃く残っているのは結婚後の改姓であろう。民法では結婚後に夫婦どちらか一方の姓を選択することができるにもかかわらず，現在も9割以上の夫婦が夫側の姓を選択している。他方，双系的側面が見られるのは，親世代との同居や近居，介護・育児の援助関係である。少子化の時代にあって女児選好の傾向が見られ，父系の連続にとって重要だったあととり規範は弱まっている[6]。サポート関係では，父系母系にかかわらずネットワークとしての双系的関係が見いだされる[7]。

このように見ると，父系制の弱まりと双系的要素の顕在化が現在の特徴であるといえよう。今日においては，支援関係はもとより，墓参りなどの系譜にかかわる意識にも双系化の傾向が見られる。父系を前提とする継承システムと，少子化や近親追慕の意識から双系化していく意識変容が併存しているのが現代社会である。

(米村千代)

▷4　鳥越皓之，1993，『家と村の社会学［増補版］』世界思想社。

▷5　閨閥
閨閥とは，妻の親戚関係を中心として結ばれる関係である。

▷6　国立社会保障・人口問題研究所が5年に1度実施している出生動向基本調査に男女児組み合わせについての設問がある（http://www.ipss.go.jp/ps-doukou/j/doukou15/NFS15_report5.pdf）。

▷7　施利平，2012，『現代日本の親族関係』勁草書房。

Ⅰ　家族をとらえる理論と視角

5　日本の「家」制度と「家」概念

家・いえ・イエ：「家」の多義性

「家」とは何か。今日，「家」という言葉で人々が思い浮かべるものにはかなりバリエーションがある。研究対象としての「家」も，社会学にとどまらず，法学，民俗学，歴史学，人類学等々，多くの学術領域で取り上げられる。ひらがなや片仮名，漢字など学術用語としての表記も複数併存する。用法に統一的な定義はないため，「家」という言葉で何を指していて，どのような水準で「家」をとらえようとしているのか，何をもって「家」と表現しているのかにまずは留意する必要がある。ただし，ひらがなで「いえ」と表現する場合は，法や政治の制度ではなく，日常語や民俗用語としての用法であることが多い。

家族制度批判における「家」

このようにいくつかの位相を分けて考える必要があるのは，家に関する研究がさまざまな位相，時代で論じられてきたためである。例えば「家」は過去（＝第二次世界大戦前）の家族制度であり，乗り越えるべき封建遺制であるとする考えは，「家」を批判的に取り上げる代表的な視点である。このとらえ方は，敗戦直後，家族の民主化や民法改正の議論とともに展開された家族制度批判（「家」制度批判）にもっとも顕著にあらわれている。「家」から家族へ，「家」からの解放といった表現とともに，乗り越えるべき旧制度として「家」を見る視点は，家族社会学においても長らく共有されてきた。戦前と戦後を対比的にとらえ，戦前の家族制度として「家」が位置づけられてきたのである。

しかし国家制度に現れる「家」と庶民の「家」は同一ではなかったことも多くの先行研究が指摘している。家族に関する戦前の実証研究からは，「家」には地域性や階層差があったことがわかる。

3 農村社会学・家族社会学における「家」

法制度に代表させて「家」をとらえる立場に対して，農村社会学においては，村落共同体（「村」「ムラ」）における「家」を対象とした実証的な社会学的研究の蓄積がある。近世以降の村落に現れた農民にとっての「家」は，家産としての土地，家業，家名（屋号）を媒介として超世代的に存続を希求される制度体である。「血のつながり」も「家」を構成する一要素であったが，絶対的に重

▷1　その際，特に念頭におかれていたのは戸主権や家督相続など，家父長制的性格を内包した戦前の民法である。

▷2　川島武宜，2000，『日本社会の家族的構成』岩波現代文庫。戦前と戦後を断絶的にとらえる視点とは対照的に，組織原理としての「家」（しばしばイエと表現されることも多い）の連続性を強調する立場もある。家社会論と呼ばれるこの視点は，「家」を，時代を超えた日本の文化として肯定的にとらえる。村上泰亮・公文俊平・佐藤誠三郎，1979，『文明としてのイエ社会』中央公論新社。

▷3　江守五夫，1976，『日本村落社会の構造』弘文堂。

▷4　鳥越皓之，1993，『家と村の社会学［増補版］』世界思想社。

14

要であったわけではない。血縁や血筋よりも労働組織，生活共同体としての「家」が続いていくことの方が重要であり，子どもがいなければ養子を迎えることも珍しくなかったし，村の中でいったん途絶えた「家」を血のつながりのない人が再興することもあった。個人の権限よりも家業経営体の維持存続，すなわち「家」の連続が最優先されたのである。「家」の存続を重視するという目的のもとに養子や奉公人など非血縁成員も含む経営体であった。

家族社会学において「家」は直系制家族としてとらえられてきた。子どもの1人をあととりとし，その子どもと同居し家産，家業を相続させていく家族であり，直系制家族の日本における典型が「家」とされた。「家」を家族論から見るのと，経営体として見るのとでは，非血縁成員の位置づけなどにおいて重点が異なる[7]。

「家」とは何か，という問いに対する答え方は，アプローチによって異なるというのが現実であるが，社会学において，「家」は，人々の生活や経営の場においてとらえられてきたという点は共通している。「家」の変動を社会学的にとらえるためには，法制度のみではなく，「家」に関わる社会関係や家族意識からその葛藤や矛盾をとらえることが有効であろう。

❹ 「家」の現在

戦後の民法改正により戸主権や家督相続は廃止され，「家」の存続を後押しするような観念的制度的基盤はほぼ消失した。その結果，人々の生活の場であった「家」はどのような変容をとげたのだろうか。

今日，結婚や職業選択において，個人の意思よりも「家」の存続を重視する人はきわめて少数派である。仮に「家」を存続させたいと思っても，子ども数の減少により，あととりを確保することも容易ではない。その意味で「家」が途絶えていくことは人口学的事実である。他方で，結婚時に夫の姓を選択する人が圧倒的多数であるという事実や，先祖代々の墓を維持することに苦慮する人が依然存在することは，「家」の問題が現在もなお消え去っていないことを表している。歴史のなかで「家」の解体，消失の議論は繰り返されてきた。日本が近代国家を形成しようとした明治期，そして敗戦後の社会の民主化が強く求められた民法改正時期に，存続派と解体派双方が「家」の解体を予想し，しかし消え去らずに今日にまで至っている[8]。「家」には，単線的な変化の図式ではとらえきれない多面性がある。長寿社会は多世代が共生することを可能にした。「家」を生きている人と「家」に何らリアリティのない人が，同じ社会に，そしてしばしば同じ家族のなかに存在しているのが現在である。（米村千代）

▷5 農家や商家では，長男であっても経営能力がなければ「家」を継承することはできず，次三男や養子が継ぐことも珍しくはなかった。家長であっても家産や家業を自由にはできず，家長は，「家」というバトンを次世代に渡していくいわばリレー・メンバーのような存在であった。

▷6 森岡清美, 1993,『現代家族変動論』ミネルヴァ書房。I-3 参照。

▷7 この点について有賀喜左衛門と喜多野清一の間でかつて論争も繰り広げられた。米村千代, 2014,『「家」を読む』弘文堂。

▷8 米村千代, 2014,『「家」を読む』弘文堂。

Ⅰ　家族をとらえる理論と視角

理念としての核家族化論

家族社会学における核家族

　核家族とは，夫婦と未婚の子からなる家族を指す。核家族は，学術用語であるとともに現代家族を表現する言葉として日常的にも用いられてきた。またその概念の使用に関してはかつて論争も繰り広げられた。

　森岡清美は，核家族を構造的単位として，特定の機能や価値を含まない理念型として用いることを提唱した。森岡がこのように核家族概念を使用することを論じた背景には，核家族の普遍性を指摘したG. P. マードックや，その学説に対する批判が繰り広げられた当時の学説をめぐる状況がある。[1]

2 日本の家族社会学における核家族パラダイム

　核家族に特定の機能を結びつけず，分析のための単位とした上で，森岡は戦後日本の家族変動を核家族化ととらえた。ここでいう核家族化は，形態としても理念としても核家族が家族形成の標準となっていくことを指しており，夫婦家族制への移行と重なる。[2]「家から核家族へ」，「直系家族から夫婦家族へ」という表現もあるが，強調点の違いはあれども，夫婦と未婚の子を単位とする家族への家族変化を表している。

　核家族化には，単に核家族世帯が増加するだけではなく，夫婦とその子どもを中心に家族が形成されるという理念的意味がある。そして特に後者は，戦後日本の家族変動のもう1つのキーワードである「家族の民主化」とも重なる。もちろん，「民主化」は核家族化よりもかなり価値に踏み込んだ表現であって，望ましい方向性，目指すべき家族像という意味合いがより強い。森岡は，規範的意味や価値を含めない分析単位として核家族を用いることを提唱した。しかし，その分析単位に基づいてとらえられた核家族化は，戦後日本の家族変動を語る上では，変化への期待を背負った概念であった。「核家族化」も，「家から核家族へ」という図式にあてはめて考えると，向かっていくべき家族の方向性という価値をまとった概念であったといえる。

　欧米社会においても，核家族化は理念的意味とともに論じられてきた。E. W. バージェスは，ロックとの共著『家族』において，家族の変化を，「制度から友愛へ」と表現した。[3]またT. パーソンズも，構造機能主義の立場から核家族が機能的に安定した単位であると論じている。[4]

▷1　マードック, G. P., 内藤莞爾監訳, 2001, 『社会構造［新版］』新泉社；森岡清美, 1983, 『家族社会学［新版］』有斐閣双書；森岡清美・望月崇編, 1997, 『新しい家族社会学［4訂版］』培風館。

▷2　Ⅰ-3 参照。

▷3　Burgess, E. W., Locke, H. J. 1950, *The family: from institution to companionship*, American Book.

▷4　パーソンズ, T.・ベールズ, R. F., 橋爪貞雄ほか訳, 2001, 『家族』黎明書房。

16

③ 核家族論と小家族論

マードックによる核家族普遍説に対して，日本では森岡清美によって核家族を構造的分析単位としてのみとらえるという視点が導入された[5]。日本においては，一方で血縁親族のみならず奉公人などの非血縁成員を含む「家」に関する研究の蓄積があり，他方で，戸田貞三による，1920年に実施された第1回国勢調査を分析した小家族論がある。前者は，夫婦とその子どもという小さな単位を超えてさまざまな生活上の連帯があって人々の生活共同体が成立していたことを，主に農村の家族を対象に明らかにし，後者は，当時すでに日本においては，小家族が日本の家族では主流であったと指摘した[6]。

④ 核家族化のとらえ方：理念としての核家族化をどうとらえるか

実態としての核家族は，核家族世帯の増加によって示すことができる[7]。理念としての核家族とは人々が核家族を家族の基本的単位として実際に他の関係とは独立した関係性と意味づけているかどうかにかかわる。既婚子の1人が親と同居する直系家族であっても，親世代の死亡や子どもの未婚期には核家族世帯となる。きょうだいが多ければ，親と同居するのはそのうち1人であるので，他の子どもたちは結婚後，核家族世帯となる。反対に，2世帯で同居している直系家族世帯であっても，世代ごとの独立性が高ければそれは核家族の連合と考えられ，直系家族的規範を内包しているとはいえないケースもある。実態としての核家族と比べて，理念としての核家族化は人々の家族に関する価値意識に関わっており，それゆえに解釈もわかれてきた。

このように核家族の独立性が自律的な単位としての意味を持って人々に受け入れられていることを理念としての核家族化と呼ぶことができる。

⑤ 核家族化の現代的意味

核家族を分析の単位として用い，それ自体に規範的意味をもたせない，という森岡清美の提唱は，今日においても重要な意味をもっている。1つには直系制家族は今なお日本社会には存在しており，家族変動を語るために核家族という単位を用いることには一定の有効性があることである。もう1つは，生涯未婚率が上昇し，家族形成それ自体を選択しない，ないしできない人が増えているということである。単独世帯も多く，家族形成をすべての人の前提とすることはもはや適切ではない。そうした状況において核家族が一般的であるとか，あるべき姿だと指摘することは，核家族論争において山室周平が懸念した「問題家族」のラベリングにつながりかねない。あるタイプの家族を基本型とすることについては，現代社会においてはよりいっそう慎重でなければならない[8]。

(米村千代)

▷5 I-1 参照。

▷6 戸田貞三が『家族構成』において著した小家族論は，喜多野清一へと受け継がれ，日本の家族社会学における核家族論の1つの底流になったといえるだろう。戸田貞三，[1937] 2001，『家族構成』新泉社。

▷7 I-7 参照。

▷8 森岡清美，2005，『発展する家族社会学』有斐閣，pp. 3-10；池岡義孝・木戸功，1996「〈核家族論争〉再考試論」『ヒューマン・サイエンス』9 (1)：pp. 126-140。

Ⅰ　家族をとらえる理論と視角

実態としての核家族化論

▷1　核家族は，規模，構造，機能，内部成員間の情緒性，規範など多方面からアプローチされてきている。

▷2　Ⅰ-1 ▷2の文献参照。

▷3　欧米では，次のような複数の核家族論が展開した。①権威をもった家父長が家族全体の代表であり，家族成員がその家長に恭順する「家」から，夫婦や親子関係が民主主義的，平等主義的な関係性へと変化するという西欧のブルジョワジーを典型とする核家族化論。②使用人を含む大家族から，使用人がいない小家族へと規模が縮小する大規模経営農村を典型とする核家族化論。③近隣に住む定位家族と活発に交流するネットワークが機能しながらも，同居単位は夫婦と子どものみになる，修正拡大家族論ともいわれるイギリスの労働者階級を典型とする核家族化論。

▷4　斎藤修，2001，「近代人口成長」速水融・鬼頭宏・友部謙一編『歴史人口学のフロンティア』東洋経済新報社，pp. 67-89；友部謙一，2002，「徳川農村における『出生力』とその近接要因」速水融編著『近代移行期の人口と歴史』ミネルヴァ書房，pp. 199-228。

1　実態としての核家族化

　家族が核家族という集団に収斂していく変化を理論的な枠組みに取り込んでとらえる見方がある一方で，それとは別に，そうした変化が実際にみられるかどうかを確かめようとする研究も，これまで展開されてきた。核家族化を実態として把握しようとする研究アプローチである。

　理論的には核家族概念は多種ある。例えばマードックは，核家族を性，生殖，経済，教育という4機能を同時に満たす集団と規定したが，これらの4機能が充足されているかどうかを正確に把握するのは困難である。実態としての核家族化論は，客観的に把握可能な人々の居住形態をみる。一緒に住んでいる居住単位を集団としてとらえた上で，その構成に着目し，一組の夫婦とその未婚の子のみが同一世帯内に居住している集団を核家族とする。そして，産業化・現代化とともに，上記のような核家族が多数を占めるように変わってきたかどうかを問う。

2　欧米の核家族化と近代以前の日本の核家族化

　一般に，成人後は親と別居する異居制度をとる欧米の多くの地域では，多世代同居は多くない。それゆえ，実態としての核家族化は，使用人を含む多人数での同居から，使用人などのいない居住形態への移行と考えられる。近年の歴史人口学の成果では，中世・近世から一般庶民は世帯人数4～5人の小家族で暮らしており，核家族が普及していたことが指摘されている。

　同じく歴史人口学の成果では，日本でも近代以前から，庶民層では世帯人数4～5人の小家族が普及していたことが明らかにされている。日本の「家」制度では直系多世代同居が志向されていたものの，寿命が短い時代には，3世代同居が実現できるとしてもその期間はきわめて短く，実際には核家族状態での暮らしが多数派であった。当時の寿命などからシミュレーションすると，核家族は6割を占めるという。

3　測定される核家族

　近代化以降の核家族化は，農村社会学の調査においては，対象地域での聞き取りで同居生活者の続柄を把握することにより判断されてきた。第二次世界大

戦前には，使用人や遠い親族など雑多な関係性の人々が同居し，必要に応じて労働力とされていた。また，祖父母との同居を含む多世代同居に関しては，同じく戦前には，隠居した老親と同居し続ける「東北日本型」と，老親が隠居後に隣接した別家屋に住む「西南日本型」とで，異なる慣行があったとされる。「西南日本型」は核家族での暮らしになりやすい。

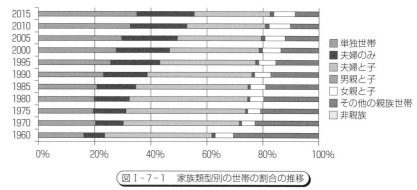

図Ⅰ-7-1 家族類型別の世帯の割合の推移

注：一般世帯に占める割合。比較のため，年度によってカテゴリーを若干修正している。
出所：総務省統計局『国勢調査報告』より筆者作成。

都市化が進むと，都市へ移動した若年労働者が結婚すれば，新居で核家族が創設される。戦後は，都市部での核家族化の進行と，農村部での多世代同居の残存が進み，日本各地で調査が行われた。

国勢調査が実施されるようになった1920年以降，調査項目に世帯構成に関する質問が含まれ，日本全体の核家族化の進展が把握できるようになった。ただし，国勢調査での世帯構成の把握方法には変遷があり，一貫して精確に把握できるわけではない。

4 日本の世帯趨勢

国勢調査では，核家族世帯は「夫婦のみ」と「夫婦と子」「男親と子」「女親と子」をあわせた数とされる。その数値をみると，1955年時点で6割を占め，1975年の64％まで増加を続けた後は，6割前後と安定している。3世代同居世帯が7割程度を占める「その他の親族世帯」をみると，戦後すぐは4割を占めていたが，その後一貫して減少し，現在は1割程度にとどまる（図Ⅰ-7-1）。

とはいえ，多世代同居が解消されて核家族化が進行したわけではない。1980年代頃までの核家族の増加は，戦後にきょうだい数が多かった世代が都市の労働者に移行し，結婚して新たに核家族を形成したからであって，多世代同居世帯の実数は減少していない。近年の変化でも，最も大きいのは単独世帯の増加である。

また，1980年代以降は核家族のなかでも「夫婦のみの世帯」が増えており，「夫婦と子」から構成される核家族化といえるかどうか，疑問である。1975年時点では一般世帯の45％を占めていた「夫婦と子」世帯は，2015年時点では25％にとどまっている。

（西野理子）

▷5　総務庁統計局国勢調査用語の解説「世帯・家族の属性に関する用語」（www.stat.go.jp/data/kokusei/2010/users-g/word2.html#a01）。

▷6　農村の次三男たちが都市の労働者となり，新たに家族を形成すると，核家族になる。農村部では，長男があととりとして多世代同居を継続している。核家族が増えると総世帯数が増えるので，多世代同居世帯の占める割合は減少する（XIII-1 参照）。落合恵美子，2004，『21世紀家族へ[第3版]』有斐閣参照。

Ⅰ　家族をとらえる理論と視角

家族システム論・家族発達論

家族システム論とは

　家族システム論とは，家族という集団を個人の総和以上のものとして，相互に深く関わり合う家族成員と成員間の関係が創り出す「システム」としてとらえる視点である。家族という集団が個人に還元されない「創発特性」をもつという考えじたいは新しくないが，家族システム論の理論形成に大きな影響を及ぼしたのは，T. パーソンズらが20世紀半ばに提唱した構造機能主義理論である。彼らは家族を1つのシステムとしてとらえ，現代の家族が，子どもの社会化および成人のパーソナリティの安定化という2つの社会的機能を満たすために，システムの適応に関わる「手段的（道具的）役割」とシステムの統合に関わる「表出的役割」を分化させると主張した。パーソンズらの理論は抽象的理論であり，現実の家族がもつ動的な適応のメカニズムをとらえる上での限界を有していたが，その後の家族システム論は，一般社会システム論の視点も導入しながら，1960年代以降，家族臨床にも適用可能な「中範囲の理論」として洗練されていった。

　家族システム論では，家族を，「開放的」でさまざまな「情報処理」を通じて環境の変化などに適応し変容するシステムとしてとらえる。こうした視点を用いて家族システム論は，家族がもつシステム水準での特性や過程と，状況に対する適応などにおける家族の機能との関連を明らかにしようとする。

2 家族発達論とは

　家族発達論とは，システムとしての家族に固有の発達的な変化やその過程，メカニズムを記述，説明しようとする理論である。家族発達論は家族をシステムとしてとらえる点において家族システム論と共通するが，数十年など比較的長期にわたる家族の変化のパターンに関心をむける点に独自性がある。

　家族発達論的視点には，個人の発達をとらえる生涯発達心理学，ライフコース論，家族発達理論という3つの理論的起源があるとされるが，ここでは家族発達理論に限定して紹介する。

　家族発達理論の視点の源は，20世紀初頭から貧困研究や農村社会学などで用いられた家族周期（family life cycle）の発想にある。これは，結婚に始まり，子どもの誕生や成長，独立といった出来事で区分された家族の「段階」（例え

▷1　パーソンズ, T.・ベールズ, R., 橋爪貞雄ほか訳，2001，『家族［新装版］』黎明書房。

▷2　カンター, D.・レアー, W., 野々山久也訳，1990，『家族の内側』垣内出版。

▷3　Ⅰ-12 参照。

▷4　White, J. M., Martin, T. F. and Adamsons, K., 2019, *Family Theories: An Introduction*, 5th ed., Sage.

ば「新婚期」など）を設定し，段階間の推移として家族の変化をとらえようとしたものである。この視点は，発達心理学の影響も受けつつ，戦後のアメリカにおいて E. デュヴァルや R. ヒルらによって展開され，個人の発達と関連しつつもそれとは区別された家族の発達を，家族が各段階に関わる「発達課題」を達成していく過程としてとらえるという視点に結実する。

　こうした視点は，家族の「変化」に焦点を当てた研究を可能にした点で，家族研究の新しい領域を切り拓いた。ただし発達課題という概念は，ある時代にモーダルな家族のあり方を画一的かつ規範的なものとして提示しやすい側面を有していたため，その後の家族発達論では用いられなくなっていく[5]。

　今日の家族発達理論では，家族発達を，家族内役割関係の構造や機能を異にする家族段階間の「移行」（transition）として概念化する。移行は，家族役割や仕事に関連する役割の変化などの重要なイベントの経験によって生じる。家族をめぐる人々の経験が多様化する現代においては，ある段階の持続期間の長さや，移行を経験するタイミングなどは，それらに関連する社会規範との一致の程度などにおいて異なっている。家族発達理論は，そうした違いが，その後の家族発達にどのような影響を与えるかをとらえようとする[6]。

　こうした近年の家族発達理論は，家族発達と個人の発達との関連や，家族発達に対する歴史的社会的文脈を重視する点で，ライフコース論との共通性が大きいが，個人ではなくシステムとしての家族の変化に焦点を当てる点に独自性がある。なお，家族発達論の1つのバージョンが，家族にとってストレスフルなライフイベントによって生じる家族危機を扱う家族ストレス論[7]である。

❸ 家族システム論・家族発達論の適用例

　家族研究そのものが学際的な研究領域であるが，家族システム論は特に学際性の高い視点であり，その適用例は家族心理学など家族臨床の分野に多い[8]。日本における適用例では，アメリカの D. H. オルソンによる「円環モデル」を日本の家族について検証した立木茂雄の研究がある。立木らが1999年に兵庫県で行った調査では，阪神・淡路大震災から半年後の時点で，凝集性と柔軟な対応能力が中庸な水準にある家族システムにおいて成員の心理社会的安定が最も高かったことなどが示されている[9]。

　家族発達論の適用例としては，日本における家族周期研究の成果が注目される。鈴木栄太郎や小山隆らによる先駆的な家族周期研究を踏まえ，森岡清美は，直系家族制をとる日本の家族に家族周期論を適用する上での諸論点を精査し，家族周期を実証的に分析する上で適切な手法である縦断調査も取り入れながら，3世代直系家族における役割関係がどのように移行していくかなどについて貴重な知見を示した[10]。

（田渕六郎）

▷5　渡辺秀樹, 1999,「家族発達的研究」『家族社会学入門』文化書房博文社, pp. 95-115。

▷6　正岡寛司, 1995,『家族過程論』放送大学教育振興会。

▷7　 I-9 参照。

▷8　 I-13 参照。

▷9　立木茂雄, 2015,『家族システムの理論的・実証的研究［増補改訂版］』萌書房。

▷10　森岡清美, 1973,『家族周期論』培風館。

I 家族をとらえる理論と視角

9 家族ストレス論
家族の危機をどうとらえるか

1 家族ストレス論：家族危機発生プロセスの動態的把握の試み

家族ストレス論は、家族によるある出来事の経験から、その出来事への家族の対応の結果としての家族の状況（危機状況／危機ではない状況）までの過程を動態的にとらえようとする研究である。つまり、〈出来事の発生＝危機〉とはとらえず、同じ出来事に直面しても、うまく乗り越えていく家族もいれば、うまく乗り越えられず危機状況に陥ってしまう家族もいるという家族危機のバリエーションを説明する研究である。▷1

家族危機発生の理論枠組みを整理し家族ストレス論の原型を示したとされるのがR.ヒルである。第二次世界大戦時における家族成員の出兵という離別による家族の解体と、家族成員が復員帰還することに伴う家族の再統合の過程について、理論的・実証的に論じた著書、*Families under stress*（1949）が有名である。この本で、その後の家族ストレス論の展開に大きな影響力をもち続けた2つの理論モデルを呈示している。▷2

2 ABC-Xモデルとローラーコースターモデル

その1つがABC-Xモデルである（図I-9-1）。このモデルは、家族危機発生に至るまでの諸要因の関連について整理したものである。A要因（ストレス源となる出来事、あるいはその困難性）は、B要因（家族の危機対応資源）、またはC要因（出来事に対する家族の意味づけ）と相互作用し、その結果としてX（危機状況）が発生すると定式化している。ストレス源となる出来事の種類やその困難性の度合いによって危機状況が生じる可能性が高くなると考えられるが、同時に何らかのストレス源となる出来事が起きたとしても、即座に、危機状況が家族にもたらされるわけではないと位置づけているのである。

今1つがローラーコースター（ジ

▷1 日本でも、1980年代から理論的・実証的研究が活発に行われており、焦点となる出来事も自然災害、障害や疾患、高齢者の介護、離婚、夫婦関係に関する出来事など、さまざまである。家族ストレス論の基本文献としては次のようなものがある。石原邦雄編，1985，『家族生活とストレス』垣内出版；石原邦雄，2001，「家族ストレス論的アプローチ」野々山久也・清水浩昭編著『家族社会学の分析視角』ミネルヴァ書房，pp. 221-238。

▷2 Hill, R., 1949, *Families under stress: Adjustment to the crises of war separation and return*, Harper.; Hill, R., 1958,

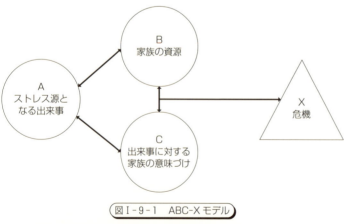

図I-9-1　ABC-Xモデル

出所：Hill, R., 1949, *Families under stress: Adjustment to crises of war separation and return*, Harper.; Hill, R., 1958, "Generic features of families under stress," *Social Casework*, 39: pp. 139-150. より作成。

ェットコースター）モデルである（図Ⅰ-9-2）。この
モデルは，家族が危機に直面した場合に，時間進行
の中で，解体，回復，再組織化の段階を経ながら適
応していく過程を図示したモデルである。横軸が時
間，縦軸が家族の組織化の水準であり，時間経過の
なかで家族の組織化水準が上下する様が，ローラー
コースター（ジェットコースター）に似ていることか
らこうした名称がつけられている。

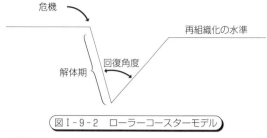

図Ⅰ-9-2　ローラーコースターモデル

出所：Hill, R, 1949, *Families under stress : Adjustment to crises of war separation and return*, Harper. より作成。

3　家族ストレス論の展開

　その後，H. I. マッカバンは，ヒルが呈示した ABC-X モデルとローラーコ
ースターモデルを統合した二重 ABC-X モデルを呈示している（図Ⅰ-9-3）。
　このモデルは前危機と後危機の2つの段階からなる。ヒルの ABC-X モデル
をそのまま組み込んだ前危機段階は危機発生までの過程を示している。後危機
段階は，危機発生以降の家族の再適応過程であり，この段階においても ABC-
X の要因関連がみられることから，二重 ABC-X モデルと名づけられている。
なお，ヒルのローラーコースターモデルでは，危機発生後の家族適応の結果を
示す指標として（再）組織化の水準が位置づけられていたが，マッカバンは，
後危機段階の結果を示す概念として適応を置き，後危機段階は危機状況への
（再）適応過程，すなわち対処の過程であるとしている。
　後危機段階は，ストレス源の累積を示す aA（当初のストレス源となる出来事に
対して新たなストレス源が過重する現象），bB 要因（既存および新規の家族資源），
cC 要因（c＝当初のストレス源についての認知／C＝加重されたストレス源，既存およ
び新規資源，家族の平衡回復に
何が必要となるかなどについて
の家族の認識）の相互作用と
してとらえられ，全過程の結
果として適応（xX 要因）が位
置づけられている。
　その後，さまざまな研究者
によりモデルの再検討や精緻
化がはかられていくことにな
るが，家族ストレス論は，家
族問題を読み解くにあたり多
くの示唆を与えてくれる研究
である。　　　　（南山浩二）

"Generic features of families under stress," *Social Casework*, 39: pp. 139-150.

▷3　ストレス源となる出来事には，家族内で起きる出来事だけではなく，自然災害といった家族外で生じた出来事も含まれる。なお，ストレス源となる出来事は，予期しうる出来事か，それとも予期が難しい出来事かという出来事の性質により区分することもできる

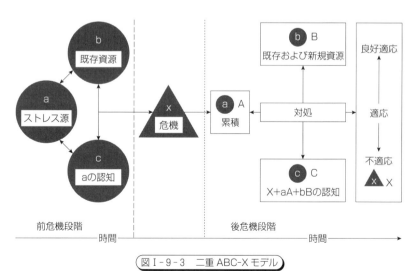

図Ⅰ-9-3　二重 ABC-X モデル

出所：McCubbin, H. I., and Patterson, J. M., 1983, "Family stress and adaptation to crises: A Double ABC-X Model of family behavior", D. H. Olson and R. C. Miller eds., *Family studies review yearbook*, Vol. 1, pp. 87-106, Sage. より作成。

I　家族をとらえる理論と視角

近代家族論
私たちの思う家族は昔からあったのか

「普通」の家族？

　あなたが「普通」と思う家族の姿はどのようなものであろうか。夫は外で働き，妻は専業主婦として家事・育児に専念する，そして夫婦，親子は互いに愛し睦みあっている……。もしこのような姿を思い浮かべていたとしたら，それは社会学においては「近代家族」と呼ばれる，近代という時代に特徴的な家族のあり方である。あるいはもしあなたが，このような家族が「普通」とされることに違和感をもっていても決して不思議ではない。なぜなら近年の先進諸国では，時代の変化とともに，この家族モデルは大きくゆらいでいるからだ。

　「近代家族」とは，身分制社会の動揺や工業化といった近代社会の形成と連動して普及し，20世紀半ばの先進諸国でピークを迎えた家族のあり方である。以下ではこの家族の姿が，どのような意味で歴史的拘束性を帯びているのかをみていこう。

「近代家族」の形成

　前近代の社会においては，人々の大多数は手工業者や農民であり，家族（＝「家」）は生活組織であるだけでなく，生産組織でもあった。この時代の家族は現代の感覚でいえば，小規模な会社や自営業をイメージしてもよいかもしれない。日常的な居住空間と仕事場は渾然一体としており，妻と子どもは重要な労働力として働いていた。多くの子どもは乳幼児期を過ぎるとすぐに家業を手伝うか奉公に出され，彼ら彼女らを見守る母親の「母性愛」や愛され教育されるというような「子ども」の観念は希薄であった。また冠婚葬祭をはじめとして周囲の共同体の規制が強く，奉公人など非親族が成員に含まれることもあり，夫婦の性愛など排他的で親密なプライバシーの関係は重要視されていなかった。身分や階層，地域ごとの多様性に留意する必要はあるが，そこには「近代家族」とは異なる生活スタイルや感情の世界が広がっていたのである。

　市場経済の成熟，市民革命，工業化といった社会変動（近代化）が進行し，企業や学校などの組織が発達していくと，こうした家族の姿は徐々に変わっていく。とりわけ19世紀に広まる産業革命は，工場などで働く賃労働者を大量に生み出し，それまで未分化だった居住空間と仕事場の分離を広範にもたらした。夫が賃金を獲得できる市場労働を担い妻が無償の家事労働をするという性別役

▷1　近代家族論の主要な知見については，アンダーソン, M., 北本正章訳, 1988, 『家族の構造・機能・感情』海鳴社；姫岡とし子, 2008, 『ヨーロッパの家族史』山川出版社などに簡潔にまとまっている。

▷2　フォーディズム
大量生産－大量消費のサイクルに基づく高成長型の経済体制。男性労働者の雇用と賃金を安定させた。アメリカのフォード自動車会社の創始者である H. フォードの経営理念に由来。

▷3　日本における近代家族論の受容および各論者の定義については，宮坂靖子,

24

割分業や，共同体からの独立と非親族の排除というような「近代家族」の特徴は，こうした社会背景のもとに成立していった。また並行して母親中心の育児と母性愛の称揚，ロマンティック・ラブ（恋愛）を指針とした配偶者選択の重視，外部では得られない安らぎと愛情の場としての「家庭」の観念が下層階級まで波及するかたちで浸透していき，「近代家族」は実態としても規範としても「普通」の家族類型となっていく。そして工業化がピークに達する20世紀の**フォーディズム**[42]の時代，日本では高度経済成長期に，「近代家族」は社会の全域に広がり最盛期を迎えるのである。

③ 近代家族論の意義

以上，「近代家族」形成の大まかな流れをみてきたが，今日この概念に注目する際は，定義や資料の解釈をめぐる論争のほか，1970〜80年代に近代家族論[43]が隆盛した文脈にもあらためて留意しておきたい。「近代家族」概念は，P. アリエス[44]をはじめとした1960年代以降の家族史（心性史）研究がルーツにあり，「男女（求愛）関係」「母子関係」「家族と周囲の共同体の間の境界線」という3つの「感情革命」をメルクマールとした E. ショーター[45]による議論がよく知られているが，その意義として現在でも言及されるのは，「家族」概念の歴史的相対化である。すなわち当時は「普通」とみなされていたこれら「家族」にまつわる諸要素を「近代家族」の特性として類型化することで，性別役割分業の相対化などフェミニズムやジェンダーに関する議論を活性化させていったのである。おりしもこの頃は，欧米先進諸国で女性の社会進出や離婚率の上昇など「近代家族」モデルが動揺しはじめた時期であり，1980年代に近代家族論を受容した日本もその流れのなかにいた。

④ 「近代家族」のこれから

今日の「近代家族」をめぐる状況はきわめて錯綜している。先進諸国では**ポスト工業化**[46]の波が押し寄せ，製造業の衰退，雇用の流動化や格差の増大が進行し，性別役割分業を軸とする「近代家族」を形成するための経済的基盤が大きくゆらいだ。そして男性稼ぎ主モデルの衰退，未婚化，晩婚化といった，脱「近代家族」ともいうべき状況が出現している。だがこうした変化は必ずしも各国で一様にあらわれているわけではない[47]。ほかにもパートナーシップ制度や同性婚の整備をはじめとした共同生活の多様化，あるいは家族主義的価値観への回帰やバックラッシュなども，現代の家族をめぐる状況を特色づけるものとしてあげることができよう[48]。各国各地域のこれらの現象の差異を踏まえた上での「近代家族」形成の再検討，そして新たな共同生活の模索とそのなかで従来の家族生活がどのように位置づけられるのかという共通理解を作ることが，「近代家族」の相対化を超えた先に求められている。

（本多真隆）

2012，「日本における近代家族論の受容とその展開」『奈良大学紀要』39：pp. 75-89に簡潔にまとまっている。

▷4　アリエス，P., 杉山光信ほか訳，1980，『子供の誕生』みすず書房。

▷5　ショーター，E., 田中俊宏ほか訳，1987，『近代家族の形成』昭和堂。

▷6　ポスト工業化
第二次産業（工業）から第三次産業（サービス業）への主要産業の変化を指す。情報技術の進展とグローバル化により製造業が海外移転するなど，工業化社会における男性労働者の雇用環境が大きく変化した。

▷7　例えば南欧や日本など，福祉の責任を家族に帰す「家族主義」が強い国では，親元同居の長期化と少子化が顕著になる傾向がある。また東南アジアなど，安定した工業化社会の成熟を迎えないままポスト工業化の影響を受けた社会では，女性の専業主婦化と脱「近代家族」的状況が同時並行的に生じているといわれる。エスピン＝アンデルセン，G., 2008，『アンデルセン，福祉を語る』NTT 出版；落合恵美子，2013，「近代世界の転換と家族変動の論理」『社会学評論』64(4)：pp. 533-552。

▷8　日本における現状を問題化したものとして，本田由紀・伊藤公雄編著，2017，『国家がなぜ家族に干渉するのか』青弓社などがある。

Ⅰ　家族をとらえる理論と視角

ネットワーク論
ネットワーク論から家族をとらえる

1　家族研究におけるネットワーク論的アプローチ

　人と人のつながり方，関係の質や構造を分析する際に社会的ネットワークという概念が使われる（社会ネットワークやソーシャル・ネットワークと表記されることもあるが，ここでは簡略化してネットワークと表現する）。そして，この概念を使った研究を総称してネットワーク論と呼ぶ[1]。家族研究にはじめて本格的にネットワーク概念を導入したのは，1950年代半ばのE. ボットの研究である。ロンドンに暮らす家族（夫妻）を取り囲む社会環境を，組織や集団ではなくネットワークという概念で説明しようとしたことがその後の多くのネットワーク研究と家族研究の両方に影響を与えた[2]。

　ネットワーク論では，個人や集団を「行為者」と呼び，行為者間の関係の存在を「線」で表し，それを「紐帯」と呼ぶことが多い。ボットは，夫と妻が関係をもっている世帯外の相手（親族，友人，近隣，職場の人）たちが互いに知り合いとは限らないこと，特に居住地移動を経験している家族などではつながりのある相手が住む場所もさまざまで，相互に面識がない場合が多いことに気づいた。そのためネットワークとしてとらえようと考えたのだ。社会学では，従来，誰がメンバーかが明確な組織や集団という概念を使って個人のつながり（集まり）を分析してきた。しかし，現代社会において，家族も個人も，境界線の明確な組織・集団（地域集団や親族集団）に埋め込まれているのではなく，集団の境界を越えて多様な相手と接触し，交流し，関係を作っている。

　コミュニティ研究でも，所属集団だけを問題にするのではなく，個人がもっている重要な紐帯の全体，つまりパーソナル・ネットワークに着目するようになった。そして，個人がもっている関係（紐帯）の種類（親族関係，友人関係など）や性質（強い／弱い），そしてその全体数（ネットワーク規模）などを分析の対象とするようになったのである。ボットが問題にしたネットワーク密度（個人がつながっている相手どうしにどの程度知り合い関係があるか）は，個人のネットワーク全体の構造に関する重要な変数として扱われるようになった[3]。

2　家族は集団かネットワークか

　ボットの研究がそうであったように，その後の家族研究においてもネットワーク研究においても，「家族」とは生計をともにする同居親族集団であると，

▷1　入門書として安田雪, 1997,『ネットワーク分析』新曜社を参照。また，家族研究へのネットワーク論的なアプローチの理論的な視角や下位概念，これまでの研究例についてさらに詳しく知るには，野沢慎司, 2009,『ネットワーク論に何ができるか』勁草書房の2章と7章を参照。

▷2　ボット, E.,［1955］2006, 野沢慎司訳「都市の家族」野沢慎司編・監訳『リーディングス　ネットワーク論』勁草書房, pp. 35-91。なお，この『リーディングス』には，ネットワーク論の古典から最近の重要論文までが翻訳・収録されている。

▷3　ウェルマン, B.,［1979］2006, 野沢慎司・立山徳子訳「コミュニティ問題」野沢慎司編・監訳『リーディングス　ネットワーク論』勁草書房, pp. 159-200。

26

暗黙の内に想定することが多かった。しかし，同居親族を家族とみなさない場合や遠くに住む相手を家族と見なす場合がある。現実には夫妻や親子でも，誰を家族とみなすかについて考えが一致しないことは珍しくない。[4]

　家族を（小）集団であると決めつけずに，ネットワークという概念を使って分析してみれば，その境界の明確さ／曖昧さ，メンバー間の連帯の強さ（ネットワーク密度の高さ）などの点で，個々の家族の構造が異なる様子を描き出すことができる。そうすることで，集団に近い性格をもつ家族から，開かれたネットワークと呼ぶべき家族まで，多様な家族構造を分析の対象にできる。

❸ 日本の家族に関するネットワーク論的な研究の展開

　ネットワーク論の理論的視角や方法を応用できるテーマは多様である。日本の家族に関わる研究例をいくつか紹介しよう。ボットが提示した仮説に関連づけながら，日本の首都圏郊外都市（埼玉県朝霞市）と伝統的地方都市（山形市）に居住する夫妻を1993年に調査した研究は，夫婦関係とネットワークの関連が地域ごとに異なる可能性を示している。朝霞市では夫の職場と妻の近隣のネットワークへの依存が夫の家事参加を低める傾向があり，山形市では地域親族ネットワークへの夫妻の依存が夫婦相互の情緒的依存を高める傾向が見出された。[5]

　その後，インターネットや携帯電話などの普及があり，日本人の家族・友人間のコミュニケーション手段が大きく変化した。そこで，日本人の家族・ネットワークにはどんな変化が生じたかを確かめようと，2014年に朝霞と山形で再調査が行われた。この調査からは，21年前に比べて，いずれの地域でも，ネットワーク規模が縮小し，家族意識や夫婦関係，ネットワーク構造の地域差が縮小する傾向が明らかになった。[6]

　『公園デビュー』[7]が話題となった1990年代以降，育児する母親たちのネットワークに着目した一連の研究が行われた。2000年代初頭の研究では，父親の育児参加が多く，親族と非親族とが適度に混合し，密度も中ぐらいの，規模が大きい世帯外育児ネットワークをもつ母親たちは育児不安が低く，満足度が高い，という興味深い知見が得られた。[8]ネットワークの構造は，育児する母親たちの精神的健康と関連している可能性が高い。

　最近では，上海在住の日本人海外駐在員妻たちを対象にしたインタビュー調査に基づき，妻のネットワークメンバー構成と夫からの情緒的援助の有無を組み合わせて，異文化適応戦略を類型化した研究がある。[9]また，小中学生の母親の教育意識に関する研究では，きょうだい，夫の親，友人・知人の学歴の高さやネットワークメンバーの高学歴志向が母親自身の高学歴志向に影響を与えていることが示唆されている。[10]ネットワークが個人や家族に影響を与える側面，逆に個人や家族がネットワークを操作する側面の両方に着目した研究が展開している。

（野沢慎司）

▷4　この点に関する興味深い研究例として，上野千鶴子，1994，「ファミリィ・アイデンティティのゆくえ」『近代家族の成立と終焉』岩波書店，pp. 3-42参照。

▷5　野沢慎司，2009，『ネットワーク論に何ができるか』勁草書房，1章。

▷6　石黒格編，2018，『変わりゆく日本人のネットワーク』勁草書房。

▷7　本山ちさと，1998，『公園デビュー』学陽文庫はネットワーク論的に見ても興味深い考察を含んだ体験的エッセイ。

▷8　松田茂樹，2001，「育児ネットワークの構造と母親の Well-Being」『社会学評論』52(1)，pp. 33-49。

▷9　叶尤奇，2015，「日本人海外駐在員妻のパーソナル・ネットワークに関する一考察」『多文化関係学』12：pp. 71-88。

▷10　荒牧草平，2018，「母親の高学歴志向の形成に対するパーソナルネットワークの影響」『家族社会学研究』30(1)：pp. 85-97。

I　家族をとらえる理論と視角

12 ライフコース論
個人の人生軌道から家族過程をとらえる

1 個人のライフコースから家族をとらえる

　ライフコース論は1960年代に，当時主流だったライフサイクル論から展開してアメリカで登場した。ライフサイクル論は，夫婦や家族がたどる標準的な道筋を想定し，各ライフステージでの課題などを観察し説明する。例えば，結婚→子どもの誕生→子どもの発達→巣立ち→夫婦の死別といった道筋である。この道筋を，同時代の多くの家族，そして子ども世代がたどること（サイクル）を前提としていた。しかし現実の家族は多様な道筋をたどる。子どもをもたない夫婦，離婚する夫婦，再婚する夫婦など，家族の解体と再編は繰り返されている。ライフコース論は，この現実を観察する枠組みとして登場した。夫婦や家族単位ではなく，家族成員個々人の生涯にわたる発達過程に注目し，個人のライフコースの束として家族過程をとらえる。そうすることで，多様な道筋をたどる家族のダイナミックな過程を観察できるのである。

　具体的には，各人の社会的役割（例えば子ども役割，きょうだい役割，学生役割，職業役割，配偶者役割，親役割）の過程を，ライフイベント経験（出生，結婚，親なりなど）として観察する。その過程が，経歴 career（定位家族経歴，職業経歴，生殖家族経歴など）である。観察方法には，ライフイベントの経験の有無，年齢などを量的に把握する方法と，経験の意味づけなどをライフヒストリーとして質的に把握する方法がある。

2 ライフコースの制度化と社会変動

　ライフコースは，「生涯にわたる社会的役割ならびに役割移行からなる軌道に関する社会的・文化的なパターン」と定義できる（単なる「人生」ではない）。つまり，ライフイベント経験の仕方（年齢やタイミング）が，社会的・文化的に認知・許容されている点が重要である。これを制度化という。例えば，成人期への役割移行は，学校卒業，初職，結婚，親なりといったライフイベントによって成されるが，その経験は社会的・文化的に制度化されている。個人は，学校制度，新規学卒労働市場，年齢規範を参照して，選択的に経験し移行をたどる。この点で役割移行は，個人的経験であると同時に，社会的産物でもある。

　むろん社会的・文化的制度は変動するので，個人への着目は，家族過程をマクロな社会変動や時代状況と結びつけて観察することを可能にする。個人のラ

イフイベント選択と経験は，家族の状況から強く影響を受ける。個人は，家族を介して社会変動・歴史的出来事に遭遇するのである。言い換えれば，ライフコースの視点では，社会変動や歴史的出来事に直面した際の，家族内部での動的な衝撃や対処を観察できる。その研究例として，G. H. エルダー Jr.『大恐慌の子どもたち』▷1 と T. K. ハレーブン『家族時間と産業時間』▷2 がある。例えばエルダーは，大恐慌で父親が失業した家族の男子は，アルバイト就労を始めたために職業的関心が早くに結晶化し，成人期への移行が促進されたことを示した。

年齢・時代・**コーホート**▷3（A-P-C）の説明枠組みは，個人と家族を社会的・時代的文脈に位置づける道具として有用である。年齢は，個人の人生時間上の位置を指すだけでなく，個人を社会的・歴史的文脈上に位置づける。図 I-12-1 のように，個人は出生年から出発する年齢と時代の交差線上をたどる。この交差線がコーホートであり，1990-99年出生コーホートといった具合に設定される。1つのコーホートのメンバーは，同じ時代状況で加齢していく集団を意味する。同じコーホート内部の個々人の経験にみられる差異は，社会のジェンダー構造や社会階層による影響として説明できる。

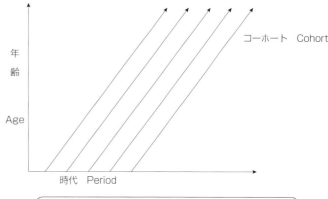

図 I-12-1　年齢・時代・コーホート（A-P-C）説明枠組み

出所：嶋﨑尚子, 2008,『ライフコースの社会学』学文社, p. 45。

3 ライフコースの多様化は本当か

日本では「ライフコースの多様化」「家族の多様化」が指摘されて久しい。本当だろうか。例えば，子育てしながら働いている女性たちは，仕事役割・母親役割の両方に充足感を抱けずにいる。他方，専業で子育てしている女性たちは「社会的疎外感」に苦しめられている。家庭役割と仕事役割の内容が対立し，妻・夫，母親・父親たちを苦しめている。その結果，皮肉なことに，唯一の標準的ライフコース・パターンであった専業主婦コースまでもが「生きづらさ」を伴う事態に直面している。法や制度の整備が進んでも，社会的認知水準でのライフコースの多様化は棚上げにされたままである。現状では，個人的選択にゆだねられ，自己責任のもとで「生きづらさ」の解決が強いられている。

確かに現代日本で人々の役割移行は多様性を呈している。しかし多くの人が「生きづらさ」を感じている現状は，複数のライフコース・パターンが社会的認知を得ているとは言い難く，ライフサイクル論が想定する〈近代家族〉の呪縛から解かれていないからではないか。真のライフコース制度化にむけた今後の動向を注視したい。

（嶋﨑尚子）

▷1　エルダー Jr., G. H., 本田時雄ほか訳, 1997, 『大恐慌の子どもたち［新装版］』明石書店。

▷2　ハレーブン, T. K., 正岡寛司監訳, 2001, 『家族時間と産業時間［新装版］』早稲田大学出版部。

▷3　コーホート
コーホートとは，同時期に特定の社会システムに参入した人々からなる集団を指す。ライフコース研究において，観察枠組みに応じて，単年もしくは連続年で操作的に設定する場合が多い。他方で，1947～1949年出生コーホート，すなわち「団塊の世代」コーホートは，戦後日本社会の固有な社会的状況で加齢過程をたどっている点で，K. マンハイムの「世代」概念に近い。出生年のほかには，入社年コーホートや結婚年コーホートなど，観察する社会システムに応じて設定する場合もある。

Ⅰ　家族をとらえる理論と視角

13 臨床的なアプローチ
家族の危機にどう立ち向かうか

1 家族危機への臨床的アプローチ：あいまいな喪失の場合

　家族が何らかのストレス源となる出来事に直面した際，その出来事を家族なりに意味づけ，さまざまな資源も動員しつつ対処したとしても，家族だけではその困難さを克服できず，専門家による支援が必要となる場合もあるだろう。その際，専門家は，家族の危機をどのようにとらえ支援していくのだろうか。

　そこで，家族ストレス論における P. ボスのあいまいな喪失についての議論をとりあげて考えていく。研究者でありセラピストでもあるボスは，Ⅰ-9 でふれた R. ヒルの ABC-X モデルのうち C 要因（意味づけ）に焦点をあて，家族や恋人など親密な関係において経験される喪失のうち，失われてしまったのか，それともいまだ失われていないのか，存在／不在について不確実性がある「あいまいな喪失」について議論している。▷1

　ボスの議論は，自身の日々のセラピストとしての実践だけではなく，ニューヨーク世界貿易センタービル爆破事件（2001年）の被害者家族支援の理論的枠組ともなっている。なぜなら，遺体が発見されない場合があり，事件発生時，現場に居合わせた家族や恋人は生きているのか，それとも死んでしまったのかわからない状況に向き合わなければならない多くの人々がいたからである。▷2

2 あいまいな喪失ともたらされる結果

　あいまいな喪失には，①身体的には不在であるが心理的に存在していると認知されることにより経験される喪失，②身体的に存在しているが，心理的に不在であると認知されることにより経験される喪失の２つのタイプがある（表Ⅰ-13-1）。

　①の例としては，自然災害などによる家族の行方不明などがあてはまる。死の確証（遺体など）が得られない場合はなおさら，大切な存在として思い続けている家族が，生きているのか，それとも亡くなってしまったのか，残された家族にとってはあいまいなままなのである。そして，②の例には，家族のアディクションや認知症などの進行により，確かに本人は目の前に存在しているが，「もはや以前のその人ではない」とみなされるような場合があげられる。

　あいまいな喪失の場合，喪失が「一時的」か「最終的」かも不明確なため，長期間，家族の意味づけや対処，悲嘆の過程を凍結してしまうのである。さら

▷1　ボス，P., 南山浩二訳，2005,『「さよなら」のない別れ　別れのない「さよなら」』学文社；ボス，P., 中島聡美・石井千賀子監訳，2015,『あいまいな喪失とトラウマからの回復』誠信書房。

▷2　ボスの「あいまいな喪失」に関する議論は，東日本大震災被災者支援においても早くから着目されてきた経緯がある。南山浩二，2016,「あいまいな喪失」質的心理学会編『質的心理フォーラム』8：pp. 56–64。

表Ⅰ-13-1　あいまいな喪失の2類型

種類	焦点となる〈他者〉の位置	具体例
身体的不在／心理的存在「さよならのない別れ」	身体は存在していないが，心理的には存在	自然災害における行方不明者，行方不明兵士と誘拐された子ども，人質・拘禁，移民，養子縁組，離婚，転勤など
身体的存在／心理的不在「別れのないさよなら」	身体は存在しているが，心理的には不在	アルツハイマーやその他の認知症，慢性精神病，脳挫傷，脳梗塞，アディクションなど

出所：ボス，P.，南山浩二訳，2005，『「さよなら」のない別れ　別れのない「さよなら」』学文社より筆者作成。

に，こうした影響は他の親密な関係に及び，新たなあいまいな喪失を生み出しやすいともされる。なぜなら，あいまいな喪失を経験している人々は凍結された悲嘆に囚われてしまっているのであり，彼らと親密な人からすれば，心理的に不在であると認識されやすいからである。

③　あいまいな喪失とともに生きる新たな意味と方法をさぐる

　ボスによれば，あいまいな喪失を経験する家族のストレスフルな状況は，病理的反応ではなく，「標準的な反応」である。あいまいな喪失とその困難さを解決できない原因は，個人や家族にあるのではなく，喪失のあいまい性という状況そのものにあるのである。

　そのため，セラピストや医療従事者は，まず個人・家族が現に経験している状況を「あいまいな喪失」と名付け，個人・家族と「問題」の切り離しを行い，個人・家族が今抱えている困難や苦悩の原因ではないことをクライエントに明確に伝える。その上で，セラピストや医療従事者は，家族にとって喪失がどのような意味をもつのか，そのことを理解するために，彼らが語る喪失の物語を聴かなければならないとするのである。なぜなら，その物語のなかに，彼らのディストレスの源泉とその意味に関する手がかりがあるからである。

　その際，専門家があらかじめ「家族の義務」「家族の範囲」などを定義し，その定義に基づき「家族」にラベリングするのではなく，家族自身がとらえている「家族の義務」「家族の範囲」などを尊重しながら語りを聴くことが重要とされる。セラピストの仕事は，語りを聴きその生成を助け，家族があいまいな喪失とともに生きる新たな意味と方法を見出していくプロセスをサポートすることだとする。また，こうした過程において，家族内における対話に加え，「同じ立場」にある人々により組織されたグループによるピアサポートも有効であると指摘している。

　このような専門家の支援（あるいはピアサポートなど）は，家族ストレス論の枠組みに従えば，家族外に存在する危機対応資源であるといえる。家族が危機に陥った場合，それ以上の危機に陥らないためにも，こうした家族外の資源の利用が重要となってくるだろう。　　　　　　　　　　　　　　　（南山浩二）

▷3　こうしたグループとして，セルフヘルプグループ（self-help group：SHG）があてはまるだろう。SHGは，一定の問題を共通項とする人々の自主的な参加により生成されるグループである。メンバーは，同じ問題を抱えるピア（peer＝仲間）なのである。

▷4　 Ⅰ-9 参照。

Ⅰ　家族をとらえる理論と視角

 資源論・交換理論的なアプローチ

① 資源論・交換理論的なアプローチとは

　資源論・交換理論的なアプローチとは，家族行動の合理的側面に焦点を当て，家族関係の形成や維持の基底に，個人の合理的な判断や，個人が関係に持ち込む資源の交換があると考える視点である。家族研究におけるこのアプローチは，社会学の「交換理論」（exchange theory）に依拠しながら，G. ベッカーらによる家族の経済学や社会心理学的家族研究の影響も受けながら理論化された。

　家族研究における資源論・交換理論的アプローチの1つの起源は，アメリカで1930年代以降行われてきた配偶者選択や夫婦の権力（勢力）関係をめぐる社会学的研究にある。代表的な研究として，ブラッドとウルフは，夫婦の勢力関係は夫と妻が家族外の環境から獲得できる資源（それぞれの雇用や学歴など）の相対的関係が決定すると考える資源論（resource theory）を提唱した。

　これに並行して，1950年代後半以降，交換理論の体系化が進む。社会学者のG. ホマンズは，報酬を求める諸個人がさまざまな資源を交換するために社会関係を形成するととらえる視点を提示した。これはP. ブラウにより，関係における資源の不平等が個人間の権力の不均衡をもたらすという社会学的理論へと展開された。同時期に，社会心理学者のティボーとケリーは，相互依存性理論（interdependence theory）を提唱し，個人が関係から得る満足は他の関係との相対的比較に左右されると論じた。こうした成果をもとに，家族研究者のI. ナイらは，家族研究のための基礎理論としてこのアプローチを体系化した。

② 資源論・交換理論的なアプローチの基本概念と理論

　資源論・交換理論的なアプローチは，社会関係を，利己心によって動機づけられた諸個人が合理的選択（rational choice）を通じて形成する交換関係としてとらえる。家族もまたこうした交換関係の1つである。このアプローチは家族を個人の集合とみなし，分析の単位を個人に置くという特徴をもつ。

　個人の選択に影響するのは，行為に関わる報酬（reward）とコスト（cost）である。報酬とは，物質的なそれに限定されず，行為によって得られる地位，他者からの承認，愛情など多様なものが含まれる。家族関係において複数の個人が交換を行うとき，個人が関係に持ち込み，他者にとっての報酬をもたらすものが「資源」である。個人は，報酬とコストの関数である利得（benefit）を

▷1　ここでは交換理論的アプローチに「合理的選択理論」を含める（コリンズ，R.，友枝敏雄監訳，1997,『ランドル・コリンズが語る社会学の歴史』有斐閣）。

▷2　Blood, R. O. and Wolfe, D. M., 1960, *Husbands and Wives : The Dynamics of Marital Living,* Free Press.

▷3　Nye, F. I., 1978, "Is choice and exchange theory the key?." *Journal of Marriage and Family,* 40(2) : pp. 219–233.

最大化するような行為を選択すると想定される。

　ある社会関係の維持や解消を個人が考慮する過程のモデルで用いられるのが，ティボーとケリーが導入した「比較水準」(comparison level) および「選択比較水準」(comparison level for alternatives) という概念である[4]。比較水準とは，個人が現在の関係から得る利得を評価する基準である（例えば，自分の夫婦関係を，自分と同様の社会経済的地位にある他者のそれと比較する）。現在の関係が比較水準よりも高いと評価するほど，個人は現在の関係から大きな満足を得るとされる。これに対して選択比較水準とは，個人が現在の関係に留まるか否かを評価する上での基準とされ，現在の関係とは異なる他の関係において個人が得ることを期待する利得のもっとも高い水準を指す（例えば，夫婦関係にある者が，独身（離別）の状態から得ることを期待する利得がこれに該当する）。

　この議論を精緻化した社会心理学者C. E. ラズバルトは「投資モデル」を提唱した。それによれば，関係に留まるかどうかを左右する要因が「コミットメント」であり，それは，その個人にとっての当該関係への「投資」（関係に投入されてきた資源および関係に付随する資源を指す）が大きいほど高まるとされる[5]。

　こうした理論には，合理性という仮定が家族に関わる個人の行動をどこまで適切にとらえられるのかなどの批判が向けられてきたが，計量的な家族研究を中心にこのアプローチは多くの研究を導く視点として用いられている。

❸ 資源論・交換理論的なアプローチの適用例

　資源論・交換理論的なアプローチは，明快な理論であり，測定が相対的に容易な個人の特性に照準を当てるため，「個人化」の進む現代家族の動向も背景にして，家族に関する多くの経験的研究を生んできた。

　まず，家族関係の形成や解消に関連して，結婚，出生行動，離婚などについては，多くの研究がある。例えば結婚行動については，その多様化とともに，個人のもつ資源が結婚の可能性とどう関連するのかなどについて研究が蓄積されている。一例を挙げると，経済学で提唱されてきたいわゆる「女性の自立仮説」は，経済的地位の高い女性は結婚の可能性が低まると予測するが，アメリカではこれを明確に支持する知見は乏しいようである。

　このアプローチが多く適用されてきた別の分野が，夫婦の権力関係である。特に夫婦間の家事分担やその評価が何に規定されるのかについては多くの研究がある。近年の研究は，個人や夫婦のミクロ水準だけを見るのではなく，国ごとに多様な制度や文化の違いが，個人の有する資源が夫婦関係にもたらす影響をどのように左右するかにも関心を向ける。例えば不破と筒井は，ジェンダー不平等がより大きな国では，妻の教育水準の高さが家事分担に対する不公平感を高める効果は弱まる傾向があることを明らかにしている[6]。社会学的観点からは，こうした方向での今後の研究の展開が期待される。　　　　　（田渕六郎）

▷ 4 Thibaut, J. W. and Kelley, H. H., 1959, *The Social Psychology of Groups,* Wiley.

▷ 5 Rusbult, C. E., 1980, "Commitment and satisfaction in romantic associations," *Journal of Experimental Social Psychology,* 16(2): pp. 172-186.

▷ 6 不破麻紀子・筒井淳也，2010，「家事分担に対する不公平感の国際比較分析」『家族社会学研究』22(1): pp. 52-63。

Ⅰ 家族をとらえる理論と視角

15 家族の個人化
家族はバラバラになるのか

▷1 ギデンズは，後期近代では，自分のアイデンティティさえも，自分で作り出すことが必要になっていることを強調している（ギデンズ，A.，秋吉美都ほか訳，2005，『モダニティと自己アイデンティティ』ハーベスト社）。

▷2 1つ例を出そう。前近代社会においては，職業は親の仕事を継ぐものと決まっていた。近代になると，職業を自分で選ぶことが可能になる。これが個人化の効果である。

▷3 ここでも1つ例を挙げよう。伝統的規範によれば，結婚前に性的関係をもつことは特に女性にとっていけないこととされ，従わない女性は社会的に非難された。しかし，現在では，もつかもたないかは，当人の自由に任せられている。

▷4 先の例で言えば，結婚前に性的関係をもってもかまわないと思う人が徐々に増えること，そして，結婚前に性的関係をもった女性に対する社会的非難も少なくなっていくというかたちで個人化が進行するのである。

▷5 ここでも1つ例を挙げよう。「夫は主に仕事，

1 個人化の意味

　近代社会は，個人化の時代と言われている。それは，自分勝手にふるまってよいとか，個人が孤立してしまうということではない。それは，A. ギデンズがいうように，自分で自分の人生を作り出すことが必要になる時代という意味である。

　伝統社会では，人々は生まれによって自分の一生が決まっていた。近代化とともに，自分の人生は自分で決める社会に移行する。伝統的規範に従う必要がなく（伝統からの離脱），人生のさまざまな局面で選択肢が提示され，どれを選ぶかは自分の意志によるものとなった。これが個人化の社会学的定義である。

2 家族と個人化

　家族の領域も例外ではない。伝統社会では，結婚相手や，結婚後の同別居，夫婦の役割や子どもの育て方に至るまで，さまざまな家族に関する行動が，伝統的規範に縛られていた。規範に従わないことに対しては，さまざまな制裁（サンクション）が加えられた。

　近代化とともに，家族の領域にも個人化の波が押し寄せることになる。伝統的な家族規範に縛られない自由が意識される。

　ただ，ここで2つ留意点がある。1つは，個人化のスピードである。伝統的規範が一気になくなるわけではない。世代の入れ替りとともに徐々に進行する。

　もう1つは，ギデンズが「伝統の創出」というように，近代でも新たな規範が創出され続けているということである。

3 家族の個人化の帰結

　次に，家族の個人化が進む結果として生じる問題を2点指摘しておく。

　1つは，家族のあり方が自由に選択できるようになることである。例えば，伝統的な日本の直系家族規範の下では，長男と結婚した女性には，夫の両親と同居することが求められた。しかし，戦後日本社会では，個人化が進んだ結果，同居しないという選択が非難されるものではなくなってきた。また，性別役割分業に関しても，近年では，共働きをするか，伝統的な専業主婦にいるかも選択の対象になる。「家族（夫婦，親子など）はこのようなものでなくてはならな

い」という共通了解が徐々に失われているのである。

　家族の個人化，つまり，家族のあり方に関する選択肢の増大は，さまざまな問題を生み出す。伝統的な規範が押さえていたさまざまな個人の欲求が，個人化によって解放されるからである。そして，家族は通常共同生活の場であるゆえに，1人の決定が他の家族に直接影響を及ぼす。規範を外れる自由を自らが得ることは，他人も自由を得ることになる。つまり，個人が選択しても，それが実現するかどうかはわからない。

　例えば，夫の両親との同居に関しても，夫が望み，妻が拒否するという場合，規範が信じられているときは，妻が諦めるしかないが，個人化すると夫と妻の選択を調整する必要が生じる。性別役割分業も同じである。

　家族が個人化することは，家族をどのような形にするかという点で，家族の間での調整の必要性を増し，望み通りの家族形態を実現できるとは限らない事態を生じさせる。

❹　家族の本質的個人化

　家族の個人化が進行すると，さらに深刻な帰結を生み出す。それは，家族そのものを自由に選択や解消できるかという問題である。これを本質的個人化と呼んでおく。[6]

　近代社会が成立したときには，家族は選択不可能で，解消困難な関係と理解されてきた。子は親を選んで産まれてくることはできないし，解消は困難である。夫婦関係も一度選んだら解消するには困難を伴う。特に欧米諸国の中には，1960年代までは離婚に対してたいへん厳しい制限がある国が多かった。また，日本においても一方的に離婚しようとすることには困難が伴う。

　家族そのものを選択，解消するという本質的個人化も家族関係の種類によって進展度が異なる。夫婦に関しては，欧米諸国を中心に個人化が進んだ。夫婦の愛情がなくなった場合，夫婦を続ける必要はなくなった。つまり，夫婦はいつでも解消可能な関係と意識されるようになった。[7]

　また，子どもの成人後は，親子間の関係性にも個人化が生じている。たとえ最低限の法律的義務があるにしても，実質的に親子の関係を絶つケースも増えている。日本も例外ではない。

　しかし，子どもが小さいうちの親子関係に関しては，個人化は進んでいないように見える。ただ，近年の日本では児童虐待が増大している。これは，親が一方的に子どもとの関係を解消しようとしているとみることができる。さらに，生殖技術の発達によって望み通りの子をもうける可能性も出てきている。

　この個人化のトレンドに対して，社会はどのように臨むのかが今後の課題となろう。

（山田昌弘）

妻は主に家事」という性別役割分業に関わるものである。この規範は，伝統社会には存在していなかった。しかし，近代になって産業化が生じ，男性が企業で働き始めるとともに，欧米や日本で，この規範が創出される。しかもそれは，あたかも伝統であるかのように意識されるようになる。これをギデンズは，「伝統の創出」と呼んだ（ギデンズ，A.，佐和隆光訳，2001，『暴走する世界』ダイヤモンド社）。

▷6　山田昌弘，2004，「家族の個人化」『社会学評論』54（4）：pp. 341-354。

▷7　ギデンズは，夫婦を含む広くカップル関係を縛るものは，お互いが選び合っているという事実だけになったとも述べている（純粋な関係性）。

Ⅰ　家族をとらえる理論と視角

16 家族のリスク化
家族をあてにしてもよいのか

1　リスク社会の意味

　リスクとは，「望ましくない事態に陥る可能性」と定義される。リスクは，社会が存続できなくなるような可能性というかたちでも使用されるが，ここでは，個人に関わるリスクのみを取り上げることにする。

　個人にとって望ましくないものはさまざまあるが，その中でも，生活に困窮する状態，そして孤立して自分を大切にしてくれる人がいない状態をとりあげる。それぞれ，「貧困リスク」そして「孤立リスク」と名付けよう。近代社会では，家族は生活を助け合い，お互いに大切にしあう関係として想定されている。逆に言えば，家族がいなければ，貧困に陥ったり，孤立する可能性が高まる社会でもある。

　今の日本では，若者の約25％が一生結婚できないと推計されている[1]。約9割の未婚者が結婚を望んでいるので，結婚したくても結婚できないで老後を迎えるリスクがかなりの割合にのぼることがわかる。さらに，結婚したカップルのうち，約3分の1の夫婦が離婚すると予測されている[2]。

2　リスクと近代

　近代化によって，伝統的規範に従わずに，自分で自由に人生を選べるようになった。その結果，さまざまな所でリスクが生じることになる[3]。

　家族も同じである。近代社会になり，家族の個人化が進展し，自分の好きな相手と結婚する自由，そして，自分が嫌になった配偶者と離婚する自由が得られる[4]。その反面，そもそも結婚できないリスク，相手に嫌われて離婚されるリスクが生じるのである。

3　戦後家族の安定期

　日本では，憲法や民法の改正などにより，「配偶者選択の自由」は実質的には戦後，実現した。離婚も戦前までは，家風に合わないという理由など家本位の離婚が多かったが，戦後は個人本位の離婚が一般的になった。

　しかし，戦後から1990年代にかけて，家族は安定していた。約97％の若者が結婚し，離婚も結婚の1割程度にとどまった。いわば，家族に関するリスクを意識しないで生活できる状況があった。

▷1　国立社会保障・人口問題研究所の2018年将来人口推計では，2040年の50歳の男性未婚率29％，女性未婚率19％と推計されている。

▷2　リスクの特徴は，マクロ的には何％というように確率的に予測できるが，それが誰にいつ起きるかあらかじめ予測できないことにある。結婚するにあたって離婚を予定する人はいない。しかし，自分が将来離婚するのかしないのか，そして，いつ離婚するかは結婚した時点では未知なのである。

▷3　例えば，親の職業を継ぐ伝統社会においては，職業を選ぶ自由がない代わりに，職を失うリスクもなかった。職業選択の自由が認められ，好きな仕事に就ける可能性ができた反面，自分の望みの職に就けないリスク，失業するリスクも同時に生じることになる。

▷4　Ⅰ-15 参照。

それは，「夫は主に仕事，妻は主に家事・育児で豊かな生活を築く」という
モデルができ，ほとんどの若者がそれを実現することが可能だったからである。
それを「戦後家族モデル」と呼んでおく[5]。このモデルでは，夫の収入が安定し
ていて妻の収入をあてにしなくても生活できること，女性は希望すれば安定し
た収入の男性と結婚できることが必要である。そして，経済の高度成長期
（1955〜72年）からバブル経済崩壊（1992年）までは，若年男性は望めば正社員
（公務員含む）か安定した自営業の跡継ぎになれた。正規雇用者は終身雇用制度
に守られ，農家など自営業は政府に守られていた。誰と結婚しても，将来的に
生活的に困るリスクはたいへん少なかった。また，職場での出会いは多く，さ
らに見合いも盛んだった。それゆえ，結婚相手を自由に選びつつ，結婚できな
いリスクを気にしなくても人生を送れたのである。

❹ リスク回避行動としての未婚化

　バブル経済が崩壊し，グローバル化が進み，若年男性に経済格差が広がるよ
うになる。経済の構造転換によって不安定雇用が増え，経済格差が拡大するの
は，世界的な傾向である[6]。その中で，日本は，経済の構造転換が家族形成リス
クの顕在化というかたちで出現する。

　今でも，「戦後家族モデル」を形成したいという若者が多い。その中で，妻
子を養って豊かな生活ができる収入がある若年男性が減少するということは，
「戦後家族モデル」を形成できないリスクが増大するということである。それ
が，未婚化につながる。女性から見て収入が不安定な男性と結婚して新たな生
活を始めることは，生活が破綻するリスクに直面することになる。そのリスク
を避けるために，結婚しない選択をするのである。それが可能なのは，日本で
は大多数の未婚者が結婚まで親と同居しているからである[7]。

❺ リスク回避行動が生む新たなリスク

　しかし，親と同居して結婚を待つという選択は，短期的なリスク回避として
は有効だが，長期的に見れば，結婚できずに親が亡くなったときに生活が不安
定化し，孤立するリスクを増すことになる[8]。つまり，短期的なリスク回避行動
が長期的なリスクを生み出しているのが，現代日本の現状だといえる[9]。安定し
た収入なく高齢を迎える独身者が今後増えていくと予測される。

　リスクへの対処法は2種類のものがある。1つはあらかじめリスクに陥るの
を避ける戦略である。もう1つは，リスクに陥ったときにそこから抜け出すこ
とを可能にする戦略である。日本社会では，前者の対策は豊富にある。その1
つが婚活である。しかし，リスクに陥った人を支援するしくみが不足している
ことは否めない。

（山田昌弘）

▷5　山田昌弘，2005，『迷
走する家族』有斐閣。

▷6　例えば，ライシュ，
R. B., 清家篤訳，2002，『勝
者の代償』東洋経済新報
社：山田昌弘，2004，『希
望格差社会』筑摩書房を参
照。

▷7　元気な親と同居して
いる限り，男女とも，経済
的には自分の収入が少なく
とも豊かな生活を送り続け
ることができ，孤立するこ
ともない。

▷8　現に，中年親同居未
婚者が増えている。総務省
統計研修所の西文彦の集計
によると，2016年の壮年
（35〜44歳）の親同居未婚
者は，約300万人となって
いる。

▷9　NHK「クローズア
ップ現代＋」取材班，2019，
『アラフォー・クライシス』
新潮社。

Ⅰ　家族をとらえる理論と視角

公共圏と家族
家族の親密さとは

1　公共圏と親密圏

　近代政治思想において，市民とは公的な世界で権利をもちこれを行使することの責任を負う，自立した理性的人間だとされた。自由な市民が対等な立場で理性的な討議を行う場こそが公共圏であり，それは世論を生み出す場となる。しかし，公共圏を担う市民とは男性を指し，そこに女性の居場所は想定されておらず，家庭などの私的空間の事柄は，「前政治的」ないし「非政治的」なものとして扱われ，公共的な正義の議題にされることはなかった。

　こうした伝統を問題化したのが「個人的なことは政治的である」というスローガンを掲げた第二波フェミニズムであった。それまで愛情の空間とされた家族が権力関係や差別を宿した空間であることを示し，同時に，「公的／私的」というカテゴリー区分そのものが自明ではないことを問題化したのである。

　こうした趨勢のなか，公共圏に対置される親密圏という概念に注目が集まった。この概念自体は J. ハーバーマスが著書『公共性の構造転換』のなかで，18世紀半ばに登場した小家族という家族形態に代表される領域として提起したことに端を発するが，ジェンダーの問題を不問に付す彼の議論はその後批判的に継承されていく。フェミニズムやジェンダー論は，近代社会の公私二元論への批判を展開し，私的領域に固有の論理や役割，機能を再検討する上で，従来は私的領域とされていた市場と区別するために「親密圏」の概念を提起する。家族単位を自明とした近代的なプライバシー概念を批判的に問いかえし，家族関係の内部に存在する個人やプライバシーを析出することを意図した概念でもある。

2　親密圏概念の精緻化

　親密圏について緻密な概念化を行う政治学者の齋藤純一によれば，公共圏が人々の共通の関心事によって成り立つ非人称的で抽象的な関係性であるのに対し，親密圏は具体的な他者の生への配慮／関心をメディアとして成り立つ，ある程度の持続性と代替不可能性をもった関係性と定義される。従来の「家族」とは異なり，性的関係や血縁関係，同居，家計の共有がなくとも成立する個々人の生を支えるさまざまな人間関係の網の目を包括する概念だという点も重要である。

▷1　現在の日本でも今なお家族内部の事柄は「社会」とは明確に区別され語られる傾向はある。例えば，育児休業からの復職を当然のように「社会復帰」と表現することなどは，「社会」から親密圏を疎外する語法の一例といえるだろう。

▷2　齋藤純一，2000，『公共性』岩波書店；齋藤純一，2009，『政治と複数性』岩波書店を参照。

親密圏は，第一に，公共領域からの逃避の場や，公共性を奪われた人間の居場所として把握することができ，第二に，公共的な人間になるための涵養の場という側面もある。傷つきやすい個人やケアを可能にする親密圏は，新たな公共性の創出のために不可欠な領域であるとされる。また，親密圏と公共圏は互いを規定し合うものであり，親密圏は公共圏の機能を果たすこともある。新しい価値判断を公共の空間に投げかける問題提起は，マジョリティとは異なる価値観を維持・再形成してきた親密圏から投げられることも多いのである。

③ 家族を超える親密圏

家族社会学において親密圏という概念は，異性愛主義に基づく近代家族を超えた親密な人間関係とその可能性をとらえるため，「家族」に代わるオルタナティブな概念として用いられることも多い。親密圏は，愛情や恋愛，友情のような感情的な結びつきに基礎づけられてはいるものの，必ずしも性や血縁の結びつきによらない相互的な配慮や依存，ケアの関係性の総体を意味している。

M. A. ファインマンや E. F. キテイといったフェミニスト法学者は，個人の生は他者に依存することを不可避としており，依存性を基軸とする親密圏の意義は公共的な観点から正当に評価されなければならないことを指摘した[3]。そして，従来の家族関係をこえて形成されうる親密圏の意義を見直すことは公共圏のあり方を批判的にとらえて再編成することにつながるという。これまで家族に特有の機能として一括りにされてきた，親密圏やケア，生活の共同といった複数の機能を分節化してとらえた上で再編成していくという視点も重要になるだろう[4]。

④ 親密圏からの「退出」の保障

しかしながら，内部に非対称な関係を抱える親密圏は，その性質上，程度の差こそあれ，閉鎖的・排他的な関係であり，それゆえに暴力や権威の関係に転化する危険を常に有している。政治学者の田村哲樹が述べるように，親密圏における不平等の克服のためには，親密圏が対話の場になることや政治的資源が平等化されることが必要である[5]。非対称な関係の中で弱い立場にある者の「発言」の可能性を高めるには，エンパワーメントが必要であり，関係性からの「退出」（exit）の選択肢の保障こそがそれを可能にする。退出の選択肢とは，公共領域におけるジェンダー非対称の克服であり，その意味でも公共圏と親密圏は連動しながら変化していく必要がある。

以上，公共圏と親密圏について論じてきたが，親密圏という言葉は上記の意味に限定されるわけではなく，政治学や法学，社会学，心理学，哲学などさまざまな領域で多義的に使用される。今なお発展途上の概念といえ，分析概念としての有効性を高めるためには，多様な親密圏に関する経験的研究の蓄積とあわせて，概念をより精緻化していくことが求められている。　　（阪井裕一郎）

▷ 3　ファインマン，M. A., 上野千鶴子監訳，2003，『家族，積み過ぎた方舟』学陽書房；キテイ，E. F., 岡野八代・牟田和恵監訳，2010，『愛の労働あるいは依存とケアの正義論』白澤社。

▷ 4　久保田裕之，2011，「家族社会学における家族機能論の再定位」『大阪大学大学院人間科学研究科紀要』37：pp. 77-96。

▷ 5　田村哲樹，2017，『熟議民主主義の困難』ナカニシヤ出版。

Ⅰ　家族をとらえる理論と視角

18 主観的家族
誰を家族だと思うか

家族の範囲

　現代社会においても多くの人がパートナーをみつけて結婚し，自分たちの子どもをもち家族を形成している。あなた自身もそんな家族を形成していると想像してみてほしい。あなたとあなたの配偶者，そしてあなたたちの子どもは自分たちを家族とみなしているだろうし，はた目にもそう見えるはずだ。ではこのとき，あなたの生まれ育った家の親とかきょうだいとか，飼ってる猫とかは，あなたの家族ではなくなってしまったのだろうか。たぶんそういうわけでもないだろう。とすると，少しややこしいことになる。あなたの配偶者にもその親やきょうだい，さらにペットもいるとすると，あなたが自分の「家族」とみなしているその範囲と，あなたの配偶者が自分の「家族」とみなしているその範囲は，部分的に重なりあうとしても，ぴったりとは一致しないかもしれない。

　個人にとっての「家族の範囲」は，その人による「家族認知」の総和としてとらえることができる。ただそれはその個人からみた「自分の家族」の範囲であり，他の誰かが何かしらの外的な指標をもって測定できるような客観的なものではない。その意味では「主観的家族」といえるものである。

主観的家族をめぐる研究

　このような家族をめぐる人々の認知やさらには解釈といった側面に照準する家族研究の立場がある。そのような研究では，学術的な家族概念の定義を洗練させることよりも，日常生活において人々が行っている「主観的」な家族のとらえ方に関心がむけられる。つまり，研究者が家族をどのようなものとして把握するかよりも，人々が何をどのように家族とみなしているのかがそこでの基本的な関心事となる。日本の家族社会学では1990年代以降，近代家族のような家族のあり方がゆらぎつつあるのではないかという問題認識を背景にそうした研究が登場し，家族生活に関わりをもつ人々の定義や解釈を重視する家族研究のあり方が提案されてきた。

　欧米に目をむけてみてもおおむね同じ頃から社会構築主義と呼ばれる立場が家族研究にも応用され議論が展開してきた。その代表的なものとして，J. F. グブリアムらによる研究においては，人々が用いる家族に関わる語りや言説，さらに家族をめぐる記述や解釈にまつわる活動に目をむけることで，さまざま

▷1　例えば，人々がもつ家族のイメージや意識に着目した山田昌弘の「主観的家族像」をめぐる議論や，当事者たちの家族境界をめぐる認知に着目した上野千鶴子の「ファミリィ・アイデンティティ」論などである。山田昌弘, 1986,「家族定義論の再検討」『ソシオロゴス』10: pp. 52-62；上野千鶴子, 1994,「ファミリィ・アイデンティティのゆくえ」『近代家族の成立と終焉』岩波書店, pp. 3-42。

▷2　木戸功, 2010,『概念としての家族』新泉社。

▷3　グブリアム, J. F.・ホルスタイン, J. A., 中河伸俊・湯川純幸・鮎川潤訳, 1997,『家族とは何か』新曜社。

40

な場面や状況，あるいは媒体において展開される家族にまつわる現実の構築過
程が分析されてきた。そこでは，どのようにして人々が相互の働きかけを通じ
て特定の人間関係を家族として意味づけ，それを現実のものとしていくのかが
問われたのである。国内外のこうした一連の研究に対して，田渕六郎は「主観
的家族論」という名称を与え理論的検討を加えている。

▷ 4　田渕六郎，1996，「主観的家族論」『ソシオロゴス』20：pp. 19-38。

　こうした研究は多かれ少なかれ質的研究の興隆のなかで展開されてきたもの
であるが，量的調査に基づく研究成果もある。例えば，伝統的に双系親族組織
をもつ日本社会では，親族における家族と非家族の境界が不明瞭であることを
踏まえて，人々が自らの親族のうち誰を家族とみなしているのかを明らかにし
た「家族認知率」の研究がそれである。

▷ 5　藤見純子，2009，「現代日本人は誰を家族と思っているか」藤見純子・西野理子編『現代日本人の家族』有斐閣，pp. 2-14。

③　主観的家族をめぐる家族研究の可能性

　「主観的家族」を把握し，個人にとって誰が家族なのかを問うことは，現代
の家族社会学にとってどのような意義をもちうるだろうか。ここでは個人がも
つ「主観的家族」を範囲という観点からではなく，それを構成するそれぞれの
人々の関係という観点から考えてみたい。当の個人は例えば，妻に対する夫，
子に対する親，そしてこの三者の関係に着目するならば父親とみなしうるだろ
うし，さらにいえば，親に対する子，妹がいるならばその兄，そうした定位家
族の関係に着目するならば長男といったように，彼が家族とみなす人々との関
係に応じて，彼自身が誰であるのかがそれらの関係ごとに定められるはずだ。
その意味では，個人にとって誰が家族なのかという問いは，当の個人がその家
族という関係のうちにあって何者であるのかという問いと同時に問うことがで
きるものである。さらにいえば，彼はいつでも夫であったり親であったりする
わけではない。妻に対しては夫として，子どもに対しては親あるいは父親とし
てふるまうことが期待される場面において，夫であったり父親であったり，両
方であったりしているはずである。

　私たちは誰かを家族として認知しているだけではなく，具体的な場面におい
て，関係ある他者とのやりとりを通じて家族の一員であることを協働で行って
もいるはずである。例えば，子育てという活動は親であることを行う実践の1
つであるし，夫婦で協力しあってそれを行うということは同時に，夫や妻であ
ることを行う実践の1つでもあるだろう。家族の成員性（誰であるのか）と活
動性（何をしているのか）をめぐる問いを，それらを当該の人々が結びつけつつ
成し遂げるその方法をめぐる問いとしてとらえるならば，「主観的家族」をめ
ぐる問いは，私たちが日々実践する家族のあり方を探るような研究へと展開し
ていくことができる。私たちは常に家族の一員として生活しているわけではな
い。だとすれば，どんなときに，誰と，何をすることで，「家族をして」（do-
ing family）いるのだろうか。

▷ 6　そうした家族であることを成し遂げるような実践は常に成功するとは限らない。うまくいかないこともあるだろう。

（木戸　功）

Ⅰ　家族をとらえる理論と視角

19 日本の家族の地域性
家族に地域差はあるのか

▷1　出発点となった3つの研究については以下の文献が体系的に理解しやすい。福武直，1949，『日本農村の社会的性格』東京大学出版会；岡正雄，1979，『異人その他』言叢社；大間知篤三，1975，『大間知篤三著作集　第1巻』未來社。

1 家族の地域性研究における源流

　日本の家族の地域性に関する研究は，1940年代から50年代に進められた3つの研究が出発点になっている。第一は，農村社会学者の福武直による村落類型論で，家の結合構造に焦点をあてて村落社会結合の把握を企図した。第二は，民族学者の岡正雄による日本社会の民族文化複合仮説で，これは異なる民族が日本列島に渡来し，その渡来民族の文化的差異が地域性をもたらしたとする作業仮説であった。第三は，民俗学者の大間知篤三による家族論で，居住形式や相続形態などの比較から家族構造の差異を究明するものであった。

　このように異なる方向性から進められた研究に共通することは，日本における2つの地域類型，すなわち，東北日本型と西南日本型を想定していたことである。これらの研究に刺激を受けながら，1960年代から80年代にかけて社会人類学者の蒲生正男，民族学者の江守五夫，民俗学者の竹田旦，法社会学者の武井正臣などは，新たな研究を展開していったのである。

▷2　姉家督相続とは男女にかかわらず初生の子が相続する形式，末子相続とは末男子が相続する形式。

2 家族の地域性研究における展開

　1960年代から80年代までの研究は，相続，居住，婚姻など多様な側面から家族の地域性を明らかにしてきた。例えば，相続についてみると，東北日本では長男相続とともに姉家督相続が行われてきたのに対し，西南日本では長男相続とともに末子相続・選定相続が存在すること。さらに，「家」と「隠居制」についても数多くの研究が蓄積され，東北日本では「家」的家族，無隠居制が存在するのに対し，西南日本では非「家」的家族，別世帯型の隠居制が存在することを明らかにした。

▷3　「家」については Ⅰ-5 参照。「隠居制」とは親夫婦と既婚子夫婦が同じ敷地内で世帯を分けて暮らす慣習で，別棟・別食・別財を基本とする。

　大間知は，西南日本に存在する隠居制と婚入婚の関係から「父子二世代の夫婦が同一世帯のうちにとどまらない」という原理が働いていることを析出した。また蒲生は，東北日本における嫁入婚，姉家督相続などを特徴とする拡大指向型家族は家意識と適合的であるとの見解を提示した。東北日本では生涯を通じて夫婦関係より親子関係の絆を優先・尊重する「状況不変のイデオロギー」があるのに対し，西南日本には婚入婚，末子相続や隠居制などを特徴とする縮小指向型家族が存在しているという。そしてこの家族の特徴は，結婚を機に親子の絆から夫婦の絆へと家族内で織りなされる人間関係の原理が変化する

▷4　「婚入婚」では結婚初期の婚舎を妻方として夫は妻の元へ通い，一定期間の後に夫方へ移り住む。「嫁入婚」では結婚と同時に婚舎を夫方の家とする。

「状況可変のイデオロギー」と適合的であるとした。[45]

　こうした社会人類学や民俗学などが提示した日本家族の地域性論は少数派の研究であり，多くの家族社会学者は家族の地域性論に関心を示さなかった。それは，アメリカ社会学の影響を強く受け，戦後日本の家族は「直系家族制」から「夫婦家族制」へと変動するのが，家族変動の一般法則であると考えられたからである。[46]しかし，少数ではあるが「直系家族制」と「夫婦家族制」が地域を異にして存在しているととらえた家族社会学者もいる。このような研究者にみられる特徴は，実証研究に基づいていることである。

　土田英雄は，志摩や五島列島などで実地調査を行い，「家」との関係性に焦点をあてて隠居制の研究を展開するとともに家族に関する諸類型も提示した。岡村益も福島県の隠居制家族を対象として，家族の居住形態と老親扶養の関係性を考察した。さらに，内藤莞爾は九州地域での調査研究に基づいて末子相続や隠居制に関する研究を展開し，西南日本型家族の存在を明らかにした。[47]

　土田・岡村・内藤らの家族研究は，隠居制や末子相続など西南日本の家族を分析対象とする傾向が強く，また老親扶養など，人口高齢化との関連で研究を展開しているという特徴がある。

③ 近年における家族の地域性研究

　1990年代以降の地域性研究の動向をみると，民俗学や文化人類学では下火になってきたが，新たに歴史人口学や地理学の分野で地域性研究が行われている。例えば，宗門改帳に関する研究がある。また，未婚化や単身世帯の増加に伴う社会的な問題関心から，家族の地域性研究が活発化してきた。家族社会学においても，他の学問分野で展開されてきた研究を踏まえて，老親扶養や親との同別居と関連させながら家族の地域性研究が展開されている。

　清水浩昭は，高齢化・長寿化の進展と介護形態の地域的多様性に着目しながら家族構造の地域性分析を試みている。清水は，国勢調査や国立社会保障・人口問題研究所の高齢者の居住形態の将来推計などを用いた世帯の統計分析と，山形県や鹿児島県などを対象にして実施された調査資料を分析した結果，日本社会には直系家族制（東北日本型）と夫婦家族制（西南日本型）が現代においても共存していることを指摘している。[48]加藤彰彦も全国家族調査の結果を分析し，近年においても，東日本には３世代が同一家屋・同一世帯に居住する「単世帯型（東北日本型）」，西日本には親夫婦と子夫婦が同じ敷地内の別棟や近隣に世帯を分けて居住する「複世帯型（西南日本型）」という家族構造の２類型が依然として持続していることを明らかにしている。[49]

　このような研究動向と研究成果をみると，現代社会においても家族の地域性研究は，一定の存在意義を有しているといえる。　　　　　　　（工藤　豪）

▷5　蒲生正男，1979，「日本のイエとムラ」大林太良監修『世界の民族　第13巻　東南アジア　日本・中国・朝鮮』平凡社，pp. 22-43。

▷6　「直系家族制」と「夫婦家族制」については I-3 参照。

▷7　岡村益，1967，「阿武隈山地の隠居慣行」『社会学評論』18(2)：pp. 78-101；土田英雄，1981，「隠居制と家」同志社大学人文科学研究所『共同研究　日本の家』国書刊行会，pp. 253-279；内藤莞爾，1978，「いわゆる西南型家族について」『社会学評論』28(4)：pp. 2-10。

▷8　清水浩昭，2013，『高齢化社会日本の家族と介護』時潮社。

▷9　加藤彰彦，2009，「直系家族の現在」『社会学雑誌』26：pp. 3-18。

Ⅰ　家族をとらえる理論と視角

世界の中の家族
家族のグローバル化

1　「世界家族」の登場

　グローバル化の進行によって家族の形態は大きく変化しており，これまでのように家族成員が同じ国家に属し，同じ母国語を話し，同じ市民権を享受することを自明の前提にするのは困難になりつつある。こうした現状を受けて，ドイツの社会学者 U. ベックと E. ベック＝ゲルンスハイムの夫妻は「世界家族」という分析概念を提示した。世界家族とは，グローバル化する世界で，ナショナルな境界やエスニックな境界，宗教的な境界を越えて形成される家族形態を意味し，従来の「国民家族」に対比されるものである。グローバル化の進展により，人々は家族という私的空間の内側で「国民の間の対立」「社会の多数派と少数派の対立」「第一世界と第三世界の対立」「地球規模の不平等」などに遭遇しており，愛や家族をめぐる問題の枠組みは大きく変容した。ベック夫妻は，結婚移住やパートナー選択，家事労働，生殖補助医療などのさまざまな具体例に触れながら，グローバルな序列関係が家族の内部にまで侵入し，それに沿って世界家族が形成されることを示す。そこに新たなジェンダー不平等や搾取関係が現れているものの，こうした問題は当事者レベルでは「ウィン・ウィン関係」と認識され表面化されることが少ない。以下では，グローバル化によって生じる「世界家族」のいくつかのパターンを確認していく。

2　国際結婚

　まず，出自の異なる者どうしによる国際結婚の増加がある。近代以降の国民国家の形成過程では，家族は国境内の文化的均質性を再生産する単位とみなされてきた。しかし，パートナー選択の範囲がグローバルに拡大するなか，同一の言語や文化を共有し，次世代へ継承していくという家族モデルは揺らいでいる。
　アジア圏で国際結婚が増加している背景には，先進国の少子高齢化に伴う再生産労働の国際間分業や入国管理政策，結婚斡旋ビジネスの流行などがある。途上国女性による先進国男性との結婚である，グローバル・ハイパーガミー（上昇婚）の増加も注目されている。このように，経済的に格差のある国の男女の結婚，特に先進諸国の男性と途上国の女性という組み合わせの増加が近年の国際結婚の特徴として指摘される。

▷1　国民家族
家族のすべての成員が同じ出自をもち同じ母国語を話すような，国民国家の枠組みに依拠した，これまで一般的であった家族形態をさす。

▷2　ベック，U.・ベック＝ゲルンスハイム，E., 伊藤美登里訳，2014，『愛は遠く離れて』岩波書店。

▷3　伊藤るり・足立眞理子編，2008，『国際移動と〈連鎖するジェンダー〉』作品社。

同時に，国際離婚や子どものアイデンティティ形成をめぐる問題も家族社会学のますます重要なテーマとなってきている。国際結婚は，グローバル化で生じる複数の差異や権力関係の交差を照射する場として注目される。

③ トランスナショナル・ファミリー

出自の異なる者どうしの家族形成だけではなく，同じ出自をもつ者どうしが国を越えて家族関係を形成する事例も増えている。出自は同じでも国境を越え2つ以上の国に分散して暮らし，なお緊密な紐帯を保持する家族は，トランスナショナル・ファミリーと呼ばれる。従来の家族研究では，「居住の共同」が家族の要件として重視されてきたが，グローバルに展開する家族関係をとらえる視点の重要性が高まっている。

なかでもケア労働による移住の増加が注目される。世界規模の経済格差により，裕福な家族は相対的に貧しい国を出自とする家事労働者を雇うことが可能になった。相対的に貧しい国では，外国に渡った移住労働者が祖国の家族へ送金することで生計を立てるケースが増えており，労働移住はしばしば国家からも支援対象として奨励される。こうしたなか，従来は労働市場で少数派だった女性が，世界中で移住者の過半数を占めるようになったのである。

A. ホックシールドは，国境を越えて生じるケアの連鎖現象をグローバル・ケア・チェインという概念でとらえる。例えば，フィリピン都市部の女性が乳母としてアメリカで働く。その仕送りで，祖国に留まる子どもや夫の世話を行うための家事労働者を農村部から調達する。農村に暮らすその家事労働者の家族では，年長の子どもがきょうだいの世話をする。このように「ケアの玉突き反応」が生じていると指摘するのである。こうした事例は，国家内における家族の再生産を前提とした福祉制度の枠組みに問いなおしを迫る。

その他にも，ミドル・クラス以上の母親が，子どものよりよい教育機会を求めて父親を残して英語圏で暮らす「アストロノート家族」の出現など，グローバル規模での交通・情報技術の飛躍的な発展が，分散して暮らす家族間の頻繁なコミュニケーションや相互支援を可能にしている。

④ 「世界家族」の未来

「世界家族」の登場に伴い，新たな不平等の拡がりが顕在化している。それ以外にも，生殖補助技術の進展により，代理母出産などグローバル規模での生殖の商品化も指摘される。しかし，こうした負の結果は，国民国家の枠組みを前提とした現在の社会構造・制度に起因する部分も大きい。ベック夫妻も，「グローバルな他者」が私的空間に入ることは新たな社会的連帯を構築する契機になりうると述べている。私的空間の変化に共生の道筋や契機を探ろうとする視点もまた重要になるだろう。

（阪井裕一郎）

▷4 Hochschild, A. R., 2000, "Global Care Chains and Emotional Surplus Value," W. Hutton and A. Giddens eds., *On the Edge: Living with Global Capitalism*, Jonathan Cape.

▷5 上野加代子，2011，『国境を越えるアジアの家事労働者』世界思想社を参照。上野は，シンガポールやフィリピンなどのアジア諸国における家事労働移住者の実態について詳細に描いている。

▷6 Aihwa, O., 1999, *Flexible citizenship: The cultural logics of transnationality*, Duke University Press.

Ⅱ　結婚：理論から家族をとらえる(1)

晩婚・非婚化の現状

 晩婚・非婚化

　現代日本では，男女とも，初婚年齢が上昇しつつある（図Ⅱ-1-1）。第二次世界大戦前に平均で男性27歳，女性23歳であった初婚年齢は，戦後すぐの混乱期と1970年前後を除いて上昇傾向にある。1970年代には女性は「クリスマスケーキ」と揶揄され，25歳以前に結婚するのが標準的と思われていたが，現在は「大晦日」言説に変わっており，実際に女性の平均初婚年齢は，全国平均で30歳に近い。都市居住者や大卒ともなれば，さらに高い年齢となっている。男性ではすでに平均で30歳を超えており，結婚はかつて20代でするものであったが，現在は30歳を超えるのが普通である。このように結婚のタイミングが遅くなることを晩婚化という。

　結婚のタイミングが遅くなることは，未婚率の上昇，ひいてはそのまま結婚しない生涯未婚者の増加につながる。35歳を超えた未婚者は，1975年時点で男性の20人に1人であったが，2015年には3人に1人に，女性でも4人に1人を占めるまでになっている（表Ⅱ-1-1）。**生涯未婚率**も，国立社会保障・人口問題研究所の統計資料によれば，2010年時点で男性20％，女性10％を超えている。

　生涯未婚率は，1920年から75年までは男性は2％にすぎず，女性は第二次世界大戦の影響で高かったが，それでも3〜4％にすぎなかった。日本は近代以降，人口の大半が結婚を経験する皆婚社会であった。現在も「いずれ結婚する」という結婚願望は未婚者の9割弱から支持されており，日本社会の結婚志向は根強い。「結

▷1　戦後の混乱期は戦中にできなかった結婚が実現した時期，1970年代は人口規模が大きい「ベビーブーマー」が結婚した時期である。いずれも，圧縮された短い期間に多勢が結婚したための平均値低下であって，実体的な年齢低下ではない。

▷2　結婚に適した「適齢期」に結婚すべきという意識が，結婚年齢規範である。実際に1970年代前後には，ベビーブーム期に生まれた多数の女性が，適齢期とされた20代半ばに一斉に結婚していた。規範は社会全体で作用するゆえ，結婚する当事者に内面化されると同時に，その親や周囲の人々からの結婚への圧力としても作用する。現在では結婚年齢規範は弱体化している。

▷3　**生涯未婚率**
人口学的には50歳時点での未婚率をいう。

▷4　国立社会保障・人口問題研究所，2017，『現代日本の結婚と出産——第15回出生動向基本調査（独身者調査ならびに夫婦調査報告書』p. 13。

▷5　**結婚規範**
結婚することを当然視し，結婚しない者に非難などの何らかの裁可が課される。

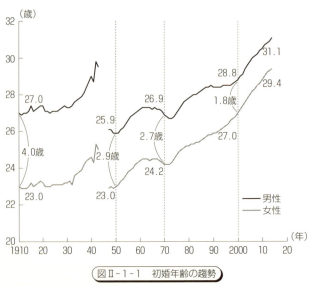

図Ⅱ-1-1　初婚年齢の趨勢
出所：「人口動態統計」より筆者作成。

婚してこそ一人前」「未婚者は負け犬」というように，結婚を是認する**結婚規範**は揺らいでいない。しかしながら，実態としては非婚化が着実に拡大しつつある。

2 見合い婚から恋愛結婚へ

　結婚支持が変わらないとしても，結婚の中身は大きく変容している。

表Ⅱ-1-1　年齢別にみた未婚率の推移（%）

歳＼年	男性					女性				
	1975	1985	1995	2005	2015	1975	1985	1995	2005	2015
15〜19	99.5	99.4	99.2	99.7	99.7	98.6	98.9	98.9	99.2	99.4
20〜24	88.0	92.1	92.6	93.6	95.0	69.2	81.4	86.4	89.4	91.4
25〜29	48.3	60.4	66.9	72.6	72.7	20.9	30.6	48.0	59.9	61.3
30〜34	14.3	28.1	37.3	47.7	47.1	7.7	10.4	19.7	32.6	34.6
35〜39	6.1	14.2	22.6	30.9	35.1	5.3	6.6	10.0	18.6	23.9
40〜44	3.7	7.4	16.4	21.9	30.0	5.0	4.9	6.7	12.2	19.3
45〜49	2.5	4.7	11.2	17.3	25.9	4.9	4.3	5.6	7.9	16.1

出所：国勢調査。

第二次世界大戦前は，結婚は家長の許可を得て実現するものであったが，戦後の新憲法には「婚姻は両性の合意のみに基づいて成立」と明記された。実際に，戦前は見合い結婚が7割と多数を占めていたが，戦後は減少，それに応じて恋愛結婚が増加した。見合い婚と恋愛婚の占める比率が逆転したのは，1960年代半ばである。

　では，現代日本社会では「愛し合って結婚」しているのか。出会いのきっかけをみると，1940〜50年代は親族による紹介婚が主流を占め，続く1960〜70年代には職場関係の知人の紹介婚が多くなっている。フォーマルな見合い婚が減少しても，70年代の結婚ブームを支えたのは，職場や仕事に関係したネットワークによる紹介や出会いであった。その後，プライバシー意識が高まり，個人のプライベートな生活と会社組織とを分離するようになり，会社などの紹介システムが衰退すると，初婚率は低下してきた。これまでの結婚には，当事者どうしが愛を確認しあうプロセスとは別に，見合いであれ職縁であれ，結婚を成立させるシステムが働いていたが，そのシステムが衰退してきたことを示す。

　では「恋愛結婚」は本人たちの自発的な意思で決まっているのか。1970年代に，女性にとって理想的な結婚相手の条件は，身長，年収，学歴が高い「3高」といわれた。男女の学歴差や賃金差が大きかった当時，この条件を満たす男性を紹介されて恋愛，結婚した女性は数多くいたことだろう。だが，男女の格差が縮小すれば，学歴や経済力が高い男性の人数は少なくなり，理想の結婚相手にめぐり会えない女性が多くなる。どんな人を好きになるかは自由なはずだが，恋愛して結婚する相手として選ばれやすい属性には時代が反映している。自由な恋愛結婚になるほど，自らが不利にならない条件のよい相手を選択することになり，結果として同類婚は変わっていないという指摘もある。

　近年では，結婚する当事者がその結婚を決めることができ，結婚の個人化，結婚の自由化は実現したかにみえる。だが，結婚する／しない，どのような相手と，いつ結婚するかといった数多くの人々の選択は，社会に埋め込まれている。

（西野理子）

▷6　「非婚」には，結婚しないこと一般を指す広義の使い方と，法律婚の否定を指す狭義の使い方とがある。

▷7　▷4の文献のp.38参照。

▷8　岩澤美帆，2010「職縁結婚の盛衰からみる良縁追及の隘路」佐藤博樹・永井暁子・三輪哲編『結婚の壁』勁草書房，pp. 37-53。

▷9　これを「職縁婚」と呼ぶ。岩澤美帆・三田房美，2005，「職縁結婚の盛衰と未婚化の進展」『日本労働研究雑誌』535，pp. 16-28。

▷10　結婚相手の条件は，「3高」の後，「3平」（平均的年収・平凡な外見・平穏な性格），「4低」（低姿勢・低依存・低リスク・低燃費）などといわれている。意識調査によれば，「性格」「相性」重視であるが，女性が男性の経済力を重視する傾向は根強くみられ，低成長になってからはむしろ強まっている面もある。

▷11　Ⅵ-2　▷13参照。

▷12　上野千鶴子，1995，『「恋愛結婚」の誕生』東京大学公開講座60『結婚』東京大学出版会，pp. 53-80。

Ⅱ　結婚：理論から家族をとらえる(1)

晩婚・非婚化を説明する諸理論

マクロ社会の変動からの説明

　晩婚・非婚化を社会単位で観測し，その原因も，社会全体の変動に求める説明がある。着目する社会の変化が①社会経済的な構造にあるか，②社会システムの観点か，③価値にあるかによって，それぞれ①産業化，②脱制度化，③個人主義化からの説明となっている。

　①産業化からの説明は，第一次産業から第三次産業重視への産業構造の転換によって求められる労働力が変化し，女性も賃金労働者となる道が開けた点に着目する。女性が労働市場に参入して賃金を獲得できるようになれば，男性労働者の配偶者となる以外にも，人生の選択肢が広がる。同じく女性の高学歴化も，女性の労働市場での価値を高め，女性の経済的自立につながる。産業化により，女性にとって結婚の必要性あるいは魅力が相対的に減少し，女性は結婚への依存状態から脱することができる。

　一方，結婚というシステムないし制度という観点からいうと，Ⅱ-1で紹介したように，見合いという配偶者斡旋制度は衰退し，恋愛結婚へと移り変わった。これは，「結婚市場がいわば制度化された市場から自由市場へと移り変わってきた」といえる。同じくⅡ-1で紹介したように，結婚適齢期と呼ばれる結婚年齢規範が弱体化し，親や職場など周囲からの結婚プレッシャーが衰退することで，結婚規範自体も弱体化している。結婚して当然という考え方ではなく，結婚しない人生も人々に許容されつつある。つまり，結婚が②脱制度化されつつあるといえる。

　ただし，脱制度化はまだ浸透していないという指摘も多い。日本では，男女が共同生活を営むには，結婚制度をとるしかない一方で，離婚への裁可は厳しい。それゆえ，制度としての結婚が揺らいでいないと論じる研究者は多い。

　だが，社会全体の③個人主義化が晩婚・非婚化を促進しているとの論を否定する者はいないだろう。戦前の家父長制が新民法によって否定され，結婚の自由化・個人化が進むと，結婚自体が個人にとって選択の対象となり，結婚を躊躇する者が出てくる。結婚の決定権が当事者個人に帰属するようになると，自己決定，自由決定に伴う時間的コストがかかるという点でも晩婚化は進む。

▷1　阿藤誠, 1989,「未婚・晩婚時代の到来」『家族研究年報』15：pp. 24-35。

▷2　Ⅱ-4 参照。

❷ ミクロな個人水準における合理的選択からの説明：経済学的な説明

　個人が自由に配偶者を選ぶにあたって，結婚の魅力や便益が下がれば，晩婚・非婚化となる。個人による選択の局面に着目した説明は，合理的選択論や古典的交換モデル[3]といった経済学の理論を援用している。

　基本的な考え方を提起したのは，G. ベッカーの『結婚の経済学』[4]である。ベッカーは，「妻の外で働く賃金が低く，逆に夫の賃金が高く，その格差が大きいほど結婚によるメリットが大きい」と指摘し，女性の労働力率の上昇が家庭内分業によるメリットを低下させ，結婚離れを引き起こすと説明した。市場の賃金だけでなく家内労働の価値も加えると，男性の外で働いて得る収入が十分大きく，その男性が家事労働で生み出す価値を上回り，逆に女性が外で働く賃金が低く，家庭内で生み出す価値の方が大きい場合，結婚の経済価値がもっとも大きい。いずれも，「男は外，女は内」という性別役割分業の社会において結婚は経済合理的な選択であるが，性別役割分業が揺らぎ，男女の平等化が進めば，結婚は抑制されることになる。

　賃金を将来的に得られる所得見込みも含めて理論化したのが，相対所得仮説（イースタリン仮説）である。すなわち，独身生活に若者が抱き期待する生活水準（A）と，結婚後に稼ぎ出せるであろう所得水準の将来的な見通し（B）を比較し，AがBを上回れば結婚や出産が抑制されるが，BがAを上回れば結婚や出産は促進される。イースタリンの相対所得仮説は，先進国の出生行動の説明に適用されたものだが，その後さまざまな分野で実証されている。イースタリンによれば，得ている所得そのものではなく，本人が希望する生活水準を実現できそうな所得であるかどうかが重要である。

　ベッカーらの研究が結婚離れを説明するのに対し，1980年代のアメリカをはじめ，現実には非婚化ではなく晩婚化が起こっていることが指摘された。女性の社会経済的地位の上昇は，家計の安定をもたらし，むしろ結婚しやすくなる面もある[5]。より現実的に晩婚化を説明する理論として，V. K. オッペンハイマーは「職探し理論」を応用し[6]，女性の労働市場進出によって結婚の魅力が低減するのではなく，労働市場の不安定性，職業キャリア形成の時期遅延などを踏まえると結婚相手の選択に慎重にならざるをえないと，晩婚化につながるメカニズムを説明した。「結婚市場」という概念が導入され，サーチ期間や留保水準をはじめとするサーチ理論が適用され，「個人は結婚市場において留保水準を設定し，その水準以上の相手があらわれた場合に結婚する」[7]など，実証的な研究が進んでいる。

❸ 個人の行動が埋め込まれた社会的背景を含む社会学的な説明

　上記が主として労働市場での価値を選択ポイントとして重視していたのに対

▷3　古典的交換モデルには，経済学の用語である費用（コスト）と便益（ベネフィット）の勘案という考え方が適用される。合理的選択論では，基本的にヒトは，便益が費用を上回る行動を選択すると説明される。便益が多いほどその行動は促進され，費用が多いほどその行動は抑制される。

▷4　Becker, G. S., 1981, *A Treatise on the Family*, Harvard University Press.

▷5　アメリカでは女性の社会経済的地位の上昇が結婚確率を上昇させると指摘されたのに対し，日本では高学歴女性ほど未婚率が高く，該当しないという指摘もある。しかしながら，近年では，若者の就職状況の悪化を受け，経済的安定が結婚と結びつくことが支持されている。

▷6　Oppenheimer, V. K., 1988, "A Theory of Marriage Timing," *American Journal of Sociology*, 94 (3): pp. 563-591.

▷7　朝井友紀子・水落正明，2010「結婚タイミングを決める要因は何か」佐藤博樹・永井暁子・三輪哲編『結婚の壁』勁草書房，pp. 144-158。

し，結婚の魅力が人々にどのように判断されているかに着目して，主として社会学の分野で晩婚・非婚化の説明はさらに展開されている。

日本のように未婚者が親元で生活し続けて基本的な生活を親に依存し，結婚後に夫婦だけの生活に移る社会においては，性別役割分業がゆらげば，結婚すれば仕事も家事も担わなければならなくなるので男性にとって利得がない。女性も，家庭優先で自己実現できなくなり，損失が大きい。女性にとって，家事負担の増加，仕事を辞めることによる機会費用の増大，再就職の困難，子育て負担を考えると，結婚のコストはきわめて大きい。独身生活の利便性が向上しているので，夫婦での分業体制によるメリットが薄れてきている面もある。

山田昌弘は経済成長という社会変動要因を加えてさらに考察を展開している[8]。経済の低成長期に入ると，女性からすると結婚相手となる年齢の近い男性は，経済力がないし，将来的に所得が増える見込みも低い。女性にとって，自らを幸せにしてくれる結婚でなければ，する意味がない。より幸せな結婚生活を望む上昇婚志向[9]が続く限り，経済成長期に地位を築いた父親の元に居続けた方が，よりよい生活ができるからである。ベッカー・モデルが単身者どうしの結婚を想定していたのに対し，日本では未婚者が親と同居している場合が多いことを踏まえ，経済学の小川浩は「乗り換えモデル」を提唱し，賃金比と結婚経験率を分析している[10]。

低成長が続き，若者の経済的弱者化が指摘されている昨今では，経済的安定を求めて女性の結婚願望が高まっている。ただし，そこで求められる男性は経済力が高い階層に限られるため，女性が望む結婚はますます実現困難になるとともに，経済力が低い男性も結婚難になる。

❹ マッチングモデル（個人間モデル）による説明

経済学分野では結婚市場で個人がどのように選択するかに焦点があてられるのに対し，結婚市場のあり方に着目する研究も数多い。結婚市場を労働市場になぞらえて，市場の規模や構造，また市場内での取引に着目して説明する。

まず，市場の規模に着目すると，閉鎖的な地域コミュニティでは結婚市場自体が狭いものであったが，産業化の進展とともに人々の生活世界が広がり，結婚市場も広くなる。せいぜい近隣の村落の範囲内で行われていた結婚が，働きに出た都会での出会いがあったり，遠く離れた商取引先の紹介があったりと，配偶者の候補が広がる。現代では国際結婚も多い。ただし広い市場で唯一の結婚相手を自由に探すとすれば，時間もコストもかかり，困難となる。

では，市場の構造はどうか。階層研究では，親の社会的属性を含めて同類婚[11]傾向が続いていることが指摘されているように，結婚は，出身階層や学歴などの属性が同じ相手が出会いやすいし選ばれやすい。すなわち，結婚市場は同じ階層に限定されがちである。さらに，女性の上昇婚志向が加わると，女性にと

▷ 8　山田昌弘, 1996,『結婚の社会学』丸善ライブラリー。

▷ 9　身分や条件が自分より上の相手と結婚することを上昇婚（ハイパーガミー）と呼ぶ。人類学の用語。

▷ 10　小川浩, 2003,「所得分布と結婚行動」Discussion Paper, Project on Intergenerational Equity, The Institute of Economic Research, Hitotsubashi University.

▷ 11　Ⅵ- 2　▷ 13参照。

っての結婚市場は自分より高い属性の相手に限定される。しかも，学歴や賃金の男女格差が縮小するほど，女性の結婚相手の市場は小さくなる。若者の経済状況が悪化し続ければ，ミスマッチはますます増加する。こうした社会状況の中で，「婚活」現象が流行もした。結婚市場の仲介システムが衰退し，配偶者との出会いが難しくなっている面もあって，「自由恋愛市場にみあったデイト文化が必ずしも十分に発達していない」と指摘される。

5 人口学的な説明

　結婚は人口学的な事象の1つである。以前は，戦争による男性不足がもたらす女性の結婚難や，人口の過密・過疎による農村居住のあととり男性の結婚難，いわゆる「嫁不足」が社会問題とされた。これらの問題が解消したわけではないが，新たな人口学的帰結としての結婚難も指摘されている。

　第一に，人口性比のアンバランスにより，結婚難が必然的に導かれる。人類の性比は通常は105であり，女児100人に対し男児105人の割合で産まれる。かつては戦争や疾病による若年男性の死亡率の高さにより，結婚適齢期になる頃には男女の人口差が消滅していた。だが，日本では乳幼児死亡率の改善によって，1970年代以降，20代，30代における男性人口は女性を上回る現象がみられるようになった。適齢期における男子過剰という人口学的要因，いわゆる男あまり説である。

　これに夫婦間の年齢差と少子化が加わると，男性過剰はさらに加速される。安藏伸治によれば，人口の急減期（1950～1960年の日本）に生まれた男子は，年下の女子が少ないという構造的結婚難に直面したという。現在の都会在住男子も「あたらしい結婚難」時代を迎えている。

　また，「長男・長女の割合が大きくなっているのにその組み合わせの結婚が困難といった家族制度などが影響」している面もある。

6 歴史社会学からの視点

　晩婚・非婚化の要因を指摘する研究だけではなく，晩婚・非婚化現象を相対化する視点も，事象の説明をする上で肝要である。歴史社会学や社会史研究では近世ならびに近代移行期における生涯未婚率と結婚年齢を析出している。江戸時代の歴史資料をデータ化して分析すると，庶民層では離再婚が多くて生涯未婚率は低く，平均初婚年齢は地域によって多様であった。また，庶民階層の習俗に目をむければ，歴史的には以前から，比較的自由な結婚市場が成立していたと考えられる。

　これらの視点からいえば，皆婚や初婚年齢の収れん・画一化こそが，近代社会に成立した特徴であって，皆婚の弱体化や初婚年齢の遅れは，近代化過程から次の段階に移ったことの証左にすぎない。 （西野理子）

▷12　婚活
結婚相手を探す活動を，就職活動になぞらえた造語。提唱者である山田昌弘らは，紹介システムが衰退した社会状況において，結婚を望むのであればその意思表示を積極的に展開すべきとの問題意識から造語したが，用語の使い方などが独り歩きして，現状では多種多様な意味で日常生活の中で使われている。山田昌弘編著，2010，『「婚活」現象の社会学』東洋経済新報社。

▷13　Ⅱ-1　参照。

▷14　▷1の文献参照。

▷15　安藏伸治，1988，「婚姻に関する将来推計」『政経論叢』56（3/4）：pp. 127-158。

▷16　▷1の文献参照。

▷17　江戸時代の宗門人別改帳をデータとして，家族復元法により分析された成果から，日本各地の世帯人数や初婚年齢が析出されている。速水融・斎藤修・杉山伸也編，1988，『徳川社会からの展望』同文舘；落合恵美子編著，2006，『徳川日本のライフコース』ミネルヴァ書房；黒須里美編著，2012，『歴史人口学からみた結婚・離婚・再婚』麗澤大学出版会。 Ⅻ-7　も参照。

▷18　「夜這い」慣行など，民俗学の成果から，多様な配偶者選択行動の実態が報告されている。

Ⅱ　結婚：理論から家族をとらえる(1)

 さらなる理論的展開の可能性

1　マクロな社会からみた結婚の機能

　結婚という事象は個人の行動でありながら，同時に社会事象としてとらえられる。現代社会ではミクロな当事者の意識が最重視されがちであるが，伝統的社会では婚姻は，家族や地域共同体などが取り決めるものであった。

　では，社会において婚姻はどのような機能をもつのか。構造機能主義から婚姻の機能を解説した構造的婚姻論の典型は，人類学者 B. K. マリノフスキーの互酬性の理論にみることができる。マリノフスキーは，西太平洋の島々で展開されている結婚を観察し，島内の居住者どうしでは結婚が行われず，かつ，隣りの島など一定の範囲で相互に女性を交換し合って完結しているわけでもないことを発見した。A島に来る新婦の出身島と，A島の娘が新婦として行く島は，慣習で別々に定められていた。女性だけでなく，貴重財の交換も同様であった。だが，その交換は決して一方的なものではなく，まわりまわって多くの島々を経て補完されている。では，目に見える互酬性ではなく，交換が島民の認識の範囲を超えて行われるのはなぜか。マリノフスキーは，結婚を通じて親族関係が島外に広がることにより，自然災害の際にも活用できる援助ネットワークが社会構造として形成されるためと論じた。結婚は，親族と親族を結びつけてネットワークを格段に広げることができる有効なチャンネルであり，社会を安定して構築する基礎となる。

　歴史的に結婚は，政略結婚に代表されるように，家族集団のために行われることも多くあった。日本の戦国時代の武士社会でも，明治期の家父長制度下でも，結婚は当事者個人の意思や希望ではなく，家の都合で決まるものであった。そこでの結婚は，親族組織どうしを結びつける機能をもつものであった。

　現代社会において，結婚は当然，個人の幸福のためにあると考えられがちであるが，親族ネットワークの構築，ひいては社会を構築するという側面こそ，結婚の本質的な機能である（表Ⅱ-3-1）。

2　ミクロな個人からみた結婚の機能

　同時に，結婚は本質的に個人の生存のためでもある。個人の幸福という心理的充足のためであれ，経済的基盤確保のためであれ，あるいは，社会的に一人前と認められるためであれ，個人にとって結婚は機能的でありうる。そもそも

▷1　外婚制という。ある範囲の外部の者と結婚することが許容されており，かつ，その範囲内での結婚は禁じられている。もっとも典型的なものが，近親婚禁忌（インセスト・タブー）である。

▷2　同様の説明は，レヴィ＝ストロースの交叉イトコ婚にみられる交換としての婚姻でもなされる。

▷3　フィッシャー, H. E., 伊沢紘生・熊田清子訳, 1983,『結婚の起源』どうぶつ社。

▷4　イスラム社会が一夫多妻制の典型とされるが，地域や部族などによってその形態は多様である。なお，複数の妻をもつことが権力の誇示となる場合や，富の再分配の機能をもつ場合もある。

の結婚の起源をめぐって，古生物学者のH. E. フィッシャーは，二足歩行を始めた人類の祖先が，狩猟採集社会において子育てのために男女の共同・分業を開始したと説く[43]。人間の新生児は他者による養育がなくては生存できず，子どもを養育していく絆を深めていけるような情緒を人間社会は培い，協同する社会をつくり，社会性を培ってきたという。個人の生存というミクロな視点からみても，男女が安定した関係で結びつき生をともにしていく結婚は，社会を構成する基本となることをフィッシャーは照らし出す。

　家族の都合で結婚するのは，家族集団の都合が優先される社会状況があるからで，権力や労働力の再分配が家族集団間で行われない限り，社会も個人も安定して生存していけない。

　結婚という事象が存在するのには，その背景に機能があるという構造機能主義の立場に立つと，結婚には，マクロ社会が有効に存続していくための機能もあれば，中間集団である家族などが円滑に存在していくための機能もあり，さらにミクロな個人が生きていくための機能もある。すなわち，結婚は，マクロとミクロをリンクするカギとなりうる。

3　文化と社会との接点へのアプローチ

　結婚には，多様な機能があるとともに，多様な形態がある。先進国では一夫一婦婚が当然のように多数を占めているが，世界に目をむければ，複数の妻との婚姻が宗教や法律に明記され，社会的にも是認される社会もある[44][45]。夫婦が基本的に同居することも結婚の常態ととらえがちであるが，歴史を振り返れば，夫婦が同居することがない「妻問い婚」や，夫側が妻の実家に転入する「婿取り婚」が多かった時代もある。結婚してすぐは新婚夫婦が同居しない慣行や[46]，季節に応じて妻が実家で暮らす慣行[47]もみられた[48]。結婚のあり方は，その時々の社会の状況や文化の影響のもと，きわめて多様である。また，同じ社会内でも階層による相違がある。ひるがえって，結婚のあり方から，その時々の社会の状況を照らし出すことができる。

　P. ブルデューは，フランス農村の未婚者たちの行動を観察・聞き取りし，都市化の影響が及ぶなかで，経済的に恵まれているはずの階層が高い男性が，親も望む「釣り合いのとれた」結婚を望みながら，未婚のままに取り残されていく様を描き出した。そこでは，属性の条件だけでなく，個人が内面化しているハビトゥスが作用している。そうした社会構造による制約のなかで，ライフチャンスを広げようと人々の人生の選択がかたちづくられていく姿を戦略（ストラテジー）概念を用いていきいきと論じている[49]。　　　　　　（西野理子）

表II-3-1　結婚の機能

側面＼水準	個人水準	集団水準	社会水準
生活経済	生活の手段	労働力維持	労働力配分
継承	遺伝子保存	いえの存続	社会の存続（成員補充）
心理情緒	幸福感	情緒安定	社会安定
性関係	欲求充足	秩序維持	秩序維持
社会秩序	地位付与	地位付与	秩序維持

注：アミかけは先行研究でよくとりあげられる側面。
出所：筆者作成。

▷5　人類学者マードックは，195の社会の情報を集め，夫1人と妻1人が結婚する単婚制度をとる社会は2割以下であると指摘した。マードック，G. P.，内藤莞爾監訳，[1978] 2001『社会構造』新泉社。一夫多妻婚を認める社会であっても，実際にそれを実現しているのは一部の富裕層のみであることが多い。また，ここでの単位が，国家や人口ではなく，社会であることに留意がいる。例えば人口数億人からなる中華人民共和国は，民族ごとの社会にわけてとらえられているし，数千万人からなる社会も，数百人しかいない社会も，同じ1単位として算出されている。

▷6　高群逸枝，1963，『日本婚姻史』至文堂。

▷7　代表的なものに，伊勢志摩地方の「足入れ婚」，長崎県野母村の「スソイレ婚」がある。

▷8　代表的なものに，岐阜県高山市等の「センタク帰り」がある。

▷9　ブルデュー，P.，丸山茂ほか訳，2007，『結婚戦略』藤原書店。

Ⅱ　結婚：理論から家族をとらえる(1)

未婚化
結婚制度の再考

 未婚率の上昇はパートナー不在社会をもたらすのか

　Ⅱ-1で紹介したように，現代日本では未婚率が上昇している。ただし，未婚率が高くても，実際にはパートナーとカップルで暮らしていることが多い社会は，世界的には少なくない。例えば，北欧諸国では，事実婚が占める割合が高く，法律婚が常に選択されるわけではない。フランスでも，同棲・内縁関係や同性婚などにも法律婚とほぼ同等の権利が付与されており，離婚が難しいこともあって，法律婚を選択しないカップルが増えている。一方，慣習的な事実婚が大勢を占め続けているために，法律婚が少ない地域もある。つまり，未婚率が高くても，カップルでの生活が少ないとは限らない。

　では日本において，法律婚以外のパートナー関係は普及しているのか。カップルのあり方をみると，同棲は増えてはいるが，同棲を続けているカップルがある程度の多数を占めるには至っていない。婚姻届を出さないままに，事実上は夫婦として生活している事実婚のカップルや内縁関係にあるカップルの数も，過去には一定数を占めていたが，現在では統計上は多くない。日本では法律婚カップルは法や諸制度によってその権利が守られるが，事実婚カップルにはそれらが適用されず，日常生活を送る上で不利な点がある。

　したがって，日本では結婚といえばその大半が法律婚であり，未婚化はパートナーとカップルで暮らす人が少なくなることに直結する。

未婚化は少子化をもたらすのか

　本来，結婚していなくても子どもをもうけることはできる。しかしながら，実際に婚外で産まれる子どもは，現代の日本では全出産の2％程度ときわめて少数である。婚外カップルの間に生まれた非嫡出子に対して，戸籍などへの記載や相続における差別は撤廃されたとはいえ，社会的な差別意識は根強いからである。子どもは法的に婚姻関係にある夫婦間でもうけるべきだという嫡出規定の規範はきわめて強い。そのために，妊娠を契機に結婚に踏み切る婚前妊娠（妊娠先行型）結婚が増えている。

　同時に，結婚したカップルに子の誕生を期待する規範も強い。近年では出産をあたりまえのことととして周囲が期待するのはハラスメントの1つになってきているが，それでも結婚と親なりを同一視する規範はまだ明確にある。

▷1　PACS（Pacte civil de solidarit，連帯市民協約）という。法律婚は教会での挙式を義務づけるのに対して，PACSは裁判所に書類を提出するのみで関係が成立する。関係解消も，法律婚では裁判が必要だが，PACSでは書類を提出するのみでよいなど手続きが簡略化されている。PACSを結んだカップルは，課税など一部は異なるものの，おおむね法律婚に準じる法的保護を受けることができる。同様の制度に，スウェーデンのサムボなどがある。

▷2　ラテンアメリカやカリブ海諸国では，結婚は事実婚の形態をとることが多い。法治制度が有効に作用ないしは普及していないだけでなく，その背景に幼児婚があり，女性の権利が認められていなかったり権利が弱いという事実がある。

▷3　日本で同棲が占める割合が低いことは以下を参照。筒井淳也，2010，「結婚についての意識のズレと誤解」佐藤博樹・永井暁子・三輪哲編著『結婚の壁』勁草書房，p. 115図表6-1。

▷4　婚姻届を出さないままに事実上の夫婦生活を送っているカップルを「内縁関係」と呼ぶ。近年，「事

3 未婚化は性関係に変化をもたらすか

結婚は，社会的に公認される性関係でもある。結婚したら，結婚した相手とのみ安定して持続した性関係をもつべきだという規範がある。未婚者の増大はこうした規範の外にある人口が多いことを意味し，活発なパートナー関係の構築に結びつく可能性もあるが，上述したように，夫婦以外のパートナー関係は普及しておらず，恋愛が盛んになっているとはいえない。

未婚者間の性関係への許容度は高まっている一方で，結婚制度からはずれたカップルの性関係への社会的まなざしはより厳しくなっている。夫婦ではない既婚者どうしないしは未婚者と既婚者との間の性関係は，社会的に肯定されず，否定的な裁可が強化されている。性関係は自由化の方向にあるが，結婚という制度はそれに逆に作用しているといえる。

4 結婚の脱制度化

日本の結婚は，出産，性との"三位一体"が崩れていない，きわめて強固な社会制度として存続している。実際に人々の結婚制度への支持は強い。特に女性では，近年の若者の経済的弱者化を受けて，結婚志向が強まっている。

他方で，特に経済力の低い男性が，結婚もしくはパートナーとの関係構築を諦めてしまっている傾向も指摘されている。いわば「結婚からの退却」が始まっているといわれる。日本の結婚制度が今後も支持され続けるのか否かは，法律による権利・義務関係，子どもをもうける家族形成，性愛のあり方といった複数の観点から分けてとらえる必要がある。また，「いかなる機関がいついかなる手続きにより結婚に正当性を付与するのか」も考えていく必要があるだろう。

さらに，近年は同性のカップルなど新たなパートナー関係も着目されている。旧来の結婚制度に代わるオルタナティブなパートナー関係が日本社会に浸透するのかどうか，理論的な整理とともに，社会動向の把握が必要である。

5 未婚者の生活

オルタナティブなパートナー関係がうまれていないとすれば，未婚化すなわち単身化と考えられる。もちろん，未婚者が単身で暮らすとは限らない。「パラサイトシングル」と名づけられたように親との同居も多い。彼／彼女らの親介護負担という社会問題もある。だが，親と死別後は単身生活になることが多い。家族をもたない単身者は，家族福祉に頼らずに老後を生きることになる。彼らを包摂した社会設計が急務となっている。

未婚者の生活と未婚者のストレスの現状についての研究も，さらに進めるべき分野であろう。

(西野理子)

実婚」という表現も使われるようになってきている。法律婚を積極的に否定するカップルに限定して「非法律婚」と呼ぶなど，さまざまな呼称が用いられている。

▷5 非嫡出子の占める比率は，戦前はもっと多かった。事実婚と非嫡出子は，日本社会の近代化に伴って減少してきた。

▷6 戸籍表記は2004年に改正され，相続に関しても2013年の最高裁判決を受けて民法が改正された。

▷7 「でき婚」「できちゃった結婚」「授かり婚」ともいう。1970年代には初婚の1割以下であったが，2000年代以降は2割を占めている。岩澤美帆，2008，「初婚・離婚の動向と出生率への影響」『人口問題研究』64(4)：pp. 19-34参照。

▷8 Ⅱ-2 ▷1の文献参照。

▷9 落合恵美子，2004，「歴史的に見た日本の結婚」『家族社会学研究』15(2)：pp. 39-51。

▷10 男性では既婚者より未婚者の方が健康状態が悪く幸福度が低いのに対し，女性では既婚者と未婚者で差がないなど，研究が蓄積されつつある。三輪哲，2010，「現代日本の未婚者の群像」佐藤博樹・永井暁子・三輪哲編著『結婚の壁』勁草書房，pp. 13-36参照。

II　結婚：理論から家族をとらえる(1)

離再婚

▷1　高木侃, 1992,『三くだり半と縁切寺』講談社現代新書。

▷2　20組中7組, すなわち結婚したうちの35%が離婚するわけではない。「3組に1組が離婚している」という表現は正確ではない。離婚はそれまでに結婚生活をおくってきた母集団から発生するからである。同じ年に結婚したなかから発生するわけではない。

▷3　2007年4月以降は, 年金の分割制度も始まっている。離婚後に付与される年金を, 離別後の配偶者が分割して受け取ることができる制度である。離別前までの貢献が, 離婚協議で認められる。

▷4　離婚が成立するには前提として結婚していなければならず, 婚姻届を出さない結婚が多いために離

1　離婚の趨勢

「三行半（みくだりはん）」という言葉がある。江戸時代, わずか数行の短い離縁状だけで簡単に離別されたことをいう。その離別が夫からの一方的な女性遺棄であったのか, あるいは女性の側からも言い出せるものであったのかは議論があるが, 江戸時代に離婚と再婚は何度も繰り返されるものであったことは間違いない。「三行半」には再婚許可の文言が含まれ, 男性も女性も, 離婚と再婚の経験が複数あることは稀ではなかった。かつての日本社会は離婚大国であった。

明治期になり近代化を急ぐ過程において, 西欧化と, 家族国家観に基づく家族安定を求める社会的潮流のなかで, 結婚を継続して子どもを大切に育てる家庭が理想とされるようになり, 離婚は人々から避けられるようになっていった。実際に第二次世界大戦後の離婚件数の推移をみると（図II-5-1）, 高度経済成長期頃までは, 婚姻件数に対して離婚の件数はきわめて少数である。社会のなかで離婚はめったに発生せず, 離婚経験は「バツイチ」と蔑まれ, マイナスの裁可が課される逸脱となった。日本の離婚率は世界的にみても低く, 日本女性は夫に従順な「大和なでしこ」と称されたが, 離婚率の低さは離婚することができない日本の女性の経済力の低さのあらわれでもあった。

その後, 離婚は徐々に増え, 現在では20通の婚姻届けが出されると同時に, 7通の離婚届が出されている。年長の世代にとって離婚はできれば避けたい選択肢かもしれないが, もはや離婚は身近な出来事になっている。個人化・リスク社会化のなかで, 離婚も個人の選択肢の1つになってきたともいえる。

2　離婚をめぐる状況

離婚増加の背景には, ①離婚が蔑視されなくなったこと, ②女性が経済的に自立して離婚を選択できるようになったこと, などが考えられる。離婚の理由というと「性格の不一致」が圧倒的多数を占めるが, 当事者が回答する理由をうのみにするだけでは, 離婚の複雑な様相は見えてこない。

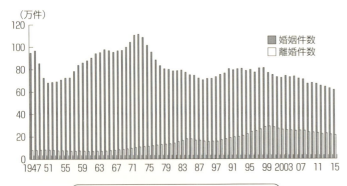

図II-5-1　婚姻件数ならびに離婚件数年次推移

出所：「平成29年（2017）人口動態統計の年間推計」（厚生労働省）より筆者作成。

日本では長らく、離婚原因をつくった側からの離婚請求を棄却する「有責主義」をとっていた。結婚において、夫婦間のお互いへの義務と責任が重視されたからである。しかしながら、徐々に関係性重視に変化し、実質的な夫婦関係がある程度の期間にわたって消失している場合は、離婚を受容する「破綻主義」へと変わ

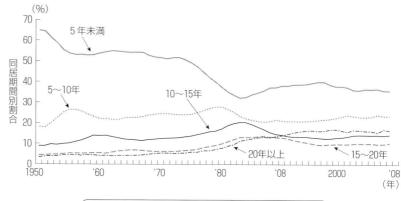

図Ⅱ-5-2 同居期間別にみた離婚の構成割合の年次推移

出所：厚生労働省「平成21年度離婚に関する統計」（https://www.mhlw.go.jp/toukei/saikin/hw/jinkou/tokusyu/rikon10/01.html）

ってきた。ただし、離婚によって過酷な状況に陥ることがない、未成熟の子がいない、などの条件がもうけられており、「愛情がなくなったら離婚」という積極的破綻主義がとられているわけではない。離婚からみると、結婚は愛情のみによって成立していないことは明らかである。

③ 日本の離婚の特徴

現時点で、日本の離婚率は世界的にほぼ平均的な状況にある。日本の離婚は9割前後が協議離婚で、離婚の手続きは比較的容易である。ただし、話し合いで離婚が成立してしまい、子どもの養育費の支払いなどの協議事項が守られない場合でも対応に強制力が伴わないといった問題も抱えている。容易に離婚できるゆえに、離婚への社会的規範による抑圧が低下すると、今後ますます離婚は多くなる可能性が高い。

離婚は、一般的には結婚して短い期間のうちに生じやすい。結婚してみたものの失敗だったと判明したり、子どもが生まれないうちなら離婚しやすいなどのためと考えられる。ところが、近年、結婚して長い期間を経てから離婚する「熟年離婚」が多く発生している（図Ⅱ-5-2）。長寿化や妻の経済力のある程度の安定もあるが、夫婦関係が子どものみを「鎹（かすがい）」として成立していると、子の成長後に関係の破綻が露呈するとも考えられる。

④ 再婚

離婚が増えれば、再婚も増える。子連れでの再婚が繰り返されれば、親子関係も複雑になりやすい。

子連れの再婚の場合に、実の親とは別に新たに生じる親子関係はステップ関係と呼ばれる。離再婚の多い諸外国ではステップ関係の研究も進んでおり、日本でも注目されている。

（西野理子）

が少ないという国もある。また、離婚の手続きがきわめて煩雑であったり、宗教的な理由から離婚できない（宗教が離婚を禁じている）ために、正式な結婚を躊躇したり延期したりする社会もある。Ⅱ-4 も参照のこと。

▷5　離婚は、協議離婚と裁判離婚に分けられる。協議離婚が当事者どうしの話し合いで決められるのに対し、合意ができない場合に裁判離婚となる。裁判離婚では、家庭裁判所に離婚訴訟が提起され、調停が下される。調停や和解でも合意できないと、判決による裁定が行われる。

▷6　「熟年離婚」が多い社会として、日本と韓国が知られている。

▷7　永井暁子, 2010,「未婚化社会における再婚の増加の意味」佐藤博樹・永井暁子・三輪哲編著『結婚の壁』勁草書房, pp. 172-182。

▷8　SAJ・野沢慎司編, 2018,『ステップファミリーのきほんをまなぶ』金剛出版。

Ⅲ 家事分担：理論から家族をとらえる(2)

 家事分担の現状

 とらえにくい家事

あなたが子どもの頃，家の家事は誰がしていただろうか。お母さんがあたりまえのように家事の大半を担っていた家庭が多かったことだろう。日本社会では，女性の社会進出がいわれて久しいが，労働市場における男女の格差はいまだに大きく，家庭内での家事分担は母親・妻に偏ったままである。

家事は，誰もしないというわけにいかない。掃除，洗濯，炊事……と，家事は私たちの生命を維持するための活動，生活の基盤となる活動である。ひとり暮らしであっても，生活する上での雑事は生じる。外食をして掃除や洗濯は専門業者に委託するとしても，日用品の買い物や身の回りの整理整頓はせざるをえない。しかしながら，自分のために雑事を行う時間は生活必需時間に含まれるが，自分を含めた家族のために行う家事は労働に分類される。

一般に，生活時間調査などで家事を測定する場合，洗濯，掃除，炊事，裁縫，買い物，家事雑事などの実施時間が測られる。しかし，それ以外に育児や介護はもちろんのこと，時間という尺度では測定しにくい家計管理や家族成員の情報管理，データ収集やマネージメント，親族，近隣，関係機関（小学校や幼稚園，子どもの所属する団体など）との渉外活動（関係づくり）など，家庭内で必要な活動は多岐にわたっている。

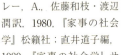 妻に偏った家事分担

生活時間で測定できる範囲でみても，日本の夫婦間の家事分担の現状は，明らかに妻に偏っている。生活時間中にしめる週あたり1日平均家事関連時間は，女性が3時間28分であるのに対し，男性は44分である。20年前と比較すると男性は20分増加，女性は6分減少し，男女差はわずかに縮小しているものの，いまだに大きな違いがある。

男性の家事関連時間が最も長いのは高齢期の75〜79歳で1時間13分，女性は育児期にある35〜39歳で4時間42分である。6歳未満の子どもをもつ有配偶女性（妻）の家事関連時間は7時間34分であるのに対し，有配偶男性（夫）は1時間23分となっており，その差は約6時間である（図Ⅲ-1-1）。また，他国と比較をすると日本の男性が家事を行っている時間は顕著に短い。

家事分担を別の指標で見てみると，夫婦間の家事分担割合は妻85.1％，夫

▷1 生活時間は，生活必需時間（睡眠，食事など），社会的拘束時間（労働，家事，学業など），余暇時間（自由選択時間）に分けるのが一般的である。

▷2 家事の基準や家事の多様さについては，オークレー，A., 佐藤和枝・渡辺潤訳，1980，『家事の社会学』松籟社；直井道子編，1989，『家事の社会学』サイエンス社，情報管理としての家事については，梅棹忠夫，1989，『情報の家政学』ドメス出版などがある。

▷3 家事関連時間とは「家事」「介護・看護」「育児」および「買い物」の合計時間。

▷4 総務省統計局「平成28年社会生活基本調査結果」（https://www.stat.go.jp/data/shakai/2016/pdf/gaiyou2.pdf）

14.9%である。たとえ妻が働いていても、その仕事が自営やパート勤務の場合、妻がほとんどの家事を行っている割合は7割以上を占めており、専業主婦のいる家庭とそれほど変わらない（図Ⅲ-1-2）。妻が常勤の場合にその割合は低くなるが、妻が常勤でも、ほぼ半々に家事を分担している割合は多くはない。

③ 妻への偏重の背景

妻が就業していても家事分担が半々になる夫婦が少ないのは、固定的な性別役割分業観の残存とともに、いくつかの要因が考えられる。1つは、日本社会において家族的責任を妻に担わせることができる男性の方が労働時間が長く、長時間労働を担うことが保障されているため賃金が高くなり、期待される賃金が高いために稼得役割や責任は主として夫に課されるという性別分業の再生産が続く悪循環である。

また、1989年の学習指導要領の改定により、中学校における「技術・家庭科」の男女別領域指定、女子のみ高校家庭科必修が廃止されるまで、性別分業が教育の中にも組み込まれていたことも一因である。

夫が家事を行わなければ、家事分担に関して妻の抱く不公平感は高まるが、夫が家事を多少行ったところで不公平感は解消しない。家事を「手伝って」も妻に感謝されないことに夫が不満を感じるなど、夫婦間の家事分担に関する問題は一向に解決しそうにない。前述したように家事は、何をどのくらい何時間行っているのかをとらえることが非常に難しく、家事的活動の総量の把握が夫婦間で一致していないことは家事分担に関する夫婦間の問題の要因でもあるだろう。

（永井暁子・西野理子）

図Ⅲ-1-1　6歳未満の子どもをもつ有配偶者の週平均1日の家事関連時間

注：日本の数値は、「夫婦と子供の世帯」に限定した夫と妻の1日あたりの「家事」、「介護・看護」、「育児」および「買い物」の合計時間（週全体）である。
出所：https://www8.cao.go.jp/shoushi/shoushika/data/ottonokyouryoku.html

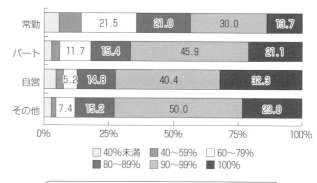

図Ⅲ-1-2　妻の就業形態別にみた家事の妻の分担割合

注：妻の年齢が60歳未満について集計。自営には家族従業者を含む。その他の大多数は仕事をもたないいわゆる専業主婦である。
出所：『第5回全国家庭動向調査　現代日本の家族変動』

▷5　『第5回全国家庭動向調査　現代日本の家族変動』（http://www.ipss.go.jp/ps-katei/j/NSFJ5/Mhoukoku/Mhoukoku.pdf）

▷6　横山文野, 1996,「家庭科教育政策の変遷」『本郷法政紀要』5：pp. 275-315。

Ⅲ　家事分担：理論から家族をとらえる(2)

 家事分担を説明する諸理論

 公私の分離による家事労働の顕在化

　共働き世帯が増え，「男女共同参画社会」が唱えられている現在においても，各家庭のなかでの家事負担は女性に偏っている。女性が家庭内の家事負担を担うのは，女性という生物学的特性ゆえのことか。

　女性は子どもを産んで哺乳を担う存在であるが，家庭内の雑事を担うことに生物学的な根拠があるわけではない。女性の細やかな性格が雑事に向いているとか，手先の器用さが家事に適しているという言説があるが，家事といわれている労働を既婚女性だけがずっと担ってきたわけではない。第一次産業中心の伝統的な社会においては，生産労働と家事労働とは混然一体となっていた。農業など自営業が中心で，商品経済が浸透する以前，家事は家庭内労働として，都市部を除いては生産労働と明確に線引きすることはできなかった。子どもも含めて家族全員が働かざるを得ない状況にあったし，例えば保存食の調理など，一家総出で行わないとできないものも多かった。

　家庭内の家事が意識化されたのは，近代社会の成立に伴って公私の分離が理論化されてからである。雇用労働の普及に伴い職場や市場という「外」「公」の領域が確立し，学校や国家政府という組織化が進んだとき，それに含まれない「私」の領域が成立する。近代化のなかで，家事は生産労働と分離していったのである。そして，家庭内の雑事は「私」的で「プライベート」な領域のことと位置づけられる。T.パーソンズは，核家族内において男性が「手段的役割」を担うのに対し，女性は「表出的役割」を担うと理論化した。すなわち，男性は外で働いて収入を得，女性は主として家族成員の感情マネジメントを担い，家族内の情緒的な安定を保つ役割を果たすとした[1]。家事の可視化は，性別役割分業によってうまれたといえる。ただし，構造機能主義理論においては，家事労働そのものは関心の対象とはされてこなかった。

② フェミニズムによる家事労働の価値の発見

　家庭内の労働の価値を理論化したのはフェミニズムである[2]。家事は労働でありながら，金銭的報酬が伴わないし，他者から評価されることもあまりない。雇用労働のような賃金報酬を伴う労働がフォーマルな労働だとすると，家事はインフォーマル労働である[3]。フェミニズムの論者らは，女性が家庭内で担う家

▷1　パーソンズ，T.・ベールス，R. F.，橋爪貞雄ほか訳，2001，『家族』黎明書房。

▷2　 ⅩⅢ-9 参照。

▷3　イリイチは「シャドウ・ワーク」と呼んだ。イリイチ，I.，玉野井芳郎・栗原彬訳，2006，『シャドウ・ワーク』岩波現代文庫。

事労働の価値が正当に評価されないことが，女性の地位の低さをもたらしているとして問題視した。フェミニズムの視点が，家庭に押し込められ家事を押し付けられた女性の地位を明らかにしたのであった。

❸ 主婦の誕生：近代家族論による説明

　家庭内では，食べ物や着るものの準備など，日常生活の雑事がある。それらの雑事を誰が担うのか。家族全員で混然一体となって担い，雑事の担い手が明確になっていない場合は多々あっただろう。また富裕層では，労役としての家事の担い手は使用人であった。富裕層の女主人にとっての家事とは，自ら労役に従事することではなく，使用人を采配することであった。たとえ庶民階層でも，労働力の価値が低い社会では，女中や奉公人など，金銭的報酬をほぼ与える必要がない使用人を家庭内に取り込み，彼らに雑事を担わせることは日常的にみられたという。

　産業化初期において，日本でも欧米でも，真っ先に賃金労働に駆り出されたのは婦女子であった[4]。男性は農業や牧畜業といった従来からのメインの労働領域からなかなか離れなかったのに対し，流動性の高い労働力としてまずは婦女子が炭坑や工場などの賃金労働に従事した。家庭外での就労に男性に先んじて従事した事実からは，女性を家庭内の労働力とみなす規範は強くはなかったと考えられる。その後，産業化に伴う公私の分離の進展，男性の雇用労働者化，女性の工場労働における福利上の問題の発生などを経て，女性と子どもは労働市場から締め出される[5]。そして，使用人など親族以外が世帯から除外されて，家族が核家族を中心とする成員のみから構成されるようになり，そのなかで，家庭内の雑事をもっぱら担うのは，家族内の既婚女性となる。「主婦」の誕生である[6]。

　女性たちは，社会の変化から家事を押し付けられただけとはいえない。ホワイトカラー層で先んじて主婦が成立した大正期には，「良妻賢母」を礼賛する女性向けの雑誌がいくつも刊行され人気となる[7]。また，「良妻賢母」をうたった女子教育も徐々に普及していく[8]。中・上流階級で先に普及した「主婦」像は，労働者階級の理想像として受け入れられていく。実際には中・上流階級の主婦たちは使用人を得て家事を担っていたのだが，使用人が家庭から除外されていき，中・上流階級と労働者階級の階級差が縮小する中で，「主婦」が女性の理想のライフコースとして積極的に受け入れられていった。そこでの「主婦」は，家事労働者の監督者ではなく，自分で家事全般を担う存在となった。

　さらに生活水準の上昇や西欧化の流行のなか，家事の担い手が女性に固定化されると同時に，家事の中身も変化する。1950年代後半に三種の神器として白黒テレビ・洗濯機・冷蔵庫が一般家庭に普及し，その後も電子レンジや全自動洗濯機など家事を省力化する家庭電化製品が普及したことにより，肉体的負荷

▷4　吉田恵子・斎藤哲・東条由紀彦・岡山礼子，2004，『女性と労働』日本経済評論社。

▷5　工場法などにより，女性の工場などでの労働は時間制限がかけられ，同時に，夜間労働が禁止された。

▷6　オークレー，A.，岡島茅花訳，1986，『主婦の誕生』三省堂。

▷7　木村涼子，2010，『〈主婦〉の誕生』吉川弘文館。

▷8　深谷昌志，1998，『良妻賢母主義の教育』黎明書房。

▷9 コーワン，R. S.，高橋雄造訳，2010，『お母さんは忙しくなるばかり』法政大学出版局。

▷10 品田知美，2007，『家事と家族の日常生活』学文社。

▷11 パーソンズ，T.・ベールス，R. F.，橋爪貞雄ほか訳，2001，『家族』黎明書房。

▷12 合理的選択理論については，[Ⅰ-14]を参照。妻のもつ資源（学歴ないし収入）が多くなるほど，夫が家事を担う傾向が強まることが指摘されている。たとえば，松田茂樹，2006，「近年における父親の家事・育児参加の水準と規定要因の変化」『季刊家計経済研究』71を参照。

は低下したものの「お母さんは忙しくなるばかり」[9]だった。例えば，レトルト食品および冷蔵庫の普及は食事の準備を楽にしたが，同時に，食事に期待される栄養面の配慮や食欲をそそる加工をあたりまえに求めるなど，期待される水準は上昇した。洗濯機や掃除機が普及して衛生観念が向上すると，洗濯や掃除の量と頻度は大幅に増えた。市場化ならびに技術革新がかえって家事時間を増やす現象は「家事時間のパラドックス」として知られている。むしろ，1940〜70年代の日本では，家事水準の向上が機械化の進展を促した面があるという。[10]

❹ 女性が家事を分担することを説明する諸理論

では，現代社会でもなお，既婚女性が主たる家事担当者とされているのはなぜか。

第一に，核家族化という家族構造の変化が「男は外，女は内」という性別役割分業を固定化するという，パーソンズに代表される論がある。[11]産業化が進展した社会では，男性労働者はますます長時間労働に従事し，都市化に伴う郊外居住は長い通勤時間をもたらし，家庭における男性不在を促進する。子どもを育て，雇用労働に疲弊する男性の労働力再生産を支えるために，家庭に主婦がいることが適合的になるという説である。第二次世界大戦後の日本では，男性が一家全員を養っていける「生活給」体系が徐々に普及し，専業主婦の年金や健康保険が社会制度として整備されるようになり，「夫はサラリーマン，妻は専業主婦」という男性稼ぎ主モデルの普及を後押しした。

近年とくに，雇用労働者の長時間労働が社会問題化するなか，家事を分担しようにも時間的な余裕がないためにできないという声は大きい。計量的な実証研究においても，男性の長時間労働や帰宅時間の遅さは男性の家事を抑制していることがわかっている（時間的資源仮説）。

同時に，核家族という家族構造は，祖父母など妻以外の家事の担い手を喪失することにもなった。子どもは学校での生活が長時間化し，家事を代替可能な人員がほかにいない（代替資源仮説）。実際に，夫婦の親が同居していると夫の家事が増えない。ただし，妻の家事は親の同居で逆に増える場合があるとも指摘されている。

第二に，家庭内の権力関係から分担が合理的に決定するという説明が成り立つ。賃金労働に比して家事の労働としての価値は低いので，保有する資源が少ない方が家事を負担することになる（相対的資源仮説）。[12]実証研究において資源として測定されるのは，夫婦それぞれの学歴（教育年数）ないしは収入である。説明変数として，実数を用いる場合もあれば，比率を用いる場合もある。

第三に，人々が抱いている性別役割分業に関する意識が，実際の分担に反映しているという説がある（イデオロギー仮説）。確かに，「男は外，女は内」の性別役割分業意識は，女性の家事分担の割合を高める効果が認められている。逆

に，性別役割分業意識を支持しないリベラルな人々では，家事をより平等に分担する傾向がある。ただし，性別役割分業意識は年齢層によって差があり，従来は中高年者ほど保守的で，若いほどリベラルな傾向にあった。[13]中高年者ほど伝統的な価値を保持しており，伝統的な性別分業を実践してきたことから，意識が彼らの行動を規定しているのか，単に年齢による効果が反映されているだけかは検証を要する。また，性別役割分業意識は，学歴や職業階層によって差異が認められ，さまざまな要因による交絡効果を識別する必要がある。

　女性に家事負担が偏ることの弊害は長らく指摘されてきている一方で，男性の家事参加はなかなか進んでいない。それはなぜかを解明し，改善策を講じることを目指して，家事の量ないしは分担を被説明変数とする計量的な分析が，日本でも海外でも相当に蓄積されてきているが，矛盾する知見も散見される。家事をはじめとする変数の測定方法も確認しながら，各調査結果を検討する必要がある。

❺ 家事のパラドックス

　では，夫が家事をするようになれば妻の満足度は高まり，夫婦の仲はよくなるのか。少なくとも日本では，夫が家事をしても妻の満足度は高まるとは限らない。夫の家事負担がわずかにすぎない面もあるが，それだけではない。妻が「男子，厨房に入らず」を信じている場合，夫の家事参加は妻のアイデンティティや妻としての自信をおびやかす，歓迎できないリスクとなる。稼ぐことが男性の役割だと信じている夫の場合も，妻の稼ぎがよくなり忙しく過ごしているほど，家事をしようとしなくなることが知られている。時間的な余裕があっても，あえて家事を避け，飲酒などの男性らしさを誇示する行動をとるという。肉体労働に従事するブルーカラー労働者においてよくみられる行動で，稼ぎがよくなったその妻が，引き受ける家事量をあえて増やして妻らしさを誇示する面もある。これはジェンダー・ディスプレイ仮説として検証されている。[14]

　同じく家事を負担とみなさない見方として，家事を家族成員への愛情の発露とする考え方がある（情緒仮説）。山田昌弘は，現代日本では「家事を愛情表現」と考える人が多いと指摘している。[15]配偶者や子どもを愛しているから家事をして役に立ちたいし，役に立ったらうれしいと考えるという。役に立つことに自身のアイデンティティをおいているという意味でアイデンティティ仮説と呼んでもいいだろう。ここには，社会に埋め込まれた役割を積極的に引き受ける役割同調をみることができる。

　ジェンダー・ディスプレイ仮説でも情緒仮説でも，家事行動は個人のアイデンティティとむすびつき，変化をもたらすことの意味を複雑にしている。

（西野理子）

▷13　2000年以降は，若年層での性別役割分業意識の保守化も指摘されている。たとえば，2010年に実施された第14回出生動向基本調査の第一次報告書である『わが国夫婦の結婚過程と出生力』（国立社会保障・人口問題研究所，2012年）には，「2000年代に入り伝統的な考え方への支持が増加」（p. 61）とある。ただし，2015年実施の第15回出生動向基本調査の報告書（『現代日本の結婚と出産』国立社会保障・人口問題研究所，2017年）では，意識変動が一貫していないと記述されている。
また，内閣府による「平成28年度　男女共同参画社会に関する世論調査」の結果でも，「夫は外で働き，妻は家庭を守るべきである」という考え方について，20歳代などで「賛成」が多いことが読み取れる。

▷14　安藤潤，2017，『アイデンティティ経済学と共稼ぎ夫婦の家事労働行動』文眞堂。

▷15　山田昌弘，2005，『迷走する家族』有斐閣。

Ⅲ　家事分担：理論から家族をとらえる(2)

さらなる理論的展開の可能性

 家事は家庭で担われるのか：家事の再考

　あらためて家事とは何か考えてみよう。社会状況が異なれば，必要とされる家事も異なる。ランプが使われた時代にはランプを磨くことが，水道が普及していなければ水汲みが，いずれも重要な家事の一部であった。衣料品の商品化が進んでいない時代には，衣類の作成は時間のかかる家事であった。では，商品経済が高度化し，家電製品の機械化・電子化が進めば，あるいは家事の外注・外部委託化が進めば，いずれ家庭から家事がなくなる時代がくるだろうか。
　家事は他者のケアに通じる。家事も子育ても高齢者ケアも，家庭外から人を雇って行ってもらい外部化することができる。ただし，その労働は賃金評価が低い。実際に，保育士や介護職は，賃金が低いためにその仕事で生活していくことが難しく，就職希望者が少なく労働力が不足している。家事の専門サービスも同様である。従来は家庭で担われていた家事・子育て・介護を，専門的な労働としてその価値を社会的に高めていき，たずさわる人々を専門職として遇するのか。あるいは，他者のケアは各家庭内で行われるべき無償の愛に任せるのか。介護であれ子育てであれ，あるいは障害のある人の介助であれ，他者のための労働は基本的には社会全体で分かち合うという意識が共有され，制度が設計されるべきとする論者もいる。家事の価値を社会がどう評価するのかは，社会の在り方を決定する上できわめて重要である。

▷1　キティの議論を参照。キティ, E. F., 岡野八代・牟田和恵監訳, 2010, 『愛の労働あるいは依存とケアの正義論』白澤社；ファインマン, M. A., 穐田信子・速水葉子訳, 2009, 『ケアの絆』岩波書店。

▷2　特に育児を，親のみでなく社会全体で分担しようという意識が共有されるかどうかは，今後の少子化の行方を考える上でも重要である。

親密圏と公共圏の変化

　家事に，金銭ではない評価を与える方法もありうるだろう。家事は，その労働で賃金が得られないゆえに，不利な労働とみなされてきた。しかしながら，賃金では評価されないところに価値があると考え，労働の「聖」性への社会的評価で補う道もないわけではない。近年，無償労働（アンペイド・ワーク）の1つであるボランティアへの評価が高まっている。資本主義社会において，金銭でははかれない労働の価値を，これからどのように評価していくのか。これまでの社会の価値観の転換もありうるかもしれない。
　そもそも家族領域は，公共圏とは異なり親密性によって築かれる親密圏として位置づけられてきた。親密圏では，経済合理性によって行動が決まるわけではなく，金銭では評価されない価値が評価される。

64

他方で，現代社会においては親密圏で行われてきた感情的な配慮や感情のマネジメントが公共圏にまであふれだして，公共圏で労働としての価値を発揮しているとの指摘がある。A. R. ホックシールドは，航空機上の CA やファストフード店でふりまかれる笑顔や配慮などは労働の重要な一部を構成するとして，「感情労働」と名付けた[3]。感情労働が親密圏だけでなく公共圏でも行われていることは，他者へのケアが親密圏に特有の労働ではなくなっていることを意味する。アメリカの共働き夫婦の生活を丹念に掘り下げたホックシールドは，共働きの妻が外での仕事だけでなく，家庭に帰ってからも家事・育児に仕事と同じように専念する「セカンドシフト」態勢にあることを明らかにした[4]。さらに，女性だけでなく男性にとっても，家に帰って家事に翻弄されるより，職場で過ごす方が楽な状況にあることまで指摘している[5]。

　感情労働が重視されるようになり，近代社会で分離された親密圏と公共圏が，これから融合していくのか。一方で，家庭内の家事の社会化・外部化が進み，公共による代替は進むのか。感情労働に関する考察は，今後深められていくことだろう。

③ 家事労働のグローバル化

　家事の社会化・外部化は，技術革新のみによって推進されてきたわけではない。アジア諸国に目を向ければ，家事専従労働者が発展途上国から先進国に移動している実態がある。例えば，フィリピンでは既婚女性が家政婦として西欧諸国に出稼ぎに出ていき，母親が不在となったその留守宅には農村部から若い女性が働きにきているという実態がある[6]。家事はもはや，家庭内にとどまるものではなく，グローバルな労働市場や階層移動とも関連している。

④ 家事の測定

　理論的に家事をとらえなおすのと同時に，家事の測定方法にも注意したい。実証研究が進んでいるが，家事の測定方法には多種ある。炊事，洗濯などどの項目でとらえるか，または家事全般でとらえるのか。項目別で測定した結果を合算すべきかどうか。家事に費やした時間で測るのか，頻度かそれとも認知している分担の割合で測るのか。

　家事に関しては，夫婦間での認知にずれがあることも知られている。夫の自己評価は通常，妻による夫の評価より高くなりやすい。夫婦間の家事分担をとらえるには，基本的には夫婦セットのペアデータが必要となるが，日本ではまだ大規模なペアデータの収集は活発になされているとは言えない[7]。

　また，家事に関してはこれまで計量的なアプローチが活発であったが，分担が決まる相互作用過程を明らかにしていくためには，参与観察などの質的なデータの収集も必要となってくるだろう[8]。　　　　　　　　　　　　　（西野理子）

▷3　ホックシールド，A. R.，石川准・室伏亜希訳，2000，『管理される心』世界思想社。

▷4　ホックシールド，A. R.，田中和子訳，1990，『セカンドシフト』朝日新聞社。

▷5　ホックシールド，A. R.，坂口緑・中野聡子・両角道代訳，2012，『タイム・バインド』明石書店。

▷6　 I-20 参照。ベック，U.・ベック＝ゲルンスハイム，E.，伊藤美登里訳，2014，『愛は遠く離れて』岩波書店；落合恵美子・山根真理・宮坂靖子，2007，『アジアの家族とジェンダー』勁草書房；落合恵美子・赤枝香奈子，2012，『アジア女性と親密性の労働』京都大学学術出版会。

▷7　 XIII-8 参照。

▷8　 XIII-11 参照。

Ⅳ 子の養育：理論から家族をとらえる(3)

 子の養育の現状，社会問題化

 子どもと家族：子どもへのまなざしの歴史性

　世界中で歴史的に子育てを担ってきたのは誰だろうか。私たちは，育児の担い手として，子の親，特に母親を思い描きがちである。しかし，歴史そして世界に目を向ければ，母親が育児に専念するようになる歴史は私たちの考えるよりずっと短く，地域的にも階層的にも限られていた。親が子育てに時間と愛情を注ぐべきという価値観がいつどこに登場するのかについてもさまざまな議論がある。

　P. アリエスは『〈子供〉の誕生』という著作において，子どもが愛情や教育の対象であるという今日私たちが抱きがちな家族イメージは近代になって生まれた意識で，歴史的には新しい家族観であるということをさまざまな資料から論じた。近代までは子ども期は独立の段階としては認識されておらず，子どもは不完全な大人と認識されていたというのがアリエスの主張である。私たちが普遍的だと思っていた家族像の歴史的拘束性を明らかにしたこのアリエスの指摘が，家族社会学に与えたインパクトは大きかった。

　しかし，アリエスの研究には，近代以前の時期にも子どもへの愛情を示す資料があったことや，子ども期を独立の時期として認識していたことをうかがわせる儀礼や表象のあったことが多数指摘されている。これらの反論からは，いつから子ども期の認識が変化したのかという時期に階層差や文化差があることがうかがわれる。私たちがアリエスから受け取るべき社会学的課題は，近代以前の社会において子ども期が現代と同様に認識されていたかどうかということよりも，子どもが愛情や教育の対象としてまなざされることがどんな近代的意味をもったのかを探ることであろう。

　歴史的にみると，子育てが母親や父親に限定されず，もっと広い親族関係や共同体で担われた時間の方がずっと長い。子ども自身は，いつどこに生まれて誰に育てられるかを自身で選べないという宿命を負って生を享ける。乳児死亡率が高い時代にあっては，以後の人生を生き延びる可能性自体も大きく左右されていたし，親が子の成長まで生きているとも限らなかった。子どもに起こっている事象が「社会問題」として認識されるかどうかも世界における多様な社会的文脈に大きく依存しているのが現状である。

▷1　アリエス, P., 杉山光信・杉山恵美子訳, 1980,『〈子供〉の誕生』みすず書房。

② 日本における子育てに関わる問題

世界に目をむければ，今日なお，飢餓状態にある子どもや，兵士として戦争に動員されている子どもがいる。児童労働の問題も解消されていない。日本においても，子どもの貧困が社会問題としてクローズアップされ，全国の児童相談所に寄せられる虐待の相談件数は右肩上がりにあるなど，子どもをめぐる問題は形を違えて存在し続けている。これらの問題は，子ども自身に起因する問題ではなく，子どもを取り巻く社会の問題である。

児童虐待の相談件数が増加し続けているという現状は，虐待そのものが増えているということと同義ではない。これまで家族のなかで閉じていて不可視だった子どもの問題が社会的に明るみにでるプロセスのあらわれである。同時に，家族内の問題として周囲からは不介入とされた虐待に対して，社会的支援の必要性が認識されるようになったこともあらわしている。

③ 子育て支援と子どもの格差問題

児童虐待対策が不可視とされた家族領域の問題に光をあてていく支援であるのに対し，保育所の待機児童問題や近年話題になっている**ワンオペ育児**への対策は，少子化やワークライフバランスという課題である。

これらの対策の背景には，労働力の確保や少子化の解消という，個々の家族の問題とは異なる水準での社会的問題や事情があるが，家族の誰かのみで子育てを担っていくことが困難になっているという意味では，虐待への対策と共通している。育児負担が母親にのみ集中しているという問題提起は父親の育児参加を提唱する動きへとつながったが，しかし，父親が参加できたとしても両親２人だけで育児を担っていくことにもまた限界がある。より大きな関係のなかで子どもの育児資源をどのように確保できるかが，今日問われている。

子どもが親を選べないという宿命は，階層格差の問題としても現れる。子どもの格差問題は，おもに教育社会学の領域において貧困の世代間連鎖や教育機会および達成との関連で議論されてきた。代表的な視点は，親のもつ社会的・経済的・文化的資本が子どものさまざまな社会的達成に有利に働き，社会階層の再生産につながっているという P. ブルデューに代表される議論である。

家族という単位を前提とするのではなく，家族というベールによって見えにくくなってしまっている子どもの問題に対して，社会が直接支援できるようなアプローチが模索されている。

(米村千代)

▷２　ワンオペ育児
ワンオペ育児とは，育児を１人（ワンオペレーション）で担っている状態をさす言葉である。

▷３　渡辺秀樹, 2014,「一次的社会化から二次的社会化へ」渡辺秀樹・竹ノ下弘久編著『越境する家族社会学』学文社, pp. 87-104。

▷４　Ⅳ-2 参照。

Ⅳ　子の養育：理論から家族をとらえる(3)

  子の養育を説明する諸理論

 社会化概念とその展開

　子の養育を考えるときに社会学において重要な概念の1つが社会化である。社会化とは，「社会的環境のなかで他者との相互作用を通して，価値や規範あるいは行動パターンを獲得していくプロセス」をいう。渡辺秀樹はこの社会化を第一次社会化と第二次社会化の2段階に分け，おもな社会化のエージェント（社会化の担い手，機関）として，第一次社会化においては家族が，第二次社会化においては家族に加えて学校，地域社会など複数のエージェントが役割を果たすとする。

　家族社会学における社会化研究の古典としては，まずは T. パーソンズによる社会化研究をあげるべきだろう。パーソンズは R. F. ベールズとともに，核家族の主要な機能の1つとして子どもの社会化を掲げた。手段的役割を担う父と表出的役割を担う母という質的役割分化，主導する親と従う子という世代に基づく上下の役割分化，これら性と世代に基づく役割分化が，子どもの社会化にとっての核家族の機能的安定をもたらしていると立論した。この考えは S. フロイトの発達理論もベースにしており，子どもが社会的役割を獲得していくために重要な他者としての親および親役割に注目する。

　乳幼児期の社会化に注目したのは家族研究者だけではない。例えば G. H. ミードの重要な他者，一般化された他者の概念も，初期段階の社会化における重要な他者の存在を指摘した。パーソンズもミードも，親であることを生物学的な親子関係や特定の性別に限っていたわけではないが，現実にはパーソンズによる核家族の機能的安定の議論は父母と未婚の子からなる家族形態ととらえられることになり，標準家族を前提にすると批判の的になる。出生した乳児が，社会的な役割や規範を内在化し，社会的存在となっていくプロセスに注目し分析するための概念が社会化である。特にパーソンズの社会化概念は，構造機能主義の立場から核家族の機能的安定を説明する枠組みのなかで概念化されてきた。

　子どもが誕生していかにして社会的役割を獲得し，社会のメンバーになっていくかを明らかにするという課題は，構造機能主義に限らず社会学にとって大きなテーマであった。家族研究においては，例えば発達社会学的アプローチでは，人々は子ども期に限らず，生涯にわたってさまざまな転機を経験し，そのたびに新しい状況に適応し社会的役割を模索していくと考える。そしてこの観

▷1　渡辺秀樹，2014，「一次的社会化から二次的社会化へ」渡辺秀樹・竹ノ下弘久編著『越境する家族社会学』学文社，pp. 87-104。

▷2　パーソンズ，T., ベールズ，R. F., 橋爪貞雄ほか訳，2001，『家族［新装版］』黎明書房。

▷3　ミード，G. H., 河村望訳，2017，『精神・自我・社会』人間の科学社。

点から，社会化は一時期に限定されず，ライフコース上のすべての時期にわたって起こりうるとして，生涯社会化の概念を提起している。子どもが社会に生を享け，社会の成員になっていく過程において家族が果たす役割に注目した社会化概念は，家族をはじめとする特定の関係性に限定されず，一生にわたる複数の関係性のなかで人間が生きていくという生涯を説明するための概念へと展開している。

② 〈子ども〉の誕生と養育するまなざし

パーソンズは社会化の担い手としての核家族に注目した。歴史的には，しかし核家族が独立した単位として社会化を担っていたわけではなかった。社会化を誰が担い，どれほどの役割が重視されたのかという社会的コンテクストに注目するのが社会史・家族史における子どもの養育についての研究の1つの中心的テーマであった。

家族が子育てをおもに担い，なかでも母親がその役割を担うという家族形態は，近代社会に入ってから，ヨーロッパではブルジョワ家族を，日本では明治大正期の新中間層の家族を筆頭に出現した新しい形態である。[4]ではそれ以前の社会において，子の養育は誰によって担われていたのだろうか。例えば近世日本の上層士族においては，乳児の子育ては乳母や子守役によって担われていた。大名の妻にとっての主要な仕事は子育てではなく，たくさんの子ども（特に男児）を出産することだった。庶民においても，奉公人やきょうだいが子守をすることは珍しくなかった。養子も珍しくなく，生物学的母親が育児に専念するという状況が出現するのは近代以降，さらに社会に広く一般化するのは戦後社会になってからである。それまでの社会において母親である女性は，働き盛りの重要な成人労働力でもあったのである。もちろん戦後から現在まで，子どもの出産後も働き続けている女性は一定数存在する。核家族が子育てや子どもの社会化にとって機能的に安定した単位として出現することには，時代や階層の限定性があることに留意すべきである。

近代社会においては義務教育が制度化されていき，学校と家庭が国民形成の重要な担い手となっていく。そのため母親には単に乳児の世話をするというにとどまらず，家庭における教育役割も重視されるようになる。[5]

③ 親であることとジェンダー：母役割・母性に関する研究

近代社会においては，こうした子どもの養育役割がおもに母親の役割としてジェンダー化されることが1つの特徴である。日本でも，産業化に伴って「男は仕事，女は家庭」という性別分業として進行し，女性の専業主婦化をもたらした。[6]そしてこのことは，女性が主婦であることや養育役割に専念するのをよきこととする規範化を伴っていた。

▷4 [Ⅳ-1]参照。

▷5 小山静子, 1991, 『良妻賢母という規範』勁草書房。

▷6 杉野勇・米村千代, 2000,「専業主婦層の形成と変容」原純輔編『日本の階層システム1』東京大学出版会, pp. 177-195。

▷7 国立社会保障・人口問題研究所の「出生動向基本調査」を参照（http://www.ipss.go.jp/site-ad/index_Japanese/shussho-index.html）。

▷8 大日向雅美, 2015,『母性愛神話の罠［増補版］』日本評論社；『厚生白書（平成10年版）』。

▷9 牧野カツコ, 1982,「乳幼児をもつ母親の生活と〈育児不安〉」『家庭教育研究所紀要（No. 3）』pp. 34-56；本田由紀, 2008,『「家庭教育」の隘路』勁草書房。

▷10 比較家族史学会監修, 1998,『父親と家族』早稲田大学出版局。

▷11 藤崎宏子編, 2000,『親と子』ミネルヴァ書房。

現代においては減少傾向にあるとはいえ，日本では，「子どもが小さいうちは母親が育児に専念した方がよい」という考えが根強い。「3歳までは母親の手で育てた方がよい」という考えは「神話」であり（「3歳児神話」），すべての女性にはそもそも母性が備わっているという考え方は幻想である（「母性幻想」）とされて久しいが，こうした観念は社会に存在し続けている。

母親に子育て負担が集中する問題は1970年代には「育児ノイローゼ」と呼ばれ，1980年代には「育児不安」研究として展開した。その後も，ディストレスの研究や母親の教育戦略に焦点を当てた研究などさまざまな角度から研究が進展している。他方，母親だけに焦点を当てるのではなく，父親に焦点を当てた研究もなされてきた。母親と父親それぞれに固有の役割があるとする見方は今日再考されつつあるが，現実には，依然として子育てはジェンダー化されている。「親は父親と母親ひとりずつ」という観念が，ステップファミリーやひとり親家族，LGBT の家族など，現実には多様に存在する家族を周辺化するという問題もある。「これが標準家族だ」と前提をおく家族研究は再考されるべき段階にきている。

❹ ライフコース・発達理論

「親になること」（「親なり」）は，すべての人が経験するわけではないが，他方で，親になった人にとっても，一時点・一回きりのイベントではなく，ライフコース上で変化しつつ持続する経験である。家族を集団としてとらえるのではなく，個人個人が経験する関係性としてとらえ，その変化を追うことが継時的なアプローチである。今日，代表的なのがライフコース研究と発達社会学的アプローチであろう。このアプローチでは，1人1人の生涯における経験としてさまざまなイベントをとらえる。「親なり」もその1つである。親であることに伴う課題は，親自身，そして子どものライフステージ，子どものライフイベントによっても異なったかたちで現れる。また同じイベントでも世代（コーホート）によって経験は異なる。例えば，子どもの出生というイベントを例にとってみよう。生命の誕生自体は，通歴史的に観察できるかなり普遍的なイベントであるが，何歳で経験するか，何回経験するかなど，時代や地域によって大きな偏差がある。当然のことながら，乳児死亡率や寿命によっても「親であること」の期間は異なってくる。現代では，未婚化，晩婚化，晩産化によりそもそも「親なり」を経験する時期が遅くなっている。ただし，子どもの離家や就職，結婚も遅くなり，子どもが離家や結婚・就職後も支援し続ける親が少なからずいることから，親離れ・子離れの時期が不明確になっている。「親なり」を経験しない人ももちろんいるが，親にならなくとも，誰かの子ではある。親子という関係性は，それぞれがどんなライフイベントを経験しても，生涯にわたって親であり子であるということもできる。「親であること」への動態的ア

プローチが求められる理由である。

⑤ 階層・文化の再生産

　子の養育の現状は，みてきたように，時代や地域によって異なっていた。また同時代・同地域にあっても階層差がある。いうまでもなく，社会には，単なる経済格差だけではなく，教育機会や社会的地位などに関してさまざまな格差が存在する。社会階層が，親世代から子世代へと再生産されるという問題について，とりわけ文化に着目した研究を展開したのがP. ブルデューである[12]。ブルデューは，家庭において日常的に使用する言語や趣味などの文化的慣習が子どもにとっての文化資本となり，その後の教育達成や階層的地位に影響を及ぼすこと，結果として親が保持している文化資本を子どもが継承することで階層が再生産されていくことを指摘した。

　ブルデューがおもな研究対象としたのはフランス社会であり，親子間で継承されていく階層文化やライフスタイルの様式は日本とフランスでは異なっているだろう。しかしながら，習い事や通塾，お受験など，子どもの階層的地位に影響を与えうる事象が親の影響下にあることは論を待たないだろう。親の経済力や家庭環境が，子の将来の選択肢を狭めている現実もある。文化資本は，一方をより優位に，他方をより劣位に階層を再生産するのである。

　子の養育は階層性をもっており，社会に存在する不平等を世代間で再生産していく可能性をもちうる。家族間に存在する格差の下でいかにして子どものライフチャンスを平等化していくのかは，今日日本社会が直面する課題である。子どもの貧困問題も，世代を超えた負の再生産が元凶の1つである。

⑥ 「子の養育」の社会学

　子の養育を説明する社会学的枠組みは，パーソンズに代表されるような，集団としての家族を単位とした説明による一般理論から，ライフコースや発達というパースペクティブを用いて個人を単位とする動的なアプローチへと重点を移してきた。さらに，家族史研究やジェンダー研究の視点からは，私たちが子どもの養育について自明視してきた規範や観念が，近代社会において成立した歴史的に新しい観念であることが指摘されてきた。

　これらの知見からは，子の養育という普遍的にみえる事象も，固定的，静態的にみるのではなく，社会的文脈のなかでとらえる必要性がうかがえる。さらに，子の養育を家族の問題としてのみみるのではなく，家族を取り巻く社会制度や社会関係のなかで，その変容過程とともに考える視野が必要である。社会において子育てに関して現実に起こっている問題は，家族だけで解消できるものではなく，家族を超える関係性や社会からの支援が求められているのである。

（米村千代）

▷12　ブルデュー，P.・パスロン，J. C.，宮島喬監訳，1991，『再生産』藤原書店。

Ⅳ　子の養育：理論から家族をとらえる(3)

 さらなる理論的展開の可能性

1　子の養育に関する理論の展開

　家族についての理論は，理論内在的な発展と社会変化が相互に関連して展開してきた。今日からみれば古典とされる研究も，当時の社会理論の潮流や眼前に存在する社会問題との関連で解釈すれば，なぜそうした理論が生まれ，古典として読み継がれているのかが理解できる。

　例えば，核家族の普遍性を唱えたマードックの理論や，社会化に関するパーソンズの理論は，機能という観点から核家族の集団的特質を説明しようとした家族理論であるが，それが考えられた当時は一般理論としてどのように家族が説明できるのかが課題であったと言える。

　しかし，今日，家族に関する現実や，人々が主観的に家族だと思う領域は，パーソンズの核家族の社会化モデルで説明可能な範囲を超えて多元化している。

2　社会化の担い手

　子どもの社会化のエージェントとして家族，特に親（とりわけ母親）を重視するのが近現代社会，なかでも産業化社会における代表的な見方であった。その見方では，子どもは家族の中で第一次社会化され，家族外の社会に適応するための役割を取得する。また第二次社会化においても家族は重要な社会関係の1つとして位置づけられている。子どもにとっての家族としてまずは生物学的親を想定するのが近代社会である。しかしすでに述べてきたように，生物学的親のみが子育てにかかわるのは，近代社会に固有の現象である。歴史や比較の視点からは，親的なるものの複数性や多元性が見えてくる。

　社会化そのものは，今日においてもなお，子どもの養育に関する中心的な概念の1つである。近年では社会化の担い手として核家族を前提とするのではなく，血縁家族関係を所与としない第一次社会化，第二次社会化への関与の分析がテーマとなっている。

　親以外の複数の人間が子育てにかかわる子育ての共同性は，近代以前の社会においてはあたりまえのこととして存在していた。むしろ近代社会の枠組みこそ対象を狭く想定している。親代わりとなる存在は複数存在していたのであって，子育ては実の親によってのみなされるのではなかったのである。歴史や比

▷1　パーソンズの社会化については，参照。

▷2　Ⅳ-2 参照。

較に学び，子育てにかかわる人間の複数性を視野に入れた社会化概念の展開が求められている。

③ 子ども期を再考する

　子どもの養育といっても，具体的にいつまでが子ども期なのかという区分は一律には決まっておらず，社会的に決定される。例えば日本では2020年から成人年齢が引き下げられるが，これは決して生物学的に変化があったということではなく，法律の改正で制度的に定められたものである。

　また，子どもから大人への移行期に人々が経験するイベントやその順序も脱標準化している。日本では子どもの離家の時期が遅くなっており，一組の親と未婚の子からなる核家族は，もはや子どもが小さい時期だけのものではなくなっている。子どもが未婚のまま親元に同居し続けるケースが増えているからである，他方で，子どもが巣立った後の夫婦のみの期間が長期化しているという現実もある。学校教育の制度化，社会の産業化とともにもたらされた〈子ども〉期の観念は，移り行く社会の中で決して不変ではない。

④ 親子関係の絶対性と複数性の関係

　生殖補助医療の進歩は，従来からある実子か養子かという区分にとどまらず，遺伝上の親，出産の親，養育の親など親のバリエーションを増加させた。また親の離婚や再婚は，ステップファミリーの増加をもたらしている。擬制的親子関係も含めて，親にはさまざまなバリエーションがある。しかし今日，子育てにおいては，親代わりの大人を確保することは容易ではない。複数の親的な存在が，現代社会でどのようにありうるのか，今日的な社会の中での子育てが模索されている。

▷ 3　Ⅳ-2 参照

　子育てが家族関係を超えて社会関係のなかでどうありうるのかがテーマになる一方で，一見対照的ではあるが，家族は現代社会において多くの人に代替不可能な特別な関係として意味づけられている。近代社会を生きる個々人にとって，しばしば家族関係は自分のアイデンティティを承認してくれるかけがえのない存在として位置づけられている。しかし，その反面，家族内で起こる虐待や暴力は子どもの人生に大きな影を落としてしまう。親であること，子であることは他の関係にはない特別な関係であると意味づけてきたことが引き起こす問題への対応もこれからの子育てを考える鍵となってくる。複数性を前提としながら，その関係性のあり方を問うことが今後の家族社会学にとっては重要なテーマとなりうるだろう。

(米村千代)

Ⅳ 子の養育：理論から家族をとらえる(3)

親と子のつながり

1 親とは誰か

　親と子と聞けば，血のつながった親子関係を想像する人が多いだろう。しかし，親子と聞いて血縁関係のある親子だけを想定してしまうのは，実は親子関係を限定的にとらえている見方である。過去の社会，例えば近世社会にさかのぼっても，血のつながった親子とそれ以外のオヤコ関係は，確かに異なった意味づけをもっていたということはある。だからといって，血のつながった親子関係が絶対的だったわけでもない。日本社会は養子慣行を多くもっている社会であり，しばしば実子よりも養子が「家」のあととりとして優先されたこともあった。離死別や再婚も現代に限ったことではなく，今日でいうステップファミリーも珍しくはなかった。
　現代的な現象としては，生殖補助医療の進展により，これまで「血縁」として一括りだった関係性が遺伝上の父母や出産の母といったように分節化されることや，家族形成が国境をまたぐ例などをあげることができる。親と子のつながりには，このようにバリエーションがあること，単一ではないことをまずはふまえておきたい。

2 親子関係の諸段階

　次に親と子の関係を，継時的に眺めてみよう。親子関係を個人のライフコースを中心にしてみると，親との関係と（その個人が子をもったとしたら）子との関係との両世代に親子関係はまたがっていること，さらに一組の親子関係が長期的に持続したとして，その関係性はライフステージによって異なってくることがわかる。
　初期親子関係とは子どもが養育期にある親子関係であり，社会学的には子育てや社会化などが，そして後期親子関係においては高齢期の親の扶養・介護がテーマとなりうるだろう。その間の中期的な親子関係にも昨今は社会的関心が高い。代表的なものとして，例えば1990年代のパラサイトシングル論をあげることができるが，その後も未婚子の親との同居率が高率を維持していること，子の年代ごとにその率は減少するものの長期化していること，「8050問題」と呼ばれる長期化する引きこもり問題などは継続的に社会的関心を集めている。特に，未婚子と親夫婦の核家族世帯が，初期親子関係だけでなく，中期親子関

▷1　実の親子関係だけではなく，養親子関係や烏帽子親，名づけ親などの儀礼的親子関係を総称してオヤコ関係と呼ぶ。血縁関係以外の親子関係を擬制的親子関係と呼ぶこともある。

▷2　里親に関する研究も蓄積されてきた。和泉広恵, 2006,『里親とは何か』勁草書房など。

▷3　ライフステージのみならず，通時的に親子関係をとらえる研究も求められている。

係，後期親子関係まで継続していることは，ライフコースの脱標準化のあらわれである。

3 親子関係の長期化

乳児死亡率が低下し平均余命が伸びれば，親と子がともに生存する時期は長期化する。そして親子に限らず多世代がともに生存することが可能となる。親と子のつながりの長期化は社会においてどのような課題をもたらし，家族社会学はそうした課題にどのようにアプローチすることができるだろうか。

親子関係を情緒的・相互扶助的関係としてみれば，人生の長期にわたってその関係が維持されるのは望ましいことのはずである。しかし，家族関係が社会のなかで孤立していて，ほかの社会関係に対して閉鎖的であったり，変化に対する柔軟性を欠いていたり，共依存的であったりすると，その長期化がはらむ問題は大きくなる。

また，相互扶助という視点でみると，ライフコースごとに援助の方向性がどう変化してくるのかということがテーマになる。家族社会学には，ライフコース研究に先行して家族周期論という研究がある[4]。これは，ライフコース研究のように個人を単位とするのではなく，世帯を単位として経済的浮沈をはじめとした諸課題の変化をとらえようとするアプローチである。確かに同じ夫婦のみの世帯でも，新婚期と子どもたちが離家した後の時期（エンプティ・ネスト期）では，夫婦関係が持続していたとしても，抱えている問題や経済状況は異なる。同じ核家族世帯であっても子どもが就学前の時期，中高校生の時期，成人後，親の高齢期では，双方の経済力も健康状態も異なっている。

親子関係の長期化については例えば，親から子への支援関係が長期化するという知見や，経済的問題を抱えた親子関係が長期化，あるいは悪化するという知見もある。長寿社会では介護や扶養が長期化するという課題もある。

親子関係に着目するということは，親子だけで解決できない問題，ほかの関係やサービスといかに連携して解決していくかという問題にも着目することだといっても過言ではない。

4 親子関係の複数性・多元性

親子関係が長期化するといえば，同じ関係性がただ延長すると考えがちかもしれないが，離婚や再婚によって親子関係が複数化することも視野に入れておきたい。また，生殖補助医療の進展により親子関係のバリエーションも増加している[5]。冒頭で述べたように，日本社会は歴史的にさまざまなオヤコ関係の文化をもっている。現代の一時点で起こっている問題のみに照準して，親子関係の複数性，多元性を混乱や問題としてとらえる視点は一面的である。

（米村千代）

▷4　森岡清美，1973，『家族周期論』培風館。

▷5　今日の養子をテーマにした研究としては，野辺陽子，2018，『〈養子縁組〉の社会学』新曜社など。生殖技術と家族形成について戦後日本の分析をした研究としては，由井秀樹，2015，『人工授精の近代』青弓社などを参照。また，歴史的・比較的視点におけるさまざまなオヤコ関係を取り上げた研究としては，大竹秀男・長谷川善計編，1988，『擬制された親子』三省堂などがある。

Ⅴ　高齢期のケア：理論から家族をとらえる(4)

 高齢期のケアの現状

① 高齢期のケアに影響を及ぼす法・公的制度の発達

　人口の高齢化に伴い，要介護高齢者は大きく増加している。高齢期のケアにどう対応するかは，超高齢化に直面している日本の大きな課題である。ケアのあり方に大きな影響を及ぼす法・制度の発達をみておこう。第二次世界大戦前（いわゆる家制度の時期）においては，①民法では，親の扶養を最優先し，次に未成熟子，その後に配偶者の扶養という規定だった。このように家族による扶養が優先されたので，②経済的ニーズがある人は誰でも利用可能な（普遍主義の）公的年金はなかった（公的年金の対象は被雇用者のみで金額も少なく，人口の大多数を占めた農林漁業・自営業者への年金はなかった）。また③公的介護もなかった。

　戦後になると①民法が改正され扶養の順位は規定されなくなったが，配偶者と未成熟子の扶養を優先し，親の扶養は余裕があるときのみ求められると解釈されるようになった。②年金については，1961年に自営業者とその家族を対象とする制度が開始され，戦前からの被雇用者を含めすべての人が公的年金の対象となった。ただし金額はわずかで老後の生計は子に頼ると考える人が多数派だった（さらに被雇用者の妻は任意加入で，実際には夫の年金に頼ることが多かった）。しかし1970年代になると，高度経済成長による核家族化や財政的余裕を背景に制度変更が行われ，年金支給額は上昇した。そして1980年代になると，老後の生計は公的年金である程度まかなえるようになり，公的年金は子（特に経済的扶養は男性役割なので息子）による扶養の代替となった。

　一方，③公的介護の発達は，年金より30年近く遅れた。1980年代まで公的介護の給付は家族がない人や低所得層に限定されたが（選別主義と呼ばれる），1980年代になると家族による介護負担の重さが社会的に問題視されるようになった。そこで家族があり低所得でない高齢者も，ニーズがあれば公的介護を利用できる（普遍主義）ようにするための計画が1989年に策定され（高齢者保健福祉推進十か年戦略），1990年代を通じて公的サービスが増大した。2000年からは公的介護保険制度が始まり，公的介護の利用は広まっていった。例えば介護サービスの受給者数（各年の4月分）は2000年から2013年の間に149万人から471万人へ3.2倍に増えた。ただし，居宅サービスは3.6倍に増加しているのに対し，施設サービスは1.7倍にとどまる。そして居宅介護では，主たる介護者は家族であり，ホームヘルパーなどはその補助であることが多い。こうした実態の背

▷1　要介護者は2001年から2014年の間に2877万人から5918万人に増加し，特に80歳以上の増加が多い。内閣府，2014，『高齢社会白書（平成26年版）』と内閣府，2017，『高齢社会白書（平成29年版）』（各版とも第1章第2節3）を参照。

▷2　大和礼子，2008，『生涯ケアラーの誕生』学文社。

▷3　厚生労働省，2016，『厚生労働白書（平成28年版）資料編 10 高齢者保健福祉』（https://www.mhlw.go.jp/wp/hakusyo/kousei/16-2/）。

景には，（年金とは異なり）公的介護は家族介護の補助という制度的位置づけがある。そのため介護の中心的担い手は家族（特にケアは女性役割なので妻・娘・嫁（息子の配偶者））である。

② 高齢者の居住形態と介護の担い手

65歳以上の人の世帯形態をみると，減少しているのは３世代世帯である（そして結婚当初からの同居より，親が高齢・単身になってからの途中同居が増えている）。逆に増加しているのは，夫婦のみと単独の世帯であり，2015年ではこれらが１〜２番目に多い。つまり高齢者と子の同居は少数派になったのである。ただし例外は，親と未婚子のみの世帯（多くは高齢の親と未婚成人子）で，子の未婚化・非婚化の結果，このタイプは2010年に３世代世帯を抜き３番目に多くなっている。

次に，親を夫親／妻親に，別居を近居／遠居に分けて，それぞれの違いや変化を見よう。同居は，夫親との同居は減少しているが，妻親との同居はあまり変化がなく，父系規範が弱まっている。近居は，夫親・妻親とも増加傾向にある。遠居（片道１時間以上）は，夫親・妻親ともあまり大きく変化していないが，夫親より妻親との遠居の方が多く，ここでは父系規範の影響がみられる。

では介護は誰がしているのか。「国民生活基礎調査」（2013年）によると，主たる介護者が家族という人が71.2%（同居が61.6%，別居が9.6%）を占め，それ以外は事業者14.8%，その他１%，不詳13%である。介護サービスの利用は増えているが，大部分は補助としての居宅サービスで，家族が主たる介護者であることはあまり変化していない。ただし家族の中で誰が主な介護者かは変化している。同居の家族介護者は，介護保険開始直後の2001年では嫁（息子の配偶者），妻，娘の順だったが，2013年では妻，娘，嫁となり，嫁が主たる介護者であることは急減した。逆に，息子の比重は高まり，2013年では夫より多い。

③ 高齢者の介護に関する意識

内閣府の調査によると，介護を受けたい場所について（65歳以上），2002年から2012年の間に，施設などを希望する人は39.3%から51.8%に増加し，逆に自宅を希望する人は43.3%から36.3%に減少している。男女別では（2012年，60歳以上），施設などが男性48.5%，女性56.3%，自宅は男性42.2%，女性30.3%で，女性で特に施設を希望する人が多い。次に，介護を頼みたい相手について，男性では配偶者が圧倒的に多く，次に子夫婦，その次に介護の専門家と続く。それに対して女性では子夫婦が最も多いが，配偶者，専門家も多く，分散している。人々のケアに対する意識は，公的介護保険を背景に，男女の違いを残しつつも，じょじょに変化している。 （大和礼子）

▷４ 大和礼子, 2017, 『オトナ親子の同居・近居・援助』学文社, p. 81。

▷５ 田渕六郎, 2011, 「世代間居住関係の変容と規定要因」田渕六郎・嶋﨑尚子編『第３回 家族についての全国調査（NFRJ08）第２次報告書 第２巻 世代間関係の動態』日本家族社会学会全国家族調査委員会, pp. 1-14。分析対象は夫が28〜59歳で夫婦・妻親（ひとり親を含む）の双方が健在であるケース。

▷６ 平山亮, 2017, 『介護する息子たち』勁草書房。

▷７ 内閣府, 2012, 『平成24年度 高齢者の健康に関する意識調査結果（全体版）』（http://www8.cao.go.jp/kourei/ishiki/h24/sougou/zentai/index.html）。

▷８ 「介護老人福祉施設」「介護老人保健施設」「病院など」「民間有料老人ホームなど」の計。

▷９ V-3 図V-3-1を参照。

V 高齢期のケア：理論から家族をとらえる(4)

高齢期のケアを説明する諸理論

▷1 Graham, H., 1983, "Caring: A Labour of Love," Finch, J. and Groves, D. eds., *A Labour of Love : Women, Work and Caring,* Routledge and Kegan Paul, pp. 13-30.

▷2 prologue および I-6 参照。Parsons, T., [1949] 1954, "The Kinship System of the Contemporary United States," *Essays in Sociological Theory,* Free Press, pp. 177-196.

▷3 Litwak, E., 1960, "Geographic Mobility and Extended Family Cohesion," *American Sociological Review,* 25(3): pp. 385-394.

▷4 パルモア, E. B.・前田大作, 片多順訳, [1985] 1988, 『お年寄り』九州大学出版会。

▷5 Bengtson, V. L., 2001, "Beyond the Nucle-

1 女性のケア役割

　高齢者へのケアに関して，家族社会学にはさまざまな理論があり，それらにおいては表Ⅴ-2-1のようにジェンダーがさまざまな次元で関連している。表Ⅴ-2-1の次元［1］として，ケア「する」人のジェンダーに注目する理論がある。特にフェミニストによる研究では，[1]a ケアすることが女性の役割であること，そしてそこには「労働」と「心理」という2つの側面があることが論じられた。「労働」としてのケアについては，それによって女性は経済的に不利な位置に追いやられやすい（なぜなら家庭でのケアは無償である上，それとの両立が難しいため職業（有償労働）への参加が難しく，さらに職業としてのケアは低賃金であることが多いからである）。一方，「心理」としてのケアについては，ケアすることが女性のアイデンティティ（いわゆる「女らしさ」）や満足感と結びついていることが強調された。

2 夫親へのケアと妻親へのケア

　表Ⅴ-2-1の次元［2］として，日本では（他の東アジア諸国と同様に）「父系（妻親より夫親を優先）」の文化的伝統がある。しかし社会の変化に伴い，この伝統がどう変化したか，つまり「ケアの対象」が「夫親優先か，妻親優先になっているか」についても表Ⅴ-2-2のようにさまざまな議論がある。
　まず表Ⅴ-2-2の①核家族の孤立論は，産業化によって成人子と親（特に夫親）との関係は弱化すると考える。この説によると，産業化前の，農林漁業・自営業が中心の社会では，成人子は親と同居し，仕事・生計を共にすることが多く，そこでは妻親より，仕事を通じて結ばれた夫親との関係が優位に扱われた。しかし産業化が進み商・工業や被雇用者が多数派になると，成人子は，親とは別の職業・居住地・生計で生活することが多くなる。したがって成人子と親（特に夫親）の関係は弱まり，双系化（夫・妻両方の親と同程度の関係をもつ）が進むと論じる。
　核家族の孤立論に対しては，以下の批判がある。まず②修正拡大家族論は，たとえ産業化が進んでも成人子と親の関係は維持されると主張する。なぜなら交通・通信手段の発達により，家族は別居していても活発に接触・

表Ⅴ-2-1 ケアとジェンダーの関連における複数の次元

ケアする人	[1]a 女性　vs.　[1]b 男性
	（妻・娘・嫁など）（夫・息子・婿など）
ケアされる人	[2] 妻の親　vs.　夫の親
（ケアの対象）	[3] 女性　vs.　男性

出所：著者作成。

連絡しあい，相互に強力な援助を提供しあえるからである（つまり居住形態より，接触・援助といったネットワークに注目する）。ただし被雇用者が中心の社会では，職業を通じた夫親との関係は弱まるが，家事・育児・介護や情緒的親密さで結ばれた妻親との関係は弱まらないので，妻親優位の傾向が強まると考える。

一方，③文化的規範論は，日本のような「孝」や「父系」を重視する文化的規範がある社会では，産業化が進み職業のあり方が変化しても，成人子と親の関係は維持され，妻親より夫親を優先する父系慣行も維持されると考える。

表Ⅴ-2-2　成人子と親の関係についての諸理論

		関係の強さ	夫親 vs. 妻親
夫婦一体	①核家族の孤立論	弱化	双系
	②修正拡大家族論	維持	妻親優位
	③文化的規範論	維持	夫親優位
	④　　人口学的要因論		
	④-1 世代間の連帯論	強化	
	④-2 性別分業のない双系		性別分業のない双系
	⑤　　制度論		
	⑤-1 男性稼ぎ主型制度論	維持	性別分業型の双系
夫婦別々	⑥夫婦の個人化論	維持	夫は夫親優位，妻は妻親優位
	⑦女性の親族関係維持役割論	維持	夫は夫親優位，妻は夫・妻両方の親

出所：大和礼子，2017，『オトナ親子の同居・近居・援助』学文社より作成。

次に，④人口学的要因に注目する理論として，④-1世代間の連帯論[45]は，成人子と親との関係は近年むしろ強まっていると主張する。なぜなら長寿化によって，親子が人生を共にする期間は長期化するし，さらに少子化によって，親が1人1人の子どもともつ関係はより緊密になる。さらに女性の就業やひとり親の増加（離婚などによる）によって，成人子と親の助け合いはますます重要になるからである。次に④-2性別分業のない双系論[46]は，夫親と妻親のどちらとの関係が強まるかに関して少子化に注目する。少子化によってひとり息子とひとり娘の結婚は今後ますます増えるが，そうなると父系慣行（夫親優先）は親族内で多くの軋轢を生むだろう。それを避けるために今後は「性別分業のない双系化」（夫・妻両方の親にバランスよく援助する）が進むだろうと論じる。

最後に⑤制度論[47]は，①〜④のような産業化，文化的規範，人口学的変化が親―成人子関係に与える影響はどの社会でも同じというわけではなく，その社会の制度がどのようなものかによって異なると主張する。第二次世界大戦後の日本においては「男は仕事，女は家庭」という男性稼ぎ主型の家族を優遇する制度が形成され，そのために性別役割分業が強く残っている。こうした夫婦の役割分業は，親との関係にも延長されるので，経済的援助は夫親優位，ケアの援助は妻親優位という「性別分業型の双系」[48]が強まるというのが，⑤-1「男性稼ぎ主型制度論」の主張である。[49]

ただしこれら①〜⑤の理論は，異なる世代間（成人子と親）の関係を説明する理論であるために，同じ世代内の夫婦については「夫婦は一体」と暗黙のうちに想定している。[410]そのため夫と妻で親との関係が異なり，「夫は夫親優位だが，妻は妻親優位に援助する」といったことはあまり想定していない。こうした想定を見直す理論については Ⅴ-3 でみていこう。　　　（大和礼子）

ar Family: The Increasing Importance of Multigenerational Bonds," *Journal of Marriage and Family*, 63(1): pp. 1-16.

▷6　落合恵美子，2004，『21世紀家族へ［第3版］』有斐閣。

▷7　Walker, A., 1996, *The New Generational Contract*, UCL Press.

▷8　大沢真理，2007，『現代日本の生活保障システム』岩波書店。

▷9　大和礼子，2010，「"日常的援助における性別分業にもとづく双系"と"系譜における父系"の並存」『関西大学社会学部紀要』42(1)：pp. 35-76。

▷10　大和礼子，2017，『オトナ親子の同居・近居・援助』学文社。さらに，こうした想定が実際の調査・分析の方法にも影響を与えていることについても同書を参照。

Ⅴ　高齢期のケア：理論から家族をとらえる(4)

さらなる理論的展開の可能性

▷1　ギデンズ, A., 松尾精文・松川昭夫訳, 1995,『親密性の変容』而立書房。

▷2　[Ⅴ-2] 表Ⅴ-2-2参照。

▷3　[Ⅵ-2] 参照。

▷4　Rosenthal, C. J., 1985, "Kinkeeping in the Familial division of Labor," *Journal of Marriage and Family*, 47(4)：pp. 965-974.

▷5　田渕六郎, 2009,「結婚した子と実親・義理の親とのつながり」藤見純子・西野理子編『現代日本人の家族』有斐閣, pp. 167-185。

▷6　大和礼子, 2017,『オトナ親子の同居・近居・援助』学文社。

▷7　平山亮, 2017,『介護する息子たち』勁草書房。

▷8　[Ⅴ-2] 参照。

▷9　こうした研究はソーシャルネットワーク, ソーシャルサポート, サポートネットワークなどの研究と呼ばれる。[Ⅰ-11] 参照。

▷10　Johnson, C. L., 1983, "Dyadic Family Relations and Social Support," *The Gerontologist*, 23(4)：pp. 377-383.

① 「夫婦一体」から「夫婦別々」へ

　「親との関係において，夫婦は一体」というこれまでの想定が，現代社会にはあてはまらないと考える「個人化」論が近年現れている。これによると，過去の社会では法や規範から逸脱しないため，あるいは物質的利益を得るために，人々は家族・夫婦といった集団に所属し，そこでの役割に従って行動した。しかし近年，集団が個人に生活保障を提供する機能が弱まり（例えば非婚・離婚の増加，男性稼ぎ主の雇用不安定化），さらに個人の自由を重視する意識も高まった結果，人々は「純粋な関係性」をもとに（つまり「その人と一緒にいたい」など関係自体を目的として）親密な関係を結ぶようになったと論じられる。

　これを家族によるケアに応用したのが表Ⅴ-2-2の⑥夫婦の個人化論であり，過去の社会では父系規範により，夫・妻ともに夫親へのケアを優先していたが，現代は「純粋な関係性」を重視し，夫は夫親，妻は妻親へのケアを優先すると論じる。

　しかし別の議論もあり，それが⑦女性の親族関係維持役割論である。現代社会でも，親族関係を維持する役割は女性にあるので，男性は夫親優先だが，女性は夫親・妻親の両方に対して同じくらいケア的援助をすると論じる。

　2008年の「全国家族調査（NFRJ）」のデータを用いて，親・義親へのケア的援助における男女の違いを分析すると，⑥夫婦の個人化と⑦女性の親族関係維持役割の両傾向がみられる。もしそうなら特に⑥夫婦の個人化の場合は，夫親に対しては，夫（親にとって息子）が主たるケア担当者ということになり，表Ⅴ-2-1の次元［1］bが広くみられるようになったことを意味する。これは「ケアは女性の役割」という想定に再考あるいは発展を迫る。

② 「ケアされること」・ジェンダー・公共圏と親密圏

　ここまでは「家族」によるケアと，ケア「する」人に注目してきた。しかし公的介護制度の発達により「専門家」によるケアも増えている。こうした状況を背景にケア「される」人の視点から「家族と専門家」の関係を論じた研究がある。例えば，1970〜80年代の欧米で提案された親族代替モデルでは，自分のケアを頼る相手として，まず配偶者，次に娘，次に息子の妻（嫁），これら女性近親に頼れないときは息子，他の親族，友人，近隣と続き，これら私的なケ

V-3 さらなる理論的展開の可能性

アに頼れないときにはじめて専門家による公的ケアに頼るとされる。

しかし現代日本について「全国家族調査」(1999年と2009年)の結果をみると(図V-3-1),親族代替モデルは次の2点で修正が必要である。第一に,自分のケアを専門家に頼るという人は,配偶者,子夫婦に次いで多く,特に公的介護保険導入後の2009年で大きく増えている。逆に兄弟姉妹・他の親族・友人・近隣に頼る人は非常に少ない。専門家によるケアへの期待は非常に高まっている。

第二の修正として親族代替モデルはケア「される」人のジェンダーには注目していない。しかし図によるとかなりの男女差がある(表V-2-1の次元[3])。まず,男性では「配偶者」に頼る人が一番多いが,女性では「子夫婦」に頼る人が一番多い。これは性別分業と男女の寿命差が関係しているだろう。次に,「専門家」に頼る人は女性に多い。この説明として,公共圏と親密圏(家族内の領域)の意味が,性別分業と関連していることにより説明できるだろう。近代社会の男性には「公共圏(家族外の領域で職業・政治など)での自立」に高い価値がおかれ,その疲れを癒すために「親密圏(家族内)では依存」が望ましいとされる。一方,女性は家族をケアするため「親密圏での自立」を期待される。そして女性自身が依存し疲れを癒す相手としては,公共圏の専門家が選ばれる。以上のように人々のケア意識は,性別分業と公共圏/親密圏の意味に影響されている。

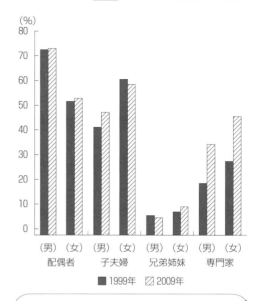

図V-3-1 自分の介護について各項目を「頼る」と答えた人の割合(63〜72歳の男女)

注:「他の親族」「友人・同僚」「近所の人」は男女ともにどの調査時点でも5%未満なので省略する。「配偶者」については配偶者ありの人のみ,「子夫婦」については子ありの人のみ,「兄弟姉妹」については自分の兄弟姉妹ありの人のみについて分析した。
出所:大和礼子,2016,「公的介護保険導入にともなう介護期待の変化」稲葉昭英・保田時男・田渕六郎・田中重人編『日本の家族 1999-2009』東京大学出版会, p.282。

▷11 [I-17]参照。

▷12 大和礼子,2008,『生涯ケアラーの誕生』学文社。

3 ケアにおける互酬性

最後に,ケアする側とされる側の**互酬性**(reciprocity)に注目し,ケアする側/される側は,幼年〜老年へとライフコースを通じて変化し,人間は他者と必要なものを常に与え/受け取りあう存在と考える視点がある。高齢者は,家族にケアを依存しているかもしれないが,過去には家族を支えてきたし,現在も情緒面(相談など)や経済面(預貯金や年金など)で家族を支えているかもしれない。社会においても,現役世代の税・社会保険料から高齢世代への年金・ケアの費用が支払われ,それが世代ごとに繰り返される。少子・高齢化の中でこうした私的・公的支えあいのしくみをうまく設計・調整していくことが求められる。

(大和礼子)

▷13 互酬性
もの(あるいはサービス)が送り手と受け手の間を相互に対称的に往き来すること。

▷14 [V-2]▷7の文献参照。

V 高齢期のケア：理論から家族をとらえる(4)

 独居問題

① 単独世帯の増加と性・年齢・地域による違い

単独世帯は，65歳以上の高齢者だけでなく，全体的に増加している。1960年（高度経済成長期の初期）には「夫婦と子ども」と「その他の親族世帯（その多くは三世代世帯）」が多かった。しかしその後「単独世帯」が増え2010年には最多になった（図V-4-1）。性・年齢層別にみると，単独世帯の割合は1985〜2015年の間に，男性では20歳台を除くすべての年齢層で増加している（30〜40歳台では2010年以降は増加が収まるが，50歳以上はそれ以降も増加）。女性ではすべての年齢層で増加している（20〜30歳台と70歳台は主に2005年まで，40〜60歳台はそれ以降，そして80歳台は全期間を通じて増加）。地域別にみると，単独世帯の多くは人口集中地域に居住している。

▷1 藤森克彦，2017，『単身急増社会の希望』日本経済新聞社，第2章。

▷2 ▷1の文献の第1章第1節-5節。

② 単独世帯の増加の要因

単独世帯の数が増加する要因は大きく2つに分けられる。Iは「人口規模」要因で，その年齢層の人口規模が大きくなると，単独世帯の割合は変わらなくても数は増加する。IIは「世帯形成行動」要因で，これはさらに①「配偶者なし」（① a. 未婚，① b. 離別，① c. 死別）と②「親子の別居」に分けられる。

IとIIの影響について性・年齢別に比較しよう。I人口規模要因の影響がより大きいのは80歳以上の男女と，60〜70歳台の女性で，長寿化によりこの年齢層の人口規模が大きくなったことによる。

II世帯形成行動要因の影響の方がより大きいのは，上記以外の性・年齢層である。IIは①配偶者なしと②親子の別居に分けられる。①配偶者なし

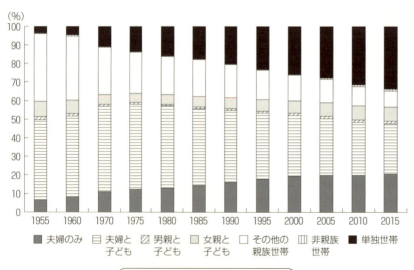

図V-4-1 世帯形態の分布（普通世帯）

出所：国立社会保障・人口問題研究所編『人口統計資料集 2018』表7-11より作成（元のデータは総務省統計局『国勢調査報告』）。

82

要因の中で，単独世帯化への影響が最大なのは①a.未婚化で，男性の30〜50歳台（特に近年は40〜50歳台）と，女性の20〜40歳台（特に近年は40歳台）で増加幅が大きい。次に影響が大きいのは①b.離別で，男女とも50〜60歳台（女性は40歳台も）で増加幅が大きいが，未婚に比べると影響は小さい。最後に①c.死別の影響は，①a.①b.とは逆に弱まっている。

②親子の別居要因については，②a.高齢者（60歳以上で配偶者と死別）からみた子との別居率は上昇し，単独世帯の高齢者のうち約半数は子がいるにもかかわらず別居している。この背景として公的年金・介護制度の発達により高齢者が自立しやすくなったことや，個人の自由を重視する意識がある。逆に②b.成人子（40〜60歳台で未婚・離別）からみた親との別居率は低下している（つまり同居の増加で，これは親の住宅・年金・家事などに依存しやすいためであろう）。しかし②a.の別居増加の方が②b.の別居低下より大きいため，全体として②親子の別居が単独世帯を増やしている。

③ 今後の予想およびリスクと対策

2030年までの将来推計によると家族類型の中で単独世帯がもっとも多いという傾向は続く。2030年にかけて単独世帯の中で，性・年齢別に特にその数が増えると予想されるのは，第一に50歳台の男女であり，その要因としては，Ⅰ人口規模要因（いわゆる団塊ジュニアという人口規模が大きい世代にあたる）と，Ⅱ世帯形成行動要因①a.未婚化の両方の影響がある。第二は70歳台の男性であり，Ⅱ世帯形成行動要因②子との別居化の影響が大きいと考えられる。第三は80歳以上の男女であり，Ⅰ人口規模要因の影響が大きい（80歳以上の単独世帯は，割合としてはそれほど増えないが，長寿化によってこの年齢層の人口規模が大きくなるため数としては増加が予想される）。

単独世帯が直面しやすいリスクには(1)貧困，(2)要介護，(3)社会的孤立などがある。(1)貧困については，単独世帯は特に老後に貧困状態になりやすい。対策として，現役時代に安定した処遇の下で働き続けられ，老後に安定した年金を得られるような労働環境・制度を整備することが必要である。また単独世帯は持ち家が少なく家賃負担が重い。住宅について，日本では「商品であり個人で用意するもの」とする制度を発達させてきたが，ヨーロッパでは「社会で用意するもの」とする制度をもつ国も多い。日本でもこうした制度を取り入れることが必要だろう。(2)介護については，単身者は世帯内に頼れる人がいないため要介護度が比較的軽い段階で施設などに入所する傾向がある。高齢者が望むなら介護・看護を受けつつ地域で生活できる制度を充実させることが必要だろう。そして単身者に限らず人々が(3)社会的孤立に陥らないようにするために，住民どうしのネットワークを作り維持するためのしくみ・人材・財源などをどう作り上げるかを考える必要がある。

(大和礼子)

▷3　未婚化の要因についてはⅡ章を参照。

▷4　V-1 参照。

▷5　V-3 参照。

▷6　ただし65歳以上単身者のうち「徒歩5分程度の場所に子どもがいる」という人は1998年から2013年の間に4％から8.4％に増えており，別居だが近居という傾向もある。▷1の文献のp.33を参照。

▷7　▷1の文献の第1章第6節。

▷8　▷1の文献の第7−8章。

▷9　例えば家賃負担を公的に軽減するなど。

▷10　藤森克彦, 2010,『単身急増社会の衝撃』日本経済新聞社，第4章。

Ⅵ 夫婦間の情緒的関係：理論から家族をとらえる(5)

 夫婦間の情緒的関係の現状

 前近代社会における夫婦関係

　現在の先進国の夫婦関係の特徴は，二者の間に強い情緒的絆があること，あるいはそのような絆の存在を期待されていることにある。もちろん「大恋愛」の末に結婚した夫婦ばかりではないし，結婚年数が経過すれば結婚当初に比べて恋愛感情が弱くなることもあるだろう。それでも，配偶者が亡くなれば強い悲しみを経験するだろうし，周囲からもそのように期待されるものだ。
　「夫婦が感情的に結びついているなんてあたりまえだ」と思われるかもしれないが，家族社会学の知見からは，夫婦間の情緒的絆の存在は時代限定的だということが導ける。では，なぜかつての夫婦関係は，現在ほど緊密ではなかったのだろうか。もっとも大きな理由は，家族を取り巻く経済的環境にある。
　前近代社会における農民家族は，家族を取り巻く共同体に囲まれ，そういった非家族的な集団の中に溶け込んでいた。そのなかでの人間関係は，多くの場合性別化されていた。つまり，女性には女性の，男性には男性の集団が存在しており，おもな仕事もこれらの集団ごとに協同して行われることが多かった。夫婦はそれぞれ性別ごとの仕事集団に属していたため，夫婦間の情緒的つながりは強いものではなかった。
　都市部で家業（例えば商い）を営む家族についても，夫と妻の関係には現在でいう経営者と従業員の関係に近い側面があり，妻には「夫と情緒的に強く結びついた存在」という立場よりも，むしろ家業を支える役割，あるいは将来の管理や生産を担う子どもをつくる役割が期待されていた。しばしば男性は，家族の外部の女性と情緒的な愛人関係を取り結ぶこともあった。

▷1　家族の歴史について感情論的アプローチを展開した古典としては，下記の文献がある。ショーター，E.，田中俊宏ほか訳，1987，『近代家族の形成』昭和堂；フランドラン，J. L.，森田伸子・小林亜子訳，1993，『フランスの家族』勁草書房。

▷2　落合恵美子，1984，「出産の社会史における二つの近代」『ソシオロゴス』8：pp. 78-94を参照。

▷3　例えば女性集団は糸紡ぎや機織りを，男性集団は農作業や村の寄り合いを，といった具合である。日本近世の性別ごとの仕事の分離については，長野ひろ子，2003，『日本近世ジェンダー論』吉川弘文館など参照。

2 近代化に伴う夫婦関係の緊密化

　近代化は，こういった家族を取り巻く条件を変化させていき，それに応じて夫婦の関係も変わっていくことになった。では，その変化とは何だろうか。
　もっとも根本的な変化は，産業化とそれに伴う資本主義化，すなわち家業中心の経済から雇用経済への転換である。前近代の家族に共通するのは，家族が基本的に生産組織でもある，ということだ。これに対して雇用経済では，大きな資本をもとに大規模な会社が多数存在し，家族のメンバーは家で家業を営むのではなく，会社に雇われて働くようになる。

資本主義による経済の成長期には，各国で「男性稼ぎ手＋専業主婦」の家族が増えていった。いわゆる性別分業型の夫婦だが，この夫婦関係の特性は，出身の家から経済的に独立している，ということだ。こうなると，配偶者を選ぶ基準も，家の生産性や継続性（生殖）とは異なった，当人どうしの感情に基づいたものになる。つまり，見合い婚が減り，恋愛婚が増えていくのである。**図Ⅵ-1-1**に示した通り，就業者に占める雇用者の割合の増加と恋愛婚の増加は同時に進行している。

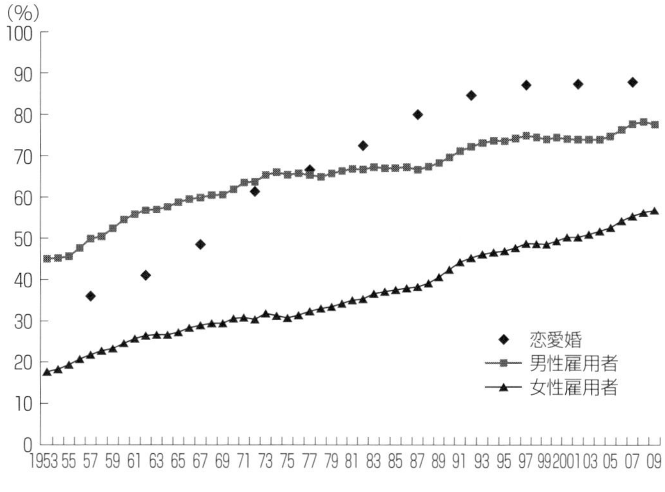

雇用された男性（夫）と主婦が情緒的に緊密な絆で結ばれた家族のことを，家族社会学では「近代家族」と呼ぶ。[4]その背景にあったのは，異性と恋愛結婚し，その人と添い遂げることを理想とする「ロマンティック・ラブ」の浸透であった。

図Ⅵ-1-1　雇用労働と恋愛婚の割合の推移

注：恋愛婚の割合は，その年の結婚に占める恋愛結婚の割合を示す。
出所：恋愛婚のデータは『第15回出生動向基本調査』より。男女雇用者は就業者に占める雇用者の割合のことで，データは「労働力調査長期統計」より。

3　夫婦の情緒的関係の現在

前近代社会から近代社会への夫婦関係の変化は，基本的に情緒的絆の強化であり，その背景には家業中心の経済から雇用経済への構造変動があった。では，現在あるいは将来の夫婦の情緒的関係はどうであろうか。[5]

社会構造が雇用経済からその他の状態（例えば自営業の再増加）へと変化する兆しはみられない。変化があるとすれば，結婚する双方ともに会社に雇用されて働く夫婦が増えてきた（共働き社会化），ということである。雇用されているからには，性別分業家族と同様，出身の家の影響力からは自由に，恋愛感情に基づいた夫婦関係を築く，ということである。

ただし，稼ぎのない女性が経済的に男性に従属していた近代家族と違って，女性の経済力が相対的に上昇するため，夫婦関係はより純粋に情緒的な満足に基づいた関係になってきている。ここから，満足のいかない結婚の終了（離婚）が増えたり，あるいは満足のいかない相手とは無理に結婚しないケースが増えたりする（未婚化）。法律婚をせず同棲のまま結婚・出産を経験するカップルも増えている。双方が経済力をもっているのならば，法律婚やそれが含意する扶養義務によって自らを縛る必要もなくなるのである。　　　（筒井淳也）

▷4　[Ⅰ-10]参照。日本における近代家族の概要については，落合恵美子，2004，『21世紀家族へ［第3版］』有斐閣を参照。

▷5　現代社会における夫婦の親密性についての社会学的問題設定については，筒井淳也，2014，「親密性と夫婦関係のゆくえ」『社会学評論』64（4）：pp. 572-588に詳しい。

Ⅵ　夫婦間の情緒的関係：理論から家族をとらえる(5)

 夫婦間の情緒的関係を説明する諸理論

1　社会的ネットワーク

　夫婦間の感情的絆の強さを説明する理論にはいくつかあるが，代表的な理論として，社会的ネットワーク論の枠組みを援用したものがある。

　1950年代のイギリス，ロンドンの夫婦関係についての調査研究を行った社会人類学者のE.ボットは，夫婦関係のあり方が社会階層ごとに異なっている可能性を検証した。中産階級（ホワイトカラー）の夫婦関係は，夫婦関係が緊密で，趣味や人付き合いでも夫婦単位で行動することが多く，共通の知り合いも多い。夫婦が平等・対等であることを重んじ，家族に関わる決定は夫婦が話し合ってすべきだと考えている。これに対して労働者階級の夫婦では，夫婦それぞれが別々のネットワークに埋め込まれていて，休日も別々に（夫は男友だちと，妻は女友だちと）行動することが多く，またそれぞれの出自の家族・親類とのつながりが維持されている，という仮説である。

　図Ⅵ-2-1において簡略化して示したが，このように夫婦関係の緊密さと，その周囲のネットワークのあり方が関係しているのである。

　ネットワークのパターンは，夫婦の情緒的な満足のあり方にも影響する。夫婦が一緒に行動するパターンでは，夫婦はおもにお互いから情緒的な満足を受け取るが，夫婦が個別のネットワークに埋め込まれている場合には，夫婦はそれぞれのネットワークにいる友人や親類との付き合いから情緒的な満足を得る。例えば，何か悩みごとがある場合，まずは夫に相談する妻がいる一方で，夫には相談せず，母親や近隣の仲間と助け合っている妻もいる，ということだ。

　性別で分化した夫婦のあり方は，家族社会学者が前近代の結婚に見出した状態に近い。夫婦が1つのユニットとして緊密に行動するのか，それともそれぞれが別個のネットワークに埋め込まれているのかは，一部には地理的な移動の多さにも依存している。日本の高度経済成長期に都市部に移住した夫婦のように，親の住む出身地を離れて結婚生活を営む場合には，それぞれが結婚前に構築していたネットワークとのつながりを失いやすいため，夫婦間の絆が強くなりやすい。逆に，結婚後も生まれ育った地元で過ごすようなケースでは，夫婦それぞれは結婚前から所属していたネットワークに埋め込まれ続けるのである。

▷1　Ⅰ-11　参照。

▷2　ここで展開されている理論は，しばしば「ボット仮説」と呼ばれ，検証される具体的な仮説内容と結果はさまざまであるが，多数の実証研究につながっている。

▷3　ボット仮説を人類以外の動物（霊長類）に適用した興味深い研究として，Maryanski, A. and Ishii-Kuntz, M., 1991, "A Cross-Species Application of Bott's Hypothesis on Role Segregation and Social Networks," *Sociological Perspectives*, 34(4): pp. 403-425がある。

2 情緒的関係におけるジェンダーギャップ

ボット仮説は，夫婦間の情緒的関係を周囲の社会的ネットワークによって説明するものであった。これは，家族を取り巻く経済的条件が家業から雇用労働に変化することで，夫婦関係が相対的に周囲の社会関係（親や親類との関係を含む）から独立していくことが夫婦の情緒的関係に与える影響を説明することに適した理論である。

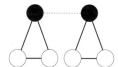

図Ⅵ-2-1 夫婦関係とネットワーク

出所：筆者作成。

他方で，雇用労働が浸透した状況における夫婦関係の情緒的関係を説明する理論や，それを実証する研究も盛んである。その1つに，夫婦がお互いから得る情緒的満足のあり方は，性別によって異なっているという理論がある。

「女性ならば女性らしく他者の気持ちを気にかけるべきだ」といった社会的な役割期待もあり，概して女性は男性よりも他者（女性であれ男性であれ）に対して心理的ケア，あるいは情緒的サポートを与える傾向が強い。情緒的サポートとは具体的には，日常生活の些細な出来事をおしゃべりして共有したり，悩みを聞いてあげたり，といった行動である。こういった行動はおもに女性から提供されるために，男性は結婚することで配偶者から情緒的サポートを得ることができ，結果的にストレスが減り，幸福度が高まる。しかし女性は結婚においてそういったメリットを享受しない可能性が高い。なぜなら，配偶者の男性は情緒的サポートを与えないことが多いし，また未婚段階において情緒的サポートを与えあっていた同性の友人との関係が疎遠になるからだ。

このように，情緒的な関係は夫婦を取り巻く社会関係によって異なるだけでなく，性別によって非対称になっている。これを「サポートギャップ仮説」と呼び，結婚生活における幸福度の性別格差を説明する際の有力な理論になっている。

3 結婚満足度の研究

結婚生活における幸福度や配偶者に対する満足度については，量的調査データを使った実証研究が数多く存在する。

ストレス研究からは，無配偶者に比べて有配偶者は良好な心理状態にある傾向が指摘されているが，同一個人を追跡して観察した研究からは，特に女性については結婚や出産が必ずしも幸福度を高めないことが明らかになっている。これは，そもそも幸福な環境に置かれている人が結婚をしており，結婚をしない人に比べて平均的な幸福度水準が高く，結婚や出産によって幸福度の低下が生じるものの，それでも無配偶で居続ける人よりは幸福度が高い，という可能性を示唆している。

結婚生活の中での満足度についてのおもな説明としては，夫婦間の相互行為

▷4 サポートギャップ仮説について，詳しくは稲葉昭英，2002，「結婚とディストレス」『社会学評論』53(2)：pp. 214-229を参照。

▷5 Ⅰ-9 参照。

▷6 実証研究として，山口一男，2009，『ワークライフバランス』日本経済新聞出版社などを参照。

▷7 詳細については，筒井淳也・永井暁子，2016，「夫婦の情緒関係」稲葉昭英・保田時男・田渕六郎・田中重人編『日本の家族 1999-2009』東京大学出版会，pp. 23-46 をみてほしい。

▷8 Kamo, Y., 2011, "A Multi-level Analysis of Thirty-two Societies on Marital and Family Satisfaction," *Japanese Journal of Political Science*, 12(3): pp. 325-342 を参照。

▷9 このような調査を縦断調査，あるいはパネル調査と呼ぶ。

▷10 日本のデータを使った実証研究として，筒井淳也，近刊，「年齢を重ねると夫婦は満足を深めるのか」西野理子編『夫・妻との関係はどう変わっていくのか』ミネルヴァ書房がある。

▷11 純粋な関係性については，ギデンズ，A.，秋吉美都・安藤太郎・筒井淳也訳，2005，『モダニティと自己アイデンティティ』ハーベスト社に詳しい。

（コミュニケーションや情緒的サポート）にあらわれるメンタルな要因，家事分担といったプラクティカルな要因，そして収入といった経済的要因などが検討されており，いずれも一定の条件下において結婚満足度に影響を与えることがわかっている。[7] 単純化していえば，配偶者が相談事に乗ってくれる，家事を分担してくれる，稼ぎが多い，といった場合に結婚生活の満足度が高まるのである。結婚満足度の国際比較を行った研究もあり，概して東アジア諸国では他の地域よりも結婚満足度が低いことがわかっている。[8] 原因として指摘されているのは，夫の長時間労働による関係への悪影響である。

結婚満足度についてとりわけ活発に検証されてきたのは，満足度の「U字型仮説」である。これは，結婚生活あるいは配偶者に対する満足度は，結婚経過年数とともに低下するが，およそ40代あるいは子どもが10代の後半の頃を底として再び上昇する，という仮説である。それを説明する理論としては，関係構築初期のハネムーン効果の減少，関係からの刺激が少なくなる訓化などが挙げられる。低下した満足度が再び上がることの説明としては，子どもの離家（巣立ち）のほか，不満な結婚関係が解消されることによる生存者バイアスなどが指摘されている。つまり，相対的に満足度の高い夫婦のみが結婚を継続し，満足度調査の対象者になっている，ということである。

結婚満足度のU字型仮説はしかし，新しい実証研究ではほぼ否定されている。結婚経過年数が異なる個人ではなく同一の個人を追跡して観察した場合，[9] 満足度のU字型の「戻り」が平均的には観察されなかったのである。[10] このように，調査や分析の方法が進展することで，支持される理論が変わることもありうる。

④ 純粋な関係性の理論

[VI-1] で述べたように，家業から雇用に経済構造が変化すると，結婚相手を自発的に選択する傾向が強くなる。さらに女性の継続就労が進んで経済力が男女で均等になっていくと，結婚関係に本質的な変化が生じる。

仮に結婚している男女双方が，相手の稼ぎをあてにしなくても生活できるとしよう。そうすると，関係を維持する動機の大きな部分は，関係から得られる情緒的な満足になっていく。関係が情緒的に満足のいくものであれば結婚を継続し，そうでなければ別れる，ということである。こういった関係のことを，社会学者のA.ギデンズは「純粋な関係性」と名づけた。[11]

「純粋」という言葉からはロマンティック・ラブが連想されやすい。しかし恋愛関係における純粋な関係性とロマンティック・ラブはまったく同じというわけではない。いずれも関係における情緒的な要素を重視するという点では共通しているが，ロマンティック・ラブは特定の相手との永続的な関係を理想とする考え方であるから，「満足を得られなくなれば別れる」という純粋な関係

性とは異なっている。

　概念的に整理してみると，純粋な関係性には２つの側面があることがわかる。[12]
夫婦関係についていえば，１つは「夫婦関係が関係性からもたらされる情緒的
満足のみによって維持される」ということ，もう１つは「結婚が社会的地位や
稼ぎといった関係性の外部から自由になる」ということである。後者はわかり
やすく言うと，社会的地位が違うケース（例えば富裕層の女性と低所得者の夫の場
合など）でも，２人の間の情緒的なマッチングがあれば関係が成立する，とい
うことである。「愛は地位の壁を乗り越える」というわけだ。

　社会学においては，類似の属性の男女が結婚することを「**同類婚**」と呼ぶが，[13]
「関係性がその外部から自由になる」という純粋な関係性の理論からは，同類
婚が減少することが予測できる。というのも，地位や稼ぎといった外的要因か
ら自由に人々がマッチングするからである。

　しかし，先進国でも実際には同類婚，具体的には学歴同類婚は減っていない
と考えられている。依然として，大卒の男性は大卒の女性と，高卒の男性は高
卒の女性と結婚することが多いのである。

　同類婚が減少しない理由として考えられることは，社会的地位と趣味・趣向
あるいは考え方・態度とが連動している，という事実である。純粋な関係性の
１つの要素は，「関係から得られる（金銭的ではない）情緒的な満足」によって
形成・維持されるということであった。ここで，情緒的な満足が得られる関係
とは，何も一時の恋愛感情で結びついた関係だけでなく，日常生活において，
考え方や話題，趣味（音楽や読書傾向のみならず，テレビ視聴傾向や食べ物の好み）
が合致した人どうしの持続的な関係であろう。そして，社会的地位（例えば学
歴）と，考え方や趣味は，ある程度連動している。「情緒的に満足のいく人と[14]
結婚したら，結果として同じ学歴だった」ということが多々ありうるのである。
情緒的な満足のみを追求して相手を選ぶことは，結婚を外部の社会的地位から
自由なものにしておらず，むしろ社会階層を固定化するように作用しうるので
ある。

⑤　夫婦の情緒的関係のこれから

　家族・夫婦関係が，農業・自営業の時代における経済的な関係から，雇用労
働の時代における自立した者どうしの情緒的な関係に変化した，というのが，
夫婦の情緒的関係についての社会学の共通した知見である。ただ他方で，ボッ
ト仮説は夫婦関係についての別の予測を可能にする。もし人々が結婚の外の関
係を持続的にもち続け，そこから情緒的満足を得ることができるのであれば，
夫婦の緊密な情緒的関係は弱まる可能性もある。その意味では，近代家族の理
論は経験的な検証に開かれた仮説なのである。　　　　　　　　（筒井淳也）[15]

▷12　Ⅵ-1 でも参照した
筒井淳也，2014，「親密性
と夫婦関係のゆくえ」『社
会学評論』64(4): pp. 572-
588を読んでほしい。

▷13　同類婚
同類婚（homogamy）とは
同じ特性をもつ者どうしの
結婚。同類婚にはさまざま
な側面がある。地位の同類
婚（例えば学歴同類婚）の
ほかにも，同じ宗教・宗派
どうしが結婚する宗教同類
婚，同じ人種・民族どうし
が結婚する民族同類婚など
がある。逆に，地位その他
の属性が異なる男女が結婚
することを「異類婚」（ex-
ogamy）と呼ぶ。

▷14　人々のライフスタイ
ルと格差の関係については，
山田昌弘・小林盾編，2015，
『ライフスタイルとライフ
コース』新曜社など参照。

▷15　Ⅰ-10 参照。

Ⅵ　夫婦間の情緒的関係：理論から家族をとらえる(5)

 さらなる理論的展開の可能性

 そもそも夫婦関係とは何か

　夫婦関係，あるいは一般的に結婚関係も徐々に変化しつつある。ここで，典型的な夫婦関係の特徴とは何かを考えることで，結婚における情緒的関係についてのさらなる理論的展開の可能性を逆照射することができる。

　まず夫婦関係とは，たいていの場合，セクシュアルな関係である。つまり，少なくとも一定の段階においては恋愛・性愛が含まれており，この点においてその他の家族関係や友人関係とは異なっている。特に「夫婦」関係という場合，セクシュアルな指向性は異性愛を指すことが多い。

　第二に，夫婦関係は恋愛関係の一種であるため，排他的な関係になる。つまり，特定の誰かと関係をもっている間は，その他の人と同様の関係をもたないことが期待される。もちろん浮気・不倫は実際上生じることもあるが，そういった行為が隠されている限り，関係の排他性の規範は通用している。排他性の規範が「ない」とは，堂々と複数の人間と恋愛関係を取り結ぶ状態を指すのだが，そういった状況は稀である。

　第三に，結婚とはたいていの場合，法律婚を指している。つまり何らかの法的な義務や権利が関係に影響する，ということである。

同性愛

　多くの先進国で同性婚が認められるようになってきており，また（特にレズビアンカップルの間では）同性カップルが子どもをもつ例も増えてきている。これに対応して，同性婚あるいは同性カップルと，異性婚・異性カップルにおける情緒的関係の比較を行った研究も，北米を中心に徐々に蓄積されつつある。

　ただし，異性カップルと同性カップルの情緒的関係を比較することには一定の難しさもある。情緒的関係に影響する関係の長さ（持続年数）や社会的地位がそもそも異なっているからだ（概して，同性カップルは関係をもった期間が短く，他方で平均的に高学歴層が多い）。「条件をそろえた上で」異性関係と同性関係を比較することの意味については議論しなければならない。さらに，一部社会では同性関係は隠される傾向が強く，関係外からのストレスが当事者の関係に悪影響を及ぼすことが知られている。

▷1　日本では同性カップルについての統計が整備されていないが，アメリカの信頼できる調査によれば，アメリカ国内には約65万組の同性カップルが住んでいて（51％が女性どうしのカップル），そのうち約23万組は法的に結婚しているか，あるいはそれに準じる公的な認証を得ている。また，異性カップルの約45％に18歳以下の子どもがいるが，同性カップルにおいては20％前後である（https://williamsinstitute.law.ucla.edu/wp-content/uploads/ACS-2013.pdf）。

❸ 夫婦関係の排他性

すでに説明した通り，排他的な関係とは，特定の個人との関係が他の個人との関係を排除するような関係を指している。現在の結婚は性的な意味での排他性が強く，結婚している個人は配偶者に対して不貞をしないという民事上の責任を負わされる。

ただ，古代日本の結婚には対偶婚が多くみられたといわれている。[2] 対偶婚とは，夫婦が同居しておらず（多くの場合夜に夫が妻を訪ねる妻問婚），それに応じて性的な排他性が弱い結婚のかたちである。つまり，結婚している男性も他の女性の家に行って関係をもつこともあれば，結婚している女性に配偶者以外の男性が訪ねてきて関係をもつこともあった。このような自由な結婚は中世になると消滅し，男女の関係は対等でなくなり，女性は男性の所有物としての位置づけを与えられることが多くなる。いわゆる家父長制の浸透である。

結婚や恋愛関係における性的排他性の規範は，現在でも基本的には存続している。社会によっては一夫多妻制があり，また先進国を中心に「ポリアモリー」と呼ばれる 3 人以上の継続的性愛関係もみられるが，[3] これらの関係で排他性の規範が不在であるわけではない。多くの妻をもつ夫も，妻ではない女性と自由に関係をもてるわけではない。ポリアモリーにおいても，性関係は完全に自由ではなく，関係者間の同意や理解が重視されており，こういった感情的な調整はしばしば非常に難しいものになるといわれている。

結婚を含む性的に排他的な関係が将来においてどう変わっていくのかについては，排他性の意味を踏まえた上での理論的な考察が必要であろう。

❹ 結婚と同棲

欧米諸国では，法律的な結婚をせずにセクシュアルな排他的関係を継続させるカップルが増えてきている。同棲のまま子どもをもつカップルも多く，スウェーデンでは生まれてくる子どもの半数近くにおいて，親は結婚していない。[4]

同棲については実証的研究の蓄積がなされており，結婚と同棲における情緒的関係の比較研究も多い。概して同棲関係は婚姻関係よりも解消されやすい。そのため理論的には，より安定的・永続的な関係を志向している結婚の方が当事者の満足度が高いという予測が可能である。他方で，同棲は解消されやすいがゆえに関係継続をより純粋に関係満足度に依存しているため，[5] 法律で外的に縛りをもたせた結婚よりも情緒的に良好な関係である，という予測もできる。

経験的には，一般に法律婚カップルの方が同棲カップルよりも関係満足度が高いという傾向が観察されている。より長期的な関係を前提としたつきあいの方が情緒的な満足を得られやすいという解釈が可能であろう。　（筒井淳也）

▷2　日本における古代の結婚については，関口裕子・服藤早苗・長島淳子・早川紀代・浅野富美枝，2000，『家族と結婚の歴史』森話社が入門としてよいだろう。

▷3　ポリアモリーについては，深海菊絵，2015，『ポリアモリー』平凡社がわかりやすい。

▷4　日本における同棲の統計については，西文彦・菅まり，2008，「『非親族の男女の同居』の最近の状況」『統計』2008年 1 月号などがある。日本の同棲については以下を参照。国立社会保障・人口問題研究所，2017『現代日本の結婚と出産──第15回出生動向基本調査（独身者調査ならびに夫婦調査）報告書』p. 25；岩澤美帆，2005，「日本における同棲の現状」毎日新聞社人口問題調査会編『超少子化時代の家族意識──第 1 回人口・家族・世代世論調査報告書』毎日新聞社，pp. 71-106。

▷5　Ⅵ-2 で説明した純粋な関係性を参照。

Ⅶ 中期親子関係：理論から家族をとらえる(6)

1 中期親子関係の現状

1 中期親子関係の「誕生」

　平均寿命の伸長により，私たちは50年間という長きにわたる親子関係を経験するようになった。この長期にわたる親子関係期間のなかで，成人親子の対等で互恵的な関係から成り立つ時期としての中期親子関係期が出現したといわれる[41]。中期親子関係とは，前期親子関係（未成年子とその親）と後期親子関係（高齢の親を扶養する時期）の中間に位置づけられるものであり，「親子がともに成熟したおとなとして互いに社会的な相互作用を期待されるような関係[42]」である。人生50年時代における親子関係では，人生の前半と後半では，親子の勢力関係やケア役割が逆転するものととらえられてきた。ところが人生80年時代においては，対等な大人どうしとしての中期親子関係期が伸長し，1920年代には5年程であったものが1990年代にはおよそ12年と倍以上になった[43]。前期や後期における親子関係では，固定的な支援の与え手と受け手としてのある種の上下関係や不平等な関係が前提とされるが，中期親子関係期では，互恵性・互酬性や対等性という観点から世代間の相互作用をとらえることが可能となる。

　中期親子関係が親子関係研究において注目されるようになったのは欧米では1970年代，日本では1990年代以降のことである。それ以前の親子関係研究は前期と後期に注目が二分されてきた。中期親子関係では，互いに機能的に自立し，情緒的な交流を深め合うような関係が求められているといわれる一方で，「われわれは親子が大人同士として，どのような社会関係をいかにして発達させていけばいいのか，まだ十分には理解できていない[44]」とも指摘されてきた。それでは，現代社会において中期親子関係の様相を把握することにどのような意義があるのだろうか。

2 生涯を通しての親子関係を把握

　先述のように，従来の親子関係研究は前期と後期に二分される傾向にあり，さらに子育てやしつけ，老親扶養や介護など，それぞれのテーマごとに個別に研究される傾向にあった。しかし，各テーマの知見の解釈においても，すべてのライフステージを通しての親子関係の把握は必須である。例えば老親扶養は，伝統的規範が薄れ新たな規範がないまま状況適合的に親子きょうだいの関係のありように流されるもの，それまで築いた互いの信頼関係の上に成り立つもの

▷1　宮本みち子，2000，「社会変動下の『若者と家族』研究の展開と方法」『家族社会学研究』12(1)：p. 96。

▷2　正岡寛司，1993，「ライフコースにおける親子関係の発達的変化」石原邦雄ほか編『家族社会学の展開』培風館，p. 75。

▷3　春日井典子，1996，「中期親子関係における共有体験」『家族社会学研究』(8)：p. 139。

▷4　正岡寛司，1993，「ライフコースにおける親子関係の発達的変化」石原邦雄ほか編『家族社会学の展開』培風館，p. 67。

になりつつあると指摘されてきた。そうであれば，中期における親子の交流や情緒的つながりが老親扶養や介護など後期親子関係に及ぼす影響は無視できない。未成年子と親との関係が成人子と親との関係をどう規定するのか。さらに高齢の親の扶養や介護にどのような影響を及ぼすのか。親子関係の累積的効果を把握する上でも中期親子関係は重要な位置を占める。中期親子関係は，いわば前期と後期の橋渡しとしての役割を担っている。

3 顕在化する世代間ギャップと連帯

中期親子の子側の年齢層は若年層・中年層であると想定されるが，この時期は学卒後の就労，結婚など人生における大きなライフイベントを経験する時期でもある。そして結婚や出産などによって親子の交流はより密なものとなりやすい。ただしその一方で，価値観などの意識や生活習慣の齟齬も顕在化しやすい。また中期親子の親側は，「サンドイッチ世代」とも呼ばれるように，自分の子と親の双方からケアを求められる状況になりやすい。例えば，娘からは孫の育児サポートを求められる一方で，自分の親に介護が必要となるというように。自分の子と親とのはざまで，双方の世代との世代間ギャップを経験する可能性が考えられる。世代間の価値意識やライフスタイルの相違は親子間の情緒的つながりにも影響を及ぼすことになる。

4 若者の抱える困難への注目

青年期から成人期への移行の変容も中期親子関係への注目を促した。未婚化，晩婚化や非婚化，そして若年層の非正規雇用化は，誰もが学校を卒業して安定した職に就き，結婚して家庭を築くことで「大人」になるという道筋を前提とすることを難しくしている。このことは，「大人どうしの親子関係」としての中期親子関係のあり方を問い直す契機ともなった。

未婚成人子の親子関係研究の嚆矢として，宮本みち子らの一連の研究が挙げられる。青年期から成人期にむかう時期に経験するべきとされてきた学卒後の正社員としての就職，離家，結婚というイベント経験の長期化やそれに伴う親への依存の長期化によって，従来の発達段階が設定した青年期と成人期との間にあらたに「脱青年期（ポスト青年期）」と呼びうる移行段階が生じていると指摘された。90年代には居心地のいい親元に留まる未婚成人子の姿が「パラサイトシングル」として話題になったが，2000年以降は若年非正規雇用問題との関連から，結婚する経済的余裕がなく，親元に留まらざるをえない若者の問題として議論されることとなった。さらにそうした若者問題の放置の結果として，80代の高齢の親に依存する50代の子という状況が生じていることも社会問題として認識されつつある。

(中西泰子)

▷5 森岡清美，1993，『現代家族変動論』ミネルヴァ書房；ギデンズ，A.，松尾精文・松川昭子訳，1992，『親密性の変容』而立書房。

▷6 宮本みち子・岩上真珠・山田昌弘，1997，『未婚化社会の親子関係』有斐閣。

▷7 山田昌弘，1999，『パラサイト・シングルの時代』筑摩書房。

VII 中期親子関係：理論から家族をとらえる(6)

 中期親子関係を説明する諸理論

1 家族変動論と中期親子関係

　産業化や都市化に伴う家族・親族構造の変容を把握しようとする研究蓄積の中で，成人子が結婚した後も核家族で孤立化するのではなく，自分の親など親族との関係を保持し，相互に支援や交流を行っていることが確認されてきた。日本では特に家制度の衰退が成人子と親との居住関係や交流，情緒的な連帯にどのような影響を及ぼすのかが戦後の家族社会学の大きな関心事となってきた。直系家族制の家族規範の残存，あるいは夫婦家族制の浸透の程度を測定する方法として重視されてきたのが世代間関係における非対称性の把握である。具体的には，親との同居や交流が夫方親族に偏るのか（父系），妻方親族に偏るのか（母系），それとも双系的になるのかが議論されてきた。アメリカの親族関係は双系的な規範があるにもかかわらず妻方傾斜の傾向があることが指摘されてきた。一方日本の場合，家制度下での親族関係が夫側の家との関係を規範化してきたことから妻方の血族関係，例えば妻と妻の親との関係は限定的であったといわれる。

　近年の全国調査データの分析結果では，長男夫婦の夫方同居の傾向とともに，援助行動や接触における妻方親族との交流の緊密化という傾向が確認されており，直系家族制の残存と，双系的な親族関係の顕在化がともに把握されている。複数の調査研究結果を概観すると，妻方親族との交流の顕在化傾向がみられるが，ただし直系家族制の規範の弱化が単純に双系的あるいは母系への移行を結果するものではないということがうかがえる。

2 人口学的観点と中期親子関係

　中期親子関係について考える際に，少子高齢化という人口構造の変化は欠かせない視点である。具体的には長寿化による中期親子関係期の「誕生」，およびきょうだい数の減少による親子関係の変容が挙げられる。きょうだい数の減少によって長男夫婦が親と同居し，次・三男は核家族を形成するといった居住規則は成立しがたくなる。いつ誰が親と同居するのか。さらにどのような支援関係や交流関係をもつのかは曖昧になっており，その把握は中期親子関係研究の課題の1つとなっている。

　また人口学においては，成人子の親との同居は世帯動向や出生動向を規定す

▷1　Ⅰ-6 参照。

▷2　Ⅰ-5 参照。

▷3　菅原洋惠，1975，「都市における親族関係」『家族研究年報』1：pp. 72-84。

▷4　施利平，2008，「戦後日本の親子・親族関係の持続と変化」『家族社会学研究』20(2)：pp. 20-33；岩井紀子・保田時男，2008，「世代間援助における夫側と妻側のバランスについての分析」『家族社会学研究』20(2)：pp. 34-47。

▷5　落合恵美子，1994，『21世紀家族へ』有斐閣。

る重要な要因として注目されてきた。特に成人子の親との同居率は今後の高齢者扶養や介護を構想する上で重視されており，成人子側からみた親との同居率および親側からみた子との同居率の双方の点から把握されている。出生動向を規定する結婚行動の変容，いわゆる未婚化・晩婚化との関連においても未婚成人子の親との同居が注目されることとなった。従来の人口学では未婚の青年層に対する関心は薄かったといわれる[6]。それは若者がいずれ結婚して子をもつことが自明視されてきたことの裏返しであり，従来型のライフサイクルの揺らぎが，脱青年期や中期親子関係への関心を促した。マクロな人口学的条件とミクロな親子関係は，互いに因果となり連関している。

③ ライフコース論と中期親子関係

長期化かつ多様化する人生において親子はどのように結びあわされるのかを問い，生涯を通しての親子関係把握のために中期親子関係研究の必要性を見出したのはライフコース論の観点だといえる。親子はそれぞれ異なるコーホートに属するわけだが，その組み合わせのパターンは，性別や経済階層などの属性とも交差しながら中期親子関係のありようを規定している。「パラサイトシングル」や「脱青年期」概念の登場はライフコース論の観点からみれば，まさに加齢効果，コーホート効果，時代効果が集約した典型的な現象だったと指摘されている[7][8]。親から子への不均衡な支援が注目されてきたが，それは親世代が経済成長や安定雇用の時代に生き，子育てをしてきたことによって成立したと考えられる。景気や雇用の不安定化は，若者の間の世代内格差拡大やマクロな世代間不均衡を結果し，中期親子関係のありようも異なったものとなっていくと考えられる。

④ 家族情緒と中期親子関係

前期や後期にくらべて中期親子関係期では親子の役割関係が曖昧になりやすく，かわりに情緒的な親密さが意識的に構築されることになる。中期親子関係は情緒的に強い絆で結ばれもっとも親密な友人どうしのような関係を構築する期間ともいわれる[9]。しかし，親子の情緒的親密さは，ながらく前期親子関係において幼少期の親子関係の問題として扱われる傾向が強く，成人期以降の親子の親密さについての研究蓄積はまだ十分ではない。

前期親子関係においては愛着理論によって子の発達と親子の情緒的つながりとの関連が把握されてきた。愛着（アタッチメント）とは「特定の人物への情緒的依存」のように定義されている[10]。近年では生涯を通しての親子間での愛着の変容を把握する必要が指摘され，世代間連帯の主要次元の1つとして「情緒的連帯」が設定されている[11]。さらに，親子の価値や世代間ギャップ，ライフコース上の共有体験が親子の情緒的親密さに及ぼす影響も指摘されている[12]。 （中西泰子）

▷6　佐藤龍三郎・白石紀子，2009，「青年層と成人期以降をめぐる人口学研究の展望」『人口問題研究』（44）：pp. 43-49。

▷7　 I -12 参照。

▷8　岩上真珠，2010，「未婚期の長期化と若者の自立」『〈若者と親〉の社会学』青弓社，p. 8。

▷9　春日井典子，1996，「中期親子関係における共有体験」『家族社会学研究』（8）：p. 139。

▷10　ボウルビィ，J.，黒田実郎訳，1951，『乳幼児の精神衛生』岩崎学術出版社。

▷11　Bengtson, V. L. and Roberts, R. E., 1991, "Intergenerational Solidarity in Aging Families: An Example of formal Theory", *Journal of Marriage and Family*, 53: pp. 856-870。

▷12　Rossi, A. S. and Rossi, P. H., 1990, *Of Human Bonding: Parent-child Relations Across the Life Course*, Aldine de Gruyter.：春日井典子，1997，『ライフコースと親子関係』行路社。

Ⅶ　中期親子関係：理論から家族をとらえる(6)

さらなる理論的展開の可能性

▷1　Ⅰ-11 参照。

▷2　中西泰子，2009，『若者の介護意識』勁草書房。

▷3　嶋﨑尚子，2010，「移行期における空間的距離と親子関係」岩上真珠編『〈若者と親〉の社会学』青弓社，pp. 105-124。

▷4　中西泰子，2016，「独身者の親子関係とその経済的背景」『家計経済研究』110：pp. 24-32。

　1990年代以降に蓄積されてきた中期親子関係研究だが，その課題や展開可能性は大きい。まず，世代間関係を把握する主要次元としての援助や相互交流，情緒的連帯などについて，それぞれの次元が個別に検証されることが多く，主要次元間でどのような関連があるのか，すなわち中期親子関係の全体像についてはまだ十分に把握できているとはいえない。さらに中期親子関係には，前期と後期の橋渡しとしての意義も期待されてきた。前期から中期への移行については，「脱青年期」概念などを通して検討が重ねられ，中期から後期への移行については老親扶養意識を用いての検討などが行われているが，データの限界も大きく今後の検討や精緻化が必要である。親子ペアデータやパネルデータ，回顧データなどの蓄積や利用可能性を確立していくこと，さらに質的データ分析の充実などが求められているといえよう。
　今後の中期親子関係研究の展開において鍵となる視点の1つは，ネットワーク論であると考えられる。家族を閉じたものとしてみないネットワーク論の視点は，親子関係がネットワークの中でどのような位置づけにある場合にどのように機能するのかを把握できる。また，離婚・再婚などによって多様化・複雑化する家族の範囲を可変的にとらえることによって，ステップファミリーの中期親子関係などについても検討することができる。さらにジェンダーと階層の視点も欠かせない。両者は互いに関連しながら，中期親子関係のありようを規定している。母娘間の親密さなど中期親子関係において顕在化する男女差の背景には，男性稼ぎ主型の性別分業家族がある。この男性稼ぎ主型を前提とした社会制度の限界は経済格差や貧困問題としてあらわれ，家族関係を介して再生産されることにもなる。

１　成人子への親の干渉をどう解釈するか

　親の干渉をどう解釈するかは，親子間の自立と依存の問題，そして親子の情緒的親密さの解釈と深く関連する問題といえる。未婚成人子と親との関係についても，当初は離家しない子の甘えと子離れできない親という観点（パラサイトシングル）が中心となった。実証研究では，空間的自立と親の干渉程度とは関連がないことや，親との同居と情緒的親密さはむしろ負の関連であることなどが指摘されているが，親との同居が親との情緒的親密さと同一視され，さらにはそれが子の甘えと解釈される傾向は根強い。親子の親密さを揶揄する言葉

としてはマザコンやファザコンなどもあるが，それらの概念も実証的検討を経ているわけではない。そして近年日本においても話題となりつつあるのが「ヘリコプターペアレンツ」である。常に上空で子を見守り，先回りして世話を焼く親の姿をあらわした言葉である。大学や会社，結婚相談所において子よりも主体的に動き積極的に支援する「過干渉」の親の姿を揶揄したものであるが，そうした現象や批判への実証研究はほとんどなされていない[45]。ヘリコプターペアレンツのような現象をどう解釈するか，ここでは関連すると考えられる2つの仮説を紹介する。1つは，親あるいは子の社会的地位や成長とは独立して緊密さを強めるあらたな傾向が現代の親子関係の様相だという説[46]。もう1つは，マクロな世代間不均衡によって若年世代にかかる負担を家族内のミクロな世代間関係における不均衡な支援によって補填しようとしているという説[47]である。2つの説のうち後者のいう社会状況が前者のような傾向を招いているとも考えられる。親世代のような生き方を歩むことや次のライフステージへのスムーズな移行が難しくなる一方で，抜本的な社会制度改革は行われずオルタナティブは提示されていない。制度のひずみで葛藤を抱えるのは個人であり，もはや支え合うのは家族しかいないという状況が生じているとすると，問題は親子の個人的な未熟さというよりも社会制度の構造的帰結といえる。欧米の研究では，成人子の親子関係について明らかに矛盾した2つの規範があると指摘されている。1つはライフコースを通じて互いに助け合うべきという義務規範，もう1つは家族の支援から離れて自立しなければならないという自立規範である。この矛盾した2つの規範は日本の親子関係にもあてはまり，制度の不備を隠すために都合よく使い分けられているように思われる。

② 中期親子関係からの問い直し

中期親子関係を端的に定義すれば元気な親と成人子との関係であるが，そのことに由来する親子関係のありようについて，いくつかの特徴が付記されてきた。ここまでも提示してきたが，中期親子関係に関する先行研究を概観すると，親子は互いに「自立・自律」しており，「対等」かつ「互恵的」で，「情緒的親密さ」の強い「大人」の関係にあると述べられている。こうした特徴は前期あるいは後期親子関係との比較から相対的に導きだされたものという点で妥当なものといえるが，「自立・自律」や「大人」の基準や，「対等」や「互恵的」であることの内実，さらに「情緒的親密さ」の性質や解釈枠組みについては今後議論が重ねられていく必要があるといえる。さらにいえば，中期親子関係研究において「自立・自律」「大人」「対等」「互恵的」「情緒的親密さ」といった概念や実態について検討していくことは，親子関係だけでなく個人と社会のつながりのあり方を問い直していくことにつながるだろう。　　　　　　（中西泰子）

▷5　批判の根拠として，子の発達や社会適応を妨げるという理由が挙げられることが多いが，欧米の研究結果では，親からの熱心な支援を受けた子の社会適応の程度や生活満足度は相対的に高かったという。ただし，子によい影響を与えるのは，親の支援が子側のニーズと合致している場合のみであるという結果もある。Fingerman, K. L. et al., 2012, "Helicopter Parents and Landing Pad Kids: Intense Parental Support of Grown Children", *Journal of Marriage and Family*, 74(4): pp. 880-896.

▷6　▷3の文献参照。

▷7　岩上真珠, 1995,「人口変動と世代間関係」『家族社会学研究』(7): p. 35.

VIII　きょうだい関係：理論から家族をとらえる(7)

 きょうだい関係の現状

1　子どもの発達・達成へのきょうだい関係の影響

　きょうだい関係について多くの人々が関心をもつのは，「お姉ちゃんはしっかりもの」「末っ子はあまえんぼう」といった，きょうだいによる性格の違いについてであろう。あるいは，もう一歩踏み込んで，「ひとりっ子は芸術家にむいている」「弟の方が大学に進学することが多い」「女きょうだいがいる男性は結婚にむいている」など，その将来に言及することもある。

　学問的に言えば，これらは，きょうだい関係が子どもの発達や達成に及ぼす影響に関心をむけたものである。実際に，このような研究は古くから存在し，日本では依田明らの一連の心理学的な研究が有名である。依田らは，小中学生の2人きょうだいの分析から，長子（兄・姉）は自制的，ひかえめ，親切で，次子（弟・妹）は快活，甘ったれ，依存的などの傾向があることを示した。海外でも似たような傾向が観察されている。

　きょうだいによる違いは，幼少期の性格にとどまらず，後の達成にもみられる。特に大学への進学率などの教育達成については，比較的研究が進んでいる。日本では，少なくとも1980年代以降でみれば，長子の方が次子よりも大学進学率が高い。このような傾向はやはり海外でも同様にみられるが，文化的な条件によりそれほど確固たる関係ではない。例えば，日本でも以前はまったく逆の傾向（次子の方が進学率が高い傾向）があった。これは急速な高学歴化の時代ではその影響を下の子の方が受けやすかったという事情や，「長子は家業を継ぐので学は必要ない」という考えの影響などが予想されている。

　また，教育達成ほどわかりやすくはないが，職業選択の傾向や結婚の選択などについても，きょうだいとの関係が研究されている。現代社会で，きょうだい関係が，何らかのかたちで子ども期の発達や社会化，その後の達成やライフコース上の重要な選択と関わっていることは間違いない。

2　きょうだい関係の多面性

　しかし，ここで「きょうだい」という概念が多面的な要素で複雑に構成されていることに注意しなければならない。一般的に，きょうだい構成は「きょうだい数」「出生順位」「出生間隔」「性別構成」という4つの側面をもつものとして整理される。そして，これらは互いに深く関連しあっている。例えば，き

▷1　家族研究では，性別や出生順位を区別しない兄弟姉妹（sibling）は「きょうだい」とひらがな表記が一般的である。

▷2　依田明・深津千賀子，1963，「出生順位と性格」『教育心理学研究』11(4)：pp. 81-91；依田明，1990，『きょうだいの研究』大日本図書など。

▷3　磯崎三喜年，2016，「きょうだい関係の意味するもの」『子ども社会研究』22：pp. 177-189。

▷4　平沢和司，2004，「家族と教育達成」渡辺秀樹・稲葉昭英・嶋﨑尚子編『現代家族の構造と変容』東京大学出版会，pp. 327-346；保田時男，2009，「きょうだい内での学歴達成」藤見純子・西野理子編『現代日本人の家族』有斐閣，pp. 36-45。

ょうだい数が3人，4人と多くなるに従って，子どもが「長子」である確率は当然下がる。また，限られた期間で多くの子どもをもつには，それぞれの出生間隔（きょうだい間の年の差）が狭くなければならない。きょうだい数が多くなるほど，同性・異性のきょうだいがそろっている可能性は高くなる。

このように考えると，何らかの調査で「長子の方が○○である」「ひとりっ子は○○しやすい」といった傾向がみられても，その本当の原因が「長子」や「ひとりっ子」にあるのかどうか，簡単には特定できない。関連する他の側面に本当の原因があるのかもしれないからである。

❸ きょうだいの人口学的変化に関する統計

そのため，きょうだいの人口学的変化に関する統計情報を正確に知っておくことは非常に重要になる。日本のきょうだいに関する公的な基本統計は，「出生動向基本調査」によって得られる。[5]

きょうだい数の変化に関しては，特に誤解が多いので注意が必要である。少子化の進行と並行してきょうだい数は減少し続け，ひとりっ子も増えたと考えられがちであるが，実際には戦前の平均4人以上の水準から戦後に急落した後は，約30年もの間，平均きょうだい数は2.2人前後の横ばいで推移してきた。ひとりっ子の割合も1割弱で変化がなかった。少子化の進行は，結婚しない人々が徐々に増えたためで，結婚した夫婦がもつ子ども数（すなわち，きょうだいの数）には長年ほとんど変化がなかったのである。

この様子に変化が生じたのは，1980年代後半に結婚した夫婦の頃からで，このあたりから急速に3人以上のきょうだいが減少し，ひとりっ子も倍増した。夫婦の完結出生児数（夫婦が最終的にもつ子ども数）は一般に結婚15～19年で判断されるので，このようなきょうだい数の減少が公的統計で明らかになってきたのは，比較的最近のことである。2015年の「出生動向基本調査」では，夫婦の完結出生児数の平均（すなわち平均きょうだい数）は1.94人まで下がっている。この傾向はさらに進行する可能性がある。

また，ほぼ同じ頃に，きょうだい間の出生間隔（つまり年の差）が広がる現象が起こっていることにも注意が必要である。かつてのきょうだい間の出生間隔はおよそ2年が圧倒的多数派で半数以上を占めていたが，その割合は1990年代に結婚した夫婦あたりから減少しており，2015年の統計では35.6%まで減少している。代わりに，およそ3年差が27.6%，およそ4年以上の差が生じるきょうだいが28.3%を占めるようになっている。[6]

これらの変化に伴って，出生順位や性別構成の分布にも当然変化が生じる。きょうだいの全体的な構成が関わるこれらの要素への影響は複雑なので，ある程度の予測は成り立つものの，やはり統計資料の確認が重要である。[7]

（保田時男）

▷5 「出生動向基本調査」は国立社会保障・人口問題研究所によって5年に一度実施されている標本調査である。国立社会保障・人口問題研究所，2017，『現代日本の結婚と出産——第15回出生動向基本調査（独身者調査ならびに夫婦調査）報告書』

▷6 「第15回出生動向基本調査」における第1子と第2子の出生間隔から算出した。24ヶ月前後の19～30ヶ月差をおよそ2年の差とみなし，同様に31～42ヶ月差をおよそ3年，43ヶ月以上の差をおよそ4年以上とみなした。出生間隔の広がりは，別のデータでも示されている。保田時男，2015，「年の差きょうだいはなぜ増えているのか」筒井淳也・神林博史・長松奈美江・渡邉大輔・藤原翔編『計量社会学入門』世界思想社，pp. 133-143。

▷7 官庁統計からこのような情報を得ることは意外と難しいが，公開データの2次分析から変化が読み取れる。西野理子，2009，「長男長女と一人っ子が増えた？」藤見純子・西野理子編『現代日本人の家族』有斐閣，pp. 26-35。

Ⅷ　きょうだい関係：理論から家族をとらえる(7)

 きょうだい関係を説明する諸理論

 きょうだい関係を理論化する難しさ

　日本の家族社会学では，きょうだい間の役割やライフコースの違いを取りあげる研究は多くなされてきた。それは，きょうだい間の差異（とりわけ長男の特殊性）が伝統的な「家」制度の影響を測る指標として注目されたからである。その一方で，きょうだい関係（きょうだい間の影響の仕方）を直接検討する研究は不足しており，今後の理論的な精緻化が求められる分野である。

　きょうだい関係は，一般的に理論化が複雑な家族関係とみなされている。その1つの理由は，きょうだい関係が「ナナメ」の関係だからである。親子関係や教師・生徒関係のように上下がはっきりしているタテの関係とも，夫婦関係や友人関係のように対等性の強いヨコの関係とも異なり，きょうだい関係はこの両方の側面をもっている。きょうだいとのナナメの関係を経験することは，タテの関係のなかで護られ育てられた子どもが，社会のなかでスムーズにヨコの関係を築く上で助けになっていると考えられている。

　きょうだい関係の理論化が複雑なもう1つの理由は，きょうだい関係がライフコース全体にわたる長期的な関係だからである。多くの人々は誕生から生涯を終えるまで，人生の大部分の期間をきょうだいと共有する。それは親子関係よりも夫婦関係よりも長い最長の家族関係である。きょうだい関係の理論化は，このライフコース全般を視野に入れなければならない。

▷ 1　山口順子・田中理絵，2008，「きょうだいと子どもの社会的発達に関する研究」『山口大学教育学部研究論叢第3部　芸術・体育・教育・心理』58：pp. 193-203；Downey, D. B. and Condron, D. J., 2008, "Playing Well with Others in Kindergarten: The Benefit of Siblings at Home," *Journal of Marriage and Family*, 66(2)：pp. 333-350.

② 資源を分けあうのか，資源を生み出すのか

　きょうだい構成のあり方（きょうだい数，出生順位，出生間隔，性別構成）が，何らかのかたちで子どもの発達や達成に影響することは，広く認められている。きょうだい関係がそうした影響力をもつ理由は，大きく分けて2つの仮説から説明される。

　1つは，きょうだいによる「資源希釈仮説」である。親が子どもに与えられる資源（お金や物品，費やす時間など）は有限であるから，きょうだいが多いほど，1人あたりに与えられる親からの資源は相対的に少なくなると予想される。その結果として性格的な発達に違いが出たり，学歴などの達成が低められたりするという理論である。実際に，きょうだい数が多いほど進学率が低くなる傾向などは，多くの時代・文化で観察される。また，このような希釈の影響は，

100

出生順位が下の子どもほど強く受けると予想される。長子は一定の期間，親の資源を独り占めできるのに対して，下の子はより長期間きょうだいと資源を分けあわなければならないからである。進学率でいえば，実際に下の子どもほど不利になる傾向がしばしば観察される。[42]

　もう1つは，きょうだいによる「資源供給仮説」である。きょうだいはその存在自体がお互いに有益な資源となりうる，という考え方である。ナナメの関係にあるきょうだいからは対人関係などのスキルを身につけることができ，その結果が発達や達成に影響する可能性がある。実際に，ひとりっ子と比べると，きょうだいがいる方が友人関係をうまく築きやすいという調査結果がある。[43]また，もっと直接的に年上のきょうだいから経済的資源がもたらされることや，きょうだいを介して親族ネットワークが拡大する恩恵も考えられる。

　つまり，きょうだい関係には親の資源を分けあうマイナスの面と，きょうだい自体が資源を生み出すプラスの面の両方が考えられるということである。これは，どちらか一方の面のみが正しいということではなく，両方が絡み合って（そして置かれた条件によってその絡み方が複雑に変化しながら）実際の子どもの発達や達成に影響を与えていると考えられる。

❸ 依田による関係性の4分類

　資源供給仮説はきょうだい関係がもたらす肯定的な面に注目しているが，実際のきょうだい関係はきょうだいごとに多様であり，否定的な関係性が築かれることもある。依田明らは，きょうだいの関係性を「対立関係」「調和関係」「専制関係」「分離関係」の4つに分類する基本枠組みを提案している。[44]この分類で描き出されているきょうだい関係の特徴は日常的な実感にも近く，分類枠組みの有効性を物語っている。例えば，男きょうだいの方が女きょうだいよりも対立関係が多いこと，長子の方がきょうだい関係を専制関係と認識しやすく次子は同じ関係を分離関係とみなしやすいこと，出生間隔が狭いと対立関係が増える傾向，1960年代の調査と比べ1980年代の調査では対立関係が減って調和関係が増えていることなど，興味深い知見が得られている。

❹ 資源希釈仮説と選択的投資仮説

　親からの資源をきょうだいで分けあうことを仮定する資源希釈仮説は，多くの社会において一定の妥当性が認められている。さらにその洗練が進められており，資源が単純にきょうだい間で均等に分けあわれるのではなく，親が特定の子どもに集中的に資源を投入する可能性（選択的投資仮説）が検討されている。例えば，伝統的な日本家族では長男が明らかに特別な地位にあることが認められた。それぞれの社会でどのようなしくみで選択的な投資がなされているのか，どのような時代的な変化があるのかといった研究が進められている。[45]（保田時男）

▷2　平沢和司, 2004, 「家族と教育達成」渡辺秀樹・稲葉昭英・嶋﨑尚子編『現代家族の構造と変容』東京大学出版会, pp. 327-346；平沢和司・片瀬一男, 2008, 「きょうだい構成と教育達成」米澤彰純編『SSM調査シリーズ5 教育達成の構造』pp. 1-17；Steelman, L. C., Powell, B., Werum, R., and Scott C., 2002, "Reconsidering the Effects of Sibling Configuration: Recent Advances and Challenges," *Annual Review of Sociology* 28: pp. 243-269.

▷3　▷1の文献参照。

▷4　専制関係とは兄の命令に弟が従う，というように一方が優位な関係である。また，分離関係は積極的なやりとりがみられない並行的な関係を指す。対立・調和関係はおよそ文字通りと考えてよい。早川孝子・依田明, 1983, 「ふたりきょうだいにおけるきょうだい関係」『横浜国立大学教育紀要』23：pp. 81-91。

▷5　▷2の文献参照。

Ⅷ　きょうだい関係：理論から家族をとらえる(7)

 さらなる理論的展開の可能性

 きょうだい構成の変化の影響

　日本のきょうだい数は戦後の約30年間，平均2.2人でほぼ変化なく推移してきたが，1980年代の後半頃から緩やかな減少傾向が始まった。特に，ひとりっ子の割合はかつての2倍近くになっている。また，同じ時期にきょうだいの出生間隔も平均的に拡大しており，4歳差以上のきょうだいも一般的になった。

　このような変動は，きょうだいと子どもの発達・達成との関連性にどのような変化をもたらしているのか。現在の日本のきょうだい関係について研究する上でもっとも注目すべきは，このような変化について実態を把握し，そのしくみを説明することであろう。

　これまでのきょうだい研究では，ひとりっ子の発達や達成の特殊性がしばしば指摘されている。ひとりっ子が増えることは，単にそのような子どもの割合が増えることを示すのか，それともひとりっ子が多数派に転じることにより，発達や達成への影響の仕方自体も変わってくるのだろうか。同じように，かつてのきょうだいは2歳差の間隔が圧倒的な多数派で，4歳や5歳も間が開くことは稀であった。間隔が広がることは家族のなかでの子育て期の長期化を意味する。その結果として何が起こるのであろうか。

　別の変動として，ステップファミリーがきょうだい関係に与える影響についても考える必要がある。子どものいる夫婦の離婚・再婚が増加すると異父きょうだい，異母きょうだいも一般化していくが，それに対応する研究は日本ではまったく不足している。この変動が理論的にもつ意味は存外に大きい。きょうだい関係は一生涯にわたる関係であるという前提が崩れ，きょうだい関係が途中で破綻したり新たに発生したりする可能性が高まることになるからである。

▷1　野沢慎司，2008，「ステップファミリー研究の動向」『家族社会学研究』20(2)：pp. 71-76。

2 高齢期のきょうだい関係への注目

　まったく別の視点として近年注目されているのは，高齢期のきょうだい関係である。従来，きょうだい関係については幼少期の発達やその後の達成に関心が集中してきた。しかしながら，きょうだい関係はライフコース全般にわたり，高齢期までその関係は続く。

　高齢期のきょうだいは，お互いにサポート源や参照基準として活用されている可能性が指摘されている。結婚しない人々や子どもをもたない人々が増加し

た結果，家族からのサポートが期待しにくい高齢者の割合は増加している。そのような高齢者にとって，きょうだいは最後にあてにできる家族サポート源と考えられる。実際に，配偶者や子どもがいない高齢者はきょうだいと頻繁に接触しやすいことやサポート源としての期待が高まることがわかっている。特に女きょうだいではこの傾向が強い。[2]

　また，社会情勢が急速に変化するなかで高齢者が自身の生活を考えるときに，比較的条件が似ているきょうだいの生活を参考にすることが増える可能性が指摘されている。これはあたかも幼少期にきょうだいとの関係を通した学習によって子どもが社会化されていくのと同じように，きょうだいが高齢期に再び「社会化のエージェント」になるという仮説である。[3]高齢者は，きょうだいの様子から自身が今どのように暮らすべきかを学習する。自分と同じ家庭で生まれ育ち，考え方や生活環境が似ているきょうだいは，近隣住民や友人よりも信頼できる参照基準となりうるわけである。

　また，実際的なやりとりとは別に，きょうだい関係が高齢期にもつ内面的な意味も見逃せない。自分の人生を振り返ったとき，そのルーツとしてきょうだい関係の重要性をあげる高齢者は多い。幼少期から同じ環境，同じ時代を生き，長い関係性をもつきょうだいが，高齢者の人生の意味づけに重要な役割を果たす。きょうだいとの「関係性の歴史」は，ライフコース的な意味でもネットワーク的な意味でも高齢者にとって重要な位置づけを与えられるわけである。[4]

③　調査・分析手法の発展

　きょうだい関係の研究はその重要性のわりには実証的な研究が不足している。ナナメの関係の複雑さや，ライフコース全般にわたることの難しさもあるが，研究を妨げるもう1つの大きな要素がデータを収集・分析することの困難である。例えば夫婦関係が2者関係で，親子関係が（父母と子の）3者関係と形式が一定なのに対して，きょうだいはその人数からして多様で，定式的なデータ分析が難しい。また，幼少期のきょうだいを扱う際には，子どもを調査することの独特の難しさを伴う。きょうだいのいずれもが子どもなので，通常の質問紙調査が行いにくく，また年齢差による認知能力の差が同世代の友人関係以上に調査を難しくする。

　このような困難はあるものの，古くは依田明らが用いたイラストによるTAT法（thematic apperception test）を応用したり，近年ではきょうだい数が多様でも統計的な分析を可能にする**マルチレベル分析**[5]の応用が広がるなど，その調査・分析の方法は工夫されている。このような調査法・分析法の発展は，複雑なきょうだい関係の研究にとって特に重要であることを指摘しておきたい。

（保田時男）

▷2　保田時男，2016，「成人期のきょうだい関係」稲葉昭英・保田時男・田渕六郎・田中重人編『日本の家族 1999-2009』東京大学出版会，pp. 259-274。

▷3　安達正嗣，1999，『高齢期家族の社会学』世界思想社。

▷4　吉原千賀，2006，『長寿社会における高齢期きょうだい関係の家族社会学的研究』学文社。

▷5　**マルチレベル分析**
マルチレベル分析は，標本調査のデータ構造が多層的（マルチレベル）な場合の統計分析を適切に行うための技法である。きょうだい関係のデータでは，同じ親のもとに複数の子ども（きょうだい）がいる2層のデータを分析するために役立つ。保田時男，2016，「成人期のきょうだい関係」稲葉昭英・保田時男・田渕六郎・田中重人編『日本の家族 1999-2009』東京大学出版会，pp. 259-274。

IX　祖父母・孫関係：理論から家族をとらえる(8)

祖父母・孫関係の現状

歴史的にユニークな祖父母・孫関係

「あたりまえ」のように思われている現在の祖父母と孫の関係は，構造的には，平均余命の伸長や死亡率の減少・出生率の低下という人口変動によって，歴史上で非常にユニークな経験となっている可能性がある。

この可能性はまず，祖父母と孫の関係の長期化という点において考えられる。0歳児の平均余命である平均寿命ほどではないが，中年期以降の各年齢における平均余命も伸長しており，祖父母と孫のライフコースがオーバーラップする期間が伸びている。例えば，1947年の65歳時の平均余命は男性が10.2年，女性が12.2年なので，この年に65歳で初孫が誕生した場合には，平均的には，小学生の孫とまでしか祖父母・孫関係が期待されなかった。それに対して2015年の65歳時の平均余命は，男性が19.4年，女性が25.2年なので，この年に65歳で初孫が誕生すると，平均的には成人に達する孫との祖父母・孫関係が期待できるだろう。

乳幼児の死亡率だけでなく中年期から高年期への移行期にある人々の死亡率が低下したことも，祖父母・孫関係の構造的側面に影響を及ぼしている。65歳まで生存する割合は1947年では男性が39.9%，女性が49.2%であったが，2015年には男性が88.8%，女性が94.2%となっている。それゆえ，上で述べた長期化した祖父母・孫関係は，一部の長生きをした人たちの間だけではなく，現在では多くの祖父母に「あたりまえ」なものとして経験されるようになったと考えられるだろう。

さらに出生率の低下も，祖父母・孫関係に構造的な変化をもたらしている。正確には子どもの死亡率も考慮する必要はあるが，単純に考えれば，出生率が高かった時期と現在のように出生率が低い時期では，祖父母1人あたりの孫の数に相違があると考えられる。上でみた長期化した祖父母・孫関係という点も含めて考えれば，平均余命が短く合計特殊出生率が高かった時期と，平均余命が伸長し合計特殊出生率が低下した時期との間には，「相対的に多くの孫と，相対的に短い期間成立する祖父母・孫関係」と「相対的に少ない孫と，相対的に長期間成立する祖父母・孫関係」という構造変化が生じたと推測される。

▷1　1947年と2015年の各平均余命は，次の資料による。厚生労働省政策統括官，2017,『第22回　生命表』厚生労働統計協会。

▷2　20世紀の平均余命の伸長は，晩産化を考慮しても祖父母・孫関係の長期化に影響があったと考えられているが，日本と同様に晩産化が生じているドイツでは，21世紀にはいってからは，平均余命の伸長の効果が晩産化の進行によって相殺されるようになった可能性が指摘されている。Leopold, T. and Skopek, J., 2015, "The Delay of Grandparenthood: A Cohort Comparison in East and West Germany," *Journal of Marriage and Family*, 77: pp. 441-460.

▷3　死亡率のデータは，▷1に同じ。

② 規範的な祖父母役割行動の不在と非干渉原則

祖父母・孫関係を中心的主題とした研究は少ないが，他の主題の研究において得られた祖父母による孫の世話やしつけ・教育などに関する知見は，20世紀の後半から現在にかけての祖父母役割の特徴を浮かび上がらせる。

そうした知見で留意したいのは，孫の世話などの祖父母の役割行動が，親の子育て援助として位置づけられていることである。親（特に母親）が仕事などで子どもの世話ができない際に，そのサポートを祖父母が担うということである。これは現在では「あたりまえ」のことのように思われるだろうが，そうした今日の祖父母役割の位置づけは，「戦前の三世代同居の直系家族では，祖親と両親の双方が教育機能の行使にあたって，おたがいに責任をなにほどか分有していた[4]」という指摘にみられるそれとは異なっている。

親の子育て援助という祖父母の位置づけは，具体的な祖父母の役割行動が規範としては存在していないという，現在の祖父母・孫関係に関わる大きな特徴と関連する。戦後は公的な「家」制度が廃止され，上で紹介したように，戦前の3世代同居の直系家族でみられたような祖父母役割は小さくなった。他方で，孫の養育に関して祖父母は口を出さず，孫の親から求められたときのみ孫の世話に関わるという，西洋社会で一般的な非干渉原則が戦後の日本社会でも広がった[5]。そのため，孫の居住地や孫の母親の就業状態などによって，孫の親の要請という枠組みのもとで，実体的な祖父母役割行動が生じたり生じなかったりする。この規範的役割行動がないという祖父母役割の不確実性は，非干渉原則と同様に，近代化が高度に進行した日本以外の社会でも報告されている。

③ 積極的な育児エージェント化と祖父母のステレオタイプ像

働く女性の増大などで，近年では育児エージェントとしての祖父母の重要性が増大している。いくつかの自治体でも，子育て支援施策の一環として，「孫育て」を支援するための祖父母手帳やガイドブックを発行している。ただしそうした祖父母の積極的な育児エージェント化も，孫の親の要請によって生じる場合が多い。「孫育て」ガイドブックでも，孫の親の意向の確認の重要性，すなわち非干渉原則の例外規定が明示されている場合が少なくない[6]。

「孫育て」ガイドブックでもう1つ注意すべきなのは，幼少期の孫と関係をもつ祖父母がリタイア期にあることや高齢者であることが，暗黙に仮定されていることである。例えば，「孫育て」をめぐっては「セカンドライフの充実」[7]「祖父母世代のゆったりとした時間」といった表現が用いられており，そうした記述からは，幼い孫の「お祖父さん」は「お爺さん」でもあるというような祖父母のステレオタイプ像を読み取ることができる。

（安藤　究）

▷4　那須宗一，1972，「現代社会と老人の家族変動」那須宗一・増田光吉編『講座日本の老人3　老人と家族の社会学』垣内出版，p. 21。なお，引用箇所における「祖親」とは祖父母のことを指す。

▷5　not interfering の訳語としては「不干渉」がまず考えられるが，「関心そのものもむけない」ように孫の養育に「干渉しない」のではなく，「関心はあるが口は出さない」という意味として，ここでは「非干渉」という訳語を用いる。

▷6　安藤究，2017，『祖父母であること』名古屋大学出版会。

▷7　▷6の文献参照。

Ⅸ　祖父母・孫関係：理論から家族をとらえる(8)

❷ 祖父母・孫関係を説明する諸理論

❶ 直系家族・「家」制度・家族発達

　孫の世話やしつけ・教育などの祖父母の役割行動に関しては，まず，直系家族や「家」制度の廃止，および家族周期・家族発達を理論的関心とした調査研究から知ることができる。
　例えば1970年代初頭の3世代家族に関する研究プロジェクトでは，祖父母と孫の関係が独立したテーマとして考察されているが，3世代家族がプロジェクトの対象となったのは，それが当時の中心的な世帯であり，かつ「直系家族と呼ばれる家族類型が展開する生活周期の，この家族類型をもっともよく特徴づける段階にある」ことによる。
　この戦後の直系家族に対する関心は，1つには，戦前の公的な「家」制度のもとでの直系家族との比較にある。例えば，Ⅸ-1 で引用した戦前の3世代同居直系家族における祖父母役割との対比では，「戦後の直系家族では祖父母の教育的機能は変化し，現在では祖父母と両親とのあいだで分担された教育的役割はなくなっている」と指摘され，親と役割分担されるような規範的祖父母役割のないことが，戦前と戦後の直系家族の相違という文脈で示されている。
　戦前と戦後の直系家族の相異は，高齢期の特徴を末子独立や孫の誕生といった家族周期・家族発達の観点からとらえた研究でも論じられており，そうした研究における調査結果からも，戦後の祖父母役割行動の不確実性が示唆される。例えば1970年のデータを用いた分析では，食事は一緒に食べていて「3世代家族内の核家族境界はほとんどない」にもかかわらず，「子どもの世話としつけに関しては，老人に任せるというのは共働きの家族を除いて皆無で，老人に一切タッチさせないというのが，子どもの世話の場合は34％，しつけの場合は38％であった」と報告されており，同じ3世代同居でも，どの祖父母にも適用されるような規範的な役割行動はなかったことが読み取れる。

❷ 核家族化論・ネットワーク論

　核家族化論の進展は，核家族ユニット外の家族的関係への関心を相対的に小さくしたという逆説的な意味でも祖父母・孫関係の研究に影響を与えたものの，核家族世帯における子育てへの関心から育児ネットワークという概念を用いた研究へとつながり，それらの調査結果においては，親の子育て援助としての祖

▷1　藤本信子, 1976,「祖父母・孫の関係」上子武次・増田光吉編『三世代家族』垣内出版, pp. 175-195。

▷2　上子武次, 1976,「複合家族の分布と研究紹介」上子武次・増田光吉編『三世代家族』垣内出版, p. 9。

▷3　那須宗一, 1972,「現代社会と老人の家族変動」那須宗一・増田光吉編『講座日本の老人3　老人と家族の社会学』垣内出版, p. 22。

▷4　山根常男, 1972,「老人の地位・役割の変化」那須宗一・増田光吉編『講座日本の老人3　老人と家族の社会学』垣内出版, p. 237。

父母の役割行動が示されることとなった。

　例えば1980年代の調査では，さまざまな育児資源もしくは育児ネットワークを利用して育児が行われていたことが示されている[5]。直接的な子育て援助ということでは，親族や友人・近所の人の中では祖父母がもっとも大きな役割を果たしていたが，援助者が夫か祖父母という状況では，「祖父母と夫が，祖父母との距離によって，代替的に役割を果たしている[6]」ことや，祖父母の孫の養育への関わりが都市部と非都市部で異なることなどが報告されている。こうした知見はやはり，親との間で分担された，一定の祖父母役割行動が規範的に存在したわけではないことを示しているといえよう。

❸ ライフコース論

　[Ⅸ-1]でみたように，20世紀の第4四半期から現在にかけて，育児エージェントとしての祖父母の重要性が増した。その背景に女性のフルタイム雇用の増加があることは容易に推測されるが，ここで注意したいのは，育児エージェントとしての祖父母の重要性の増大は非干渉原則の例外規定のもとで生じており，非干渉原則の枠組み自体は崩れていないことである。この点については，ライフコース論の基本的な分析視点から説明が試みられている[7]。

　歴史的文脈の考慮というライフコース論の分析指針の1つを念頭におくと，戦後の男性稼ぎ主モデルの一般化（近代家族化）とその揺らぎという家族変動の2つの局面を，西洋と比較すれば日本が比較的短期間で経験したことは重要である[9]。短期間に生じた変化であるために，20世紀の第4四半期から21世紀の初めでは，この2つの家族変動の局面のどちらも経験した，しかも異なる家族的地位で経験した祖父母は少なくないと考えられる。戦後の男性稼ぎ主モデルの定着過程で親となり，男性稼ぎ主モデルの揺らぎの局面で祖父母となったということである。そうした祖父母は，孫の養育に祖父母は口を出さないという非干渉原則を親の立場で内面化し，親の立場で祖父母・親・孫関係を累積的に経験してゆくなかで[10]，その非干渉原則がより強固な価値意識となっていったと考えられよう。したがって，祖父母として孫の養育に積極的な育児エージェントとして関わる場合も，それは非干渉原則の枠組みがなくなったからではなく，あくまでも非干渉原則の例外規定の適用のもとで，すなわち孫の親の要望によって関与するということである。

　ここでもう1つ注意したいのは，やはりライフコース論の基本的な分析指針である人々の人生の相互依存性の視角の重要性である。働く女性の増加など男性稼ぎ主モデルの揺らぎは祖父母世代よりも孫の親世代のライフコースにより大きくあらわれている。すなわち，そうした男性稼ぎ主モデルの揺らぎは，孫の母親のライフコースの変化を通して祖父母の孫の養育への関わり方に影響を及ぼしているということである。

（安藤　究）

▷5　落合恵美子，1989，「育児援助と育児ネットワーク」『家族研究』創刊号：pp. 109-133。

▷6　▷5の文献のp. 114。

▷7　安藤究，2017，『祖父母であること』名古屋大学出版会。

▷8　[Ⅰ-12]参照。

▷9　落合恵美子，1994，『21世紀家族へ』有斐閣。

▷10　これもライフコース論の分析概念の1つである。[Ⅸ-3]参照。

Ⅸ 祖父母・孫関係：理論から家族をとらえる(8)

 さらなる理論的展開の可能性

 福祉国家の類型と祖父母・孫関係

　孫の母親のライフコースの変容によって育児エージェントとしての祖父母の重要性が増大したことは，家族変動が祖父母・孫関係に及ぼす影響を国際比較の視点から考えていく必要性も示している。フルタイム雇用の女性が多い社会のすべてで，祖父母が積極的な育児エージェントとなっているわけではないからである。

　例えば高度な福祉国家である北欧では，女性の就業率が高いものの，祖父母による育児支援は公的な保育サービスへの追加という位置づけであり，親（特に母親）の代わりとして孫育てをするわけではない。そのため祖父母は，家族の子育てを助けるという意味で「家族の救済者」(family saver) とされている。それに対して同じヨーロッパでも，公的な育児支援があまり充実していない南欧の祖父母は，孫の母親の就労を可能とする上で欠くことができない存在という意味で，「母親の救済者」(mother saver) と位置づけられている。

　男性稼ぎ主モデルの揺らぎの局面で，育児エージェントとしての重要性が高まった日本の祖父母（特に祖母）は，南欧型に近いと理解できるだろう。このように，社会保障制度・福祉国家システムの相違に留意して，祖父母・孫関係の特徴を国際比較のもとで考えることは，育児エージェントしての祖父母に関わる施策を検討する上でも必要である。

② 祖父と祖母：累積的なプロセスと生涯にわたる変化

　ここまで祖父・祖母を一括りにして「祖父母」としてきたが，祖父と祖母の相違も重要な検討課題である。祖父と祖母の違いについては，父親と母親の相違のような，男性性／女性性の軸に沿った相違を示す調査研究は多い。しかし他方では，祖父と祖母の相違があまりないという指摘も少なくない。

　このような複雑な調査結果を部分的にでも理解する上で，生涯にわたる発達というライフコース論の分析視角の1つは助けとなる。この分析視角に従えば，発達や加齢は累積的なプロセスと生涯にわたる変化の両方の点から考える必要がある。累積的プロセスの視点では，1つのライフステージで生じたことを，それ以前のステージと切り離して考えることは適切ではないとされる。祖父と祖母の相違も，孫の誕生以降の諸条件のみで規定されるのではなく，そこに反

▷1　Herlofson, K. and Hagestad, G. O., 2012, "Transformations in the Role of Grandparents across Welfare States," Arber, S. and Timonen, V., eds., *Contemporary Grandparenting : Changing Family Relationships in Global Contexts,* Policy Press, pp. 27-49.

▷2　祖父・祖母の相違だけでなく，孫のジェンダーおよび祖父母・孫のジェンダーの組み合わせも考える必要がある。さらに，そこに父系・母系による相違が加わると，より複雑な関係性となる。大まかにみれば，日本でも他の社会でも，これまでの調査結果からは母方の祖母と孫との関係の緊密性・親密性が指摘されている。

▷3　以下の内容は，安藤究，2017，『祖父母であること』名古屋大学出版会参照。

映されている，それまでのライフコースの展開の累積的な影響も考慮して分析していく必要がある。現在の祖父母は男性稼ぎ主モデルの影響のもとで家族を形成し，ジェンダー化されたライフコースをたどってきたと考えられるため，祖父と祖母の相違が，父親と母親の相違に類似することは不思議ではない。

他方で，生涯にわたる変化という視点からは，中年期以降に変化が生じる可能性も浮かび上がる。平均余命の伸長によって高齢期が長くなり，男性が中年期までのように稼ぎ手役割を担うことができない期間も伸びた。そのため男性の性役割意識が強固に内面化されていても，高齢期に典型的な男性性とは一致しない祖父のスタイルが生じる場合は考えられよう。女性の場合も，出生数の減少によって日常的な母親役割が中年期までとなることで，女性に割り当てられてきた家族領域の外部での活動が，中年期以降に相対的に増大している可能性がある。その結果，典型的な女性性とは距離のある祖母のスタイルとなるケースも推測されるだろう[4]。

❸ 祖父母のステレオタイプを超えて：タイミングの視点

IX-1 でみたように，子育て支援施策の一環として自治体が発行する「孫育て」ガイドブックでは，幼い孫の世話に関わる祖父母が高齢期・リタイア期にあることが，暗黙に仮定されていた。こうした「お祖父さん」と「お爺さん」を同一視するような概念的混同は，広く社会のなかでみられる[5]。

しかし，祖父母という地位は子どもが子どもを生むことで獲得されるので，「祖父母になること」は，社会的に「高齢者になること」とはそもそも別の次元の出来事である。また，どのようなタイミングで祖父母となるかは，子どもが親となるタイミングに依存している。したがって初孫が生まれたときに，祖父母が「孫育て」ガイドブックで仮定されているような「セカンドライフ」「ゆったりとした時間」という状況にあるかどうかは不確かである。

実際，祖父母となる年齢にはかなり幅があり，40代で初孫が生まれる人もいれば，70代で初めて祖父母となる場合もある[6]。そのため，時間的に余裕があるというステレオタイプ的な祖父母イメージとは異なり，孫が生まれるタイミングによっては，その孫の世話という役割が，祖父母自身の親の介護や職業役割と重なって，役割間の葛藤が生じる場合も稀ではない。

ライフコース論では出来事を経験するタイミングの影響が重視される[7]。祖父母となるタイミングが，祖父母のライフコース上のさまざまな領域の出来事とどのような関係にあるかを検討することは，祖父母・孫関係の多様性の理解につながる。そしてそうした多様性の理解は，祖父母のステレオタイプ的なイメージを相対化し，孫の育児エージェントとしての祖父母に関わる次世代育成支援の施策のあり方を考える上でも有益となろう。 （安藤　究）

▷ 4　生涯にわたる発達という分析視点のもとでは，成長した孫と祖父母との関係というテーマも重要である。日本の高校生を対象とした調査（清水美知子・兵庫県家庭問題研究所，1995，『家族相互のふれあいに関する調査研究報告書』兵庫県長寿社会研究機構家庭問題研究所）や，小学生から大学生までを対象とした調査（杉井潤子，2006，「祖父母と孫との世代間関係」『奈良教育大学紀要（人文・社会）』55(1)：pp. 177–189）はあるが，依然として調査研究は非常に少ない。

▷ 5　安藤究，2017，『祖父母であること』名古屋大学出版会。

▷ 6　家族社会学会が1998年に行った全国家族調査（NFRJ）のデータを用いた初孫誕生年齢の推計結果では，初孫誕生のタイミングが遅くなったコーホートでも，男性の50％が60歳までに，女性の50％が55歳までに初孫誕生を経験している。また推計結果のグラフからは，65歳までに初孫誕生を経験している割合が男女とも約8割近くに達していることが読み取れる（加藤彰彦，2000，「家族キャリア」日本家族社会学会全国家族調査（NFR）研究会『家族生活についての全国調査（NFR98）No. 1』：pp. 39–49）。

▷ 7　 I-12 参照。

X 親になること・妊娠と出産：理論から家族をとらえる(9)

 1 親になること・妊娠と出産の現状

1 産むこと／産まないこと

　子どもを産むことは、家族をつくるための重要な機会の1つである。なぜなら、産まれる前から胎児を案じ、産まれた後には世話をして可愛がることで、その子どもとの間に、また子どもをめぐって他の家族との間にも、新しい家族関係がつくられていくからである。

　結婚していない人々にとっても、子どもをもつことが、新しい家族生活をはじめる大切な理由だと考えられている。全国調査によれば、独身者（18歳以上50歳未満）にとって「結婚の利点」の1位は「子どもや家族をもてること」である（男性35.8％，女性49.8％）。女性にとって、他の利点はすべて30％未満なので、とりわけ重要な要素であるらしい。しかし現実には、子どもの出生が減り続けている。なぜなのか。

　まず、歴史的変化をみてみよう（**図X-1-1**）。**合計特殊出生率**の動きをみると、第二次世界大戦後は、1950年代中盤までの急減期（同時に中絶が急増）、その後の安定期、1970年代中盤以降の漸減期に分けられる。1970年代の漸減の要因は、晩婚化と未婚化である。1990年代以降、それらの要因に加えて結婚した夫婦の子ども数も減っている。原因の1つは、晩婚化による出産の遅れである。現在、女性が第1子を出産する平均年齢は30歳を超えているが、それは1980年の第3子出産の平均年齢よりも高い。

2 出産のタイミングと中絶

　出産のタイミングも変化している。妊娠後に結婚して出産する「妊娠先行型結婚」は、1975年には初婚の7％弱だったが、2010年には2割近くを占めるようになった。ただし、20歳未満の母親の出産の8割、20～24歳の約6割が妊娠先行型で、20歳代後半は2割、30代は1割と年齢による違いが大きい。

▷1　国立社会保障・人口問題研究所編、2017、『現代日本の結婚と出産――第15回出生動向基本調査（独身者調査ならびに夫婦調査）報告書』(http://www.ipss.go.jp/)。

▷2　合計特殊出生率
合計特殊出生率とは、15～49歳の女性の年齢別出生率を合計したもので、これを1人の女性が産むと仮定した数値。

▷3　内閣府、2015、『平成27年版少子化社会対策白書』(http://www8.cao.go.jp/)。

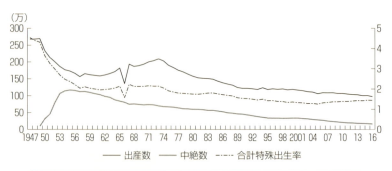

図X-1-1　出産数、中絶数（左Y軸）および合計特殊出生率（右Y軸）の推移

注：右Y軸目盛は0-5、5が左Y軸の300に相当。
出所：国立社会保障・人口問題研究所編、2018、『人口の動向　日本と世界　人口統計資料集2018』一般財団法人厚生労働統計協会より筆者作成。

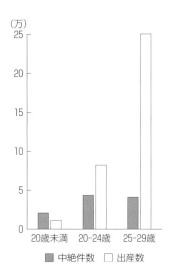

図X-1-2　中絶件数と出産数（嫡出／非嫡出）

出所：図X-1-1に同じ。および厚生労働省，2017，『人口動態統計調査』(https://www.mhlw.go.jp/)より筆者作成。

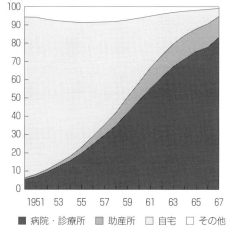

図X-1-3　出産の場所と立会者の変化

出所：厚生省，1951-1968，『人口動態統計』より筆者作成。

▷4　岩澤美帆・鎌田健司，2013，「婚前妊娠結婚経験は出産後の女性の働き方に影響するか？」『日本労働研究雑誌』659: pp. 17-31；厚生労働省，2016，『平成27年　出生に関する統計（人口動態統計特殊報告）』(https://www.mhlw.go.jp/)。

しかし，妊娠すれば必ず結婚して出産するわけではない。妊娠には，そのほかの選択肢として未婚母と中絶があるからだ。20歳未満の出産のうち未婚での出産は約3割である。そして図X-1-2によれば，20歳未満の妊娠は，妊娠先行型結婚でも未婚母でもなく，中絶される場合のほうが多いことがわかる。

3　出産と医療化

子どもを出産する場合，出産場所と出生を証明する人（立会者という）にも変化がある。特に大きな変化のあった時期を図X-1-3に示す。1950年頃まで，ほとんどの子どもは自宅で生まれ，立会者は助産師で，当然のことながら家族が子どもの誕生を囲んでいた。50年代から60年代に出産場所が病院・診療所に移り，医師が立会者となり，家族は分娩の場に立ち入れなくなった。最近は，分娩への夫の付き添いが増えている。

近年，出産の場所と立会者はさらに**医療化**が進んだ（2016年時点で，病院・診療所99.2%，医師立会95.1%）。医療への依存は，妊娠そのものにも及んでいる。体外受精，顕微授精，凍結精子・卵子や凍結胚，胚移植など高度な生殖補助技術（略称 ART）による出産は年々増加し，2015年に全出生の5%を超えた。

（田間泰子）

▷5　厚生労働省，2018，『人口動態調査』(https://www.e-stat.go.jp/)。

▷6　藤田真一，1988，『お産革命』朝日新聞社。島田三恵子，2013，『母親が望む安全で満足な妊娠出産に関する全国調査』(minds4.jsqhc.or.jp) では，2011年で過半数。変化については田間泰子，2015，「奈良の出産事情」白井千晶編『産み育ての歴史』医学書院，pp. 289-293参照。

▷7　医療化
医療化とは，それまで医療で取り扱われていなかったできごとが，医療の対象になっていくことである。

▷8　厚生労働省，2018，『人口動態調査』(https://www.e-stat.go.jp/)；齊藤秀和ほか，2017，「平成28年度倫理委員会　登録・調査小委員会報告」『日本産科婦人科学会雑誌』69(9): pp. 1841-1915。

Ⅹ　親になること・妊娠と出産：理論から家族をとらえる(9)

2 親になること・妊娠と出産をめぐる諸理論

▷1　Caldwell, J. C., 1978, "A Theory of Fertility: from High Plateau to Destabilization," *Population and Developmental Review*, 4: pp. 553-577.
▷2　Becker, G. S., 1960, "An Economic Analysis of Fertility," Coale, A. J. ed., *Demographic and Econom-*

1　家族社会学のブラック・ボックス？

妊娠から出産に至る過程は，ながらく家族社会学にとってブラック・ボックスだった。図Ⅹ-2-1は，日本の家族社会学で発達モデルとされてきた2つのタイプを示している。親世帯にいた男性と女性が結婚し，当然のように第1子ができることになっている。しかし，現代の多くの現実はこれとは異なっている。直系家族制の段階3，夫婦家族制の段階2に至るまでに，実にさまざまなできごとがあった上で，子どもはようやく出生し，子育て期に移る。親になる／ならないことをめぐる（特に女性の）この期間の複雑なプロセスは，家族関係の形成に深く関わる問題である。

2　経済的要因に注目する理論的アプローチ

これを経済的要因から説明しようとする理論的アプローチは経済学の流れを汲むもので，コストとベネフィットを考える。マクロな水準では，社会の人口扶養力と人口数のバランス，経済開発や人口政策が分析対象である。また公衆衛生や公教育，老後の年金制度など近代化や西欧化の影響を歴史的視点から論じる研究もある。社会の経済的水準が低いと親が子どもから得る利益が大きく，経済的水準が高まると子どもにかかる費用が高まるので子ども数が抑制されるという「富の流れ理論」が代

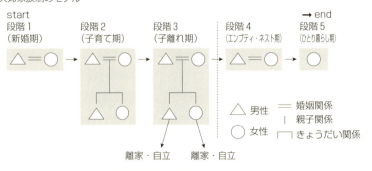

図Ⅹ-2-1　2つの家族発達モデル

注：直系家族制と夫婦家族制は日本の家族の2つの理念型である。森岡清美は，戦後日本は直系家族制から夫婦家族制へ移行しつつあるとした。[1-3]参照。
出所：森岡清美, 1993, 『現代家族変動論』ミネルヴァ書房。

表的である。

ミクロな水準では，人々の子どもをもつ／もたないという選択を経済的利害から説明しようとする。例えば，子どもを「耐久消費財」的とみなして子どもの「質」への「投資」を論じたり，女性の家庭での無償労働をコストとみなして人々がどのように子どもをもつ／もたないを決断するかを理論的に論じたりしたベッカーの研究が著名である。

ただし，これらのアプローチには2つの前提がある。第一に人々は経済的に合理的な判断に従うという前提，第二に子どもを産み育てることのコスト・ベネフィットを経済的価値のみで計算できるとする前提である。

❸ 社会文化的要因に注目する理論的アプローチ

そこで，社会文化的要因に注目することも必要となる。子どもがどのような価値をその社会で有するかは，多様かつ歴史的に変化する。子どもの価値は，労働力，家や氏族の継承，親の老後扶養，階層の上昇手段，夫婦の愛の証など多様であり，日本でもこの数十年で大きく変化したことがわかっている。男児の誕生を女児よりも優先する男児選好も，多くの社会でいまだ影響をもっている。もちろん，人々が常に経済学的に合理的な判断に従うとは限らない。

子どもの価値に加えて，社会文化的要因には，性関係および婚姻に関わる宗教や慣習・文化も含まれる。婚姻の規制，避妊や中絶の難易，婚外の性関係とそれによって生まれる子どもの許容度など，多くの要因が影響する。育児の負担を考えて子どもをもつかもたないかを統制する社会では，育児を担う社会関係（家族関係を含む）のあり方も，重要な要因となる。

❹ 歴史的変化の視点と社会統制論的視点

具体例として，子ども数の変化を考えてみよう。多様に分布していた子ども数が短期間に少数に集中した。これを日本で可能にしたのは，何よりもまず，当時の人口政策（中絶・避妊の合法化と「家族計画運動」）である。

生殖の統制に関わる社会規範をもたない社会はこれまで発見されていない。妊娠と出産が諸要因に影響を受けて歴史的に変化するという視点，そして妊娠と出産に対して社会統制として作用する要因が存在するという視点も必須である。

（田間泰子）

ic Change in Developed Countries, Princeton University Press, pp. 209-240; Becker, G. S., 1965, "A Theory of the Allocation of Time," *Economic Journal*, 75 (299): pp. 493-517.
▷ 3　家族が階級上昇のために子どもに教育を与えるという，P. ブルデューの文化資本論に基づく教育戦略論が有名である。
▷ 4　内閣府編，2004，『平成16年版少子化社会対策白書』。
▷ 5　Goodkind, D., 1996, "On Substituting Sex Preference Strategies in East Asia: Does Prenatal Sex Selection Reduce Postnatal Discrimination ?," *Population and Development Review*, 22(1): pp. 111-125；国立社会保障・人口問題研究所編，2017，『現代日本の結婚と出産――第15回出生動向基本調査（独身者調査ならびに夫婦調査）報告書』(http://www.ipss.go.jp/)。
▷ 6　1953年に政府により採用された「子どもは2人」とする人口政策。

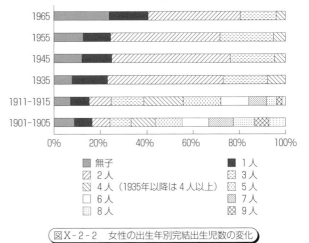

図Ⅹ-2-2　女性の出生年別完結出生児数の変化

出所：1915年までは，青木尚雄，1965，「昭和37年第4次出産力調査結果の概要（その3）」『人口問題研究』95：p. 39, 1935年以降は▷5の国立社会保障・人口問題研究所編（2017）より筆者作成。

X 親になること・妊娠と出産：理論から家族をとらえる(9)

少子化論

1 妊娠と出産に影響する諸要因

子どもを得る過程に影響する諸要因の関係を，まとめて図X-3-1に示す。経済的要因と社会文化的要因は，性関係・妊娠から出産に至るまで，ミクロな個々の行動の水準でも，制度などのマクロな水準でも作用する。これらの要因のうち「制度」は政策や規範意識として統制的に作用するものである。

ただし，妊娠や出産は母体の状態と深く関係するので，自然環境的要因と，妊娠・出産能力や寿命に影響を及ぼす保健衛生や栄養・科学技術といった社会環境的要因を考慮しなければならない。また，個人の生殖能力の違いは大きく，年齢などによる能力の変化や，カップルの組み合わせも影響する。受精から着床・出産に至るまでには偶然の障害や病気も存在し，妊娠の継続や子どもの生死に影響する。個々の経験を1つの理論でとらえることは難しい。

2 政策的少子化論

このように複雑な諸要因が関わる妊娠と出産は，個人と家族にとって新たな社会関係の始まりであるが，社会集団の人口再生産を担うものでもあるから，社会全体にとっての重要な課題でもあり，政策立案の基盤でもある。

日本では，家族計画運動の普及し始めた1950年代後半から1973年まで，迷信によって出生率が急落した1966年を例外として，合計特殊出生率は2強を維持し，人口はほぼ置換されると予測されていた。1974年から合計特殊出生率が緩やかに下がり始めたが，日本経済がバブル期にあった1980年代には，高齢社会の到来は指摘されだしたものの少子化はさほど懸念されなかった。少子化が社会問題となり少子化論が登場するのは，1990年の「1.57ショック」以後である。それからも政府の対策は緩やかであったが，2003年にようやく少子化社会対策基本法が制定された。この法律にそい，人口の維持と少子化対策を目的としたアプローチを政策的少子化論としよう。

政策的少子化論は，人口データによる少子化の要因分析を基盤に，政策を指向する。X-1 で述べたように，出生率低下の要因として未婚化・晩婚化・晩産化が析出されている。他方，意識調査によると独身者の8割以上は「いつか結婚したい」と考えており，婚姻外の出産は非常に抑制されている。これらから，政策的少子化論は「人々は結婚して子どもを2人ほど産み育てたいはず

▷1 1989年の合計特殊出生率が戦後の最低記録（1966年の1.58）を下回る1.57を記録したことを，マスメディアが一斉に報道したことによる。

▷2 国立社会保障・人口問題研究所編，2017，『日本の人口動向とこれからの社会』東京大学出版会；内閣府，各年，『少子化社会対策白書』；大淵寛・阿藤誠編，2005，『少子化の政策学』原書房ほか。

▷3 国立社会保障・人口問題研究所編，2017，『現代日本の結婚と出産——第15回出生動向基本調査（独身者調査ならびに夫婦調査）報告書』(http://www.ipss.go.jp/)。

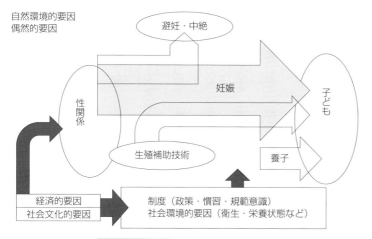

図X-3-1　子どもを得るプロセスと要因

注：右下部の「養子」は現代日本では非常に少数であるが，前近代には多く行われた「子どもをもつ手段」である。他方，現代的な生殖補助技術によって，父母の精子と卵子を用いないケースや，妊娠・出産を第三者の女性にゆだねるケースが生じており，それらは養子と実はきわめて近い立ち位置にある。
出所：筆者作成。

だ」と前提して立論してきた。そのため第一に，既婚者への支援が当初から少子化対策の中心である。不妊治療の支援体制が全国的に整えられて不妊治療が急速に普及するとともに，近年は共働き夫婦を前提として育児休業を含む両立支援が拡充されてきた。第二に特徴的なのは，結婚の奨励である。婚活支援のほか，独身者の結婚意欲が特に男性の収入の多寡や雇用の状況と関連するというデータに基づき，若者の就労支援が行われている。

3 政策的少子化論を問いなおす

これらの政策の偏りを批判する家族社会学の研究を少子化論とする。なかには，そもそも，日本社会がなぜ少子化してはいけないのか，という問題提起もある。それに対して，少子化は人々の家族生活を望む気持ちや社会の維持のためにも好ましくないという前提に立つ少子化論もあり，いずれも政策的少子化論が不問に付している問題を論じてきた。

例えば，育児が共働き世帯でも妻に偏っていること，育児休業の取得状況はその変革に役立っていないこと，男性稼ぎ主を前提とする長時間労働と男女間の大きな経済力格差，専業主婦・パート主婦優遇の社会保障制度などについてである。これらを家族社会学の観点からまとめれば，家族の多様なあり方，そして個々の人生の多様なライフコースを前提とした政策が，社会全体の構想として行われていないということになろう。妊娠・出産は「負担」となり，家族のあり方について選択した結果こうむる不平等が，労働市場によっても社会保障によっても是正されにくく，家族や個人に重くのしかかっているのが現代の日本社会である。妊娠・出産に関わる全過程でこれまでの前提を問いなおす時機がきている。

（田間泰子）

▷4　2015年には，男女共同参画と将来の労働者不足と合わせて考えた結果，「女性の職業生活における活躍の推進に関する法律」が制定された。また，男性の長時間労働が子ども数を抑制する要因として指摘され，これと労働政策を合わせて，2018年には「働き方改革」政策が施行された。

▷5　赤川学，2017，『これが答えだ！少子化問題』筑摩書房。

▷6　目黒依子・西岡八郎編，2004，『少子化のジェンダー分析』勁草書房；松田茂樹，2013，『少子化論』勁草書房；筒井淳也，2017，『仕事と家族』第3版，中央公論新社。

X 親になること・妊娠と出産：理論から家族をとらえる(9)

 さらなる理論的展開の可能性

 「ポスト近代社会」論から考える妊娠・出産と家族

　問いなおすべき「前提」とは，近代という歴史的状況において，家族や社会についてつくりあげられた前提である。というのも，近代化という社会変容は，前近代と異なる価値観を日本にもたらし，科学技術の発達や生活水準の向上と結びついて，妊娠と出産を人々の「選択」へと変化させたからである。

　戦後日本で成立した近代家族の理念は，法的婚姻制度のなかで，第一にセクシュアリティとしては一夫一婦制の異性愛を，第二にジェンダーとしては労働市場や社会保障制度と連動した性別分業を確立しようとするものであった。そして第三にリプロダクションとしては，人口政策によって妊娠・出産の統制を組み込んだ。つまり，日本で起きたことは，図X-3-1の左から上に向かうルート（避妊・中絶）が政策として利用可能になり，かつ安全でほぼ確実な効果をもつものになることだった。これは性関係と妊娠・出産の第一段階の分離をもたらした。

　加えて，現代には生殖補助技術によって下から右に向かうルートが技術的に可能になった。これが，第二段階の分離である。この状況を，あえて「ポスト近代社会」的と位置づける理由は，それが近代的な社会変化を徹底させつつ，同時に近代的なるものを解体してゆく性質をもつからである。

　現代では，生殖補助技術と少子化対策としての不妊治療支援によって，この第二段階が徹底されつつあるが，この技術は同時に，異性愛的セクシュアリティや法的婚姻関係などいわゆる近代家族的関係から，生殖をよりいっそう分離する。つまり，異性愛の婚姻関係がなくても子どもをもつことができる。そして，この分離によって可能となった「選択」は，国家間の経済格差や制度の違い，また個人間の社会格差を利用して，グローバルに展開されている。

　この観点からとらえなおせば，近代に確立された二元論的ジェンダーと，法的婚姻制度によって正統化された異性愛的セクシュアリティは，もはや家族形成の前提にはできなくなっている。新たに，科学技術によって可能になってしまった性と生殖の分離，法的婚姻外（未婚・非婚，夫との離死別後）の性関係から生じる妊娠，そして性別自認と性的指向の多様性を前提とすることが必要である。その上で，「選択」に影響を与える人々や国家間の現代における格差を，経済的要因・社会文化的要因に連動させつつ，視野に入れねばならない。

▷1　田間泰子，2006，『「近代家族」とボディ・ポリティクス』世界思想社。

▷2　「ポスト近代」を近代社会の諸要素がさらに徹底した社会という意味で用いる。ギデンズ，A.，松尾精文・小幡正敏訳，1993，『近代とはいかなる時代か』而立書房。

▷3　日比野由利，2013，『グローバル化時代における生殖技術と家族形成』日本評論社。

▷4　Holtog, E. and Iwasawa, M., 2011, "Marriage, Abortion, or Unwed

2 ポスト近代家族と「選択」の実践

　この「選択」に作用する諸要因について，社会制度の統制作用に注目する観点からその逸脱形態としての非嫡出子の出産抑制に関する研究があり，社会文化的要因として「ロマンティック・ラブ・イデオロギー」説や嫡出規範説も出されている。母子世帯に対する社会保障制度のマクロな国際比較研究は，人々の「選択」をとりまく社会構造として未婚母という「選択」に対する政策が貧困や差別，ジェンダー，エスニシティや社会階層と深く関わることを明らかにしている。また日本では，育児や夫婦関係，ワークライフバランスなどをテーマとする多くの先行研究があるが，妊娠前後から出産までのプロセスにも，これらのアプローチを適用することが期待される。

　ミクロな水準でみると，妊娠と出産は，自らのセクシュアリティの認識に始まり，性関係，妊娠した場合の中絶もしくは出産へと，多くの「選択」を要するプロセスであり，人間関係の変化や社会環境が重要な役割を果たす。そこで，ポスト近代という時代性を考慮し，個々人の「選択」に着目するライフコース論・ネットワーク論と家族実践（family practices）論が期待される。個人の「選択」に注目した目黒依子は，個人が人生（ライフコース）においてどのようなネットワークと社会的資源を獲得しながら家族を形成し，家族を発達させつつ自らも発達していくか，という個人と家族の動態的研究が必要だと述べている。このように，家族を常に変化する関係性としてとらえる観点をポスト近代社会における家族実践論も共有しており，その活用が日本でも期待される。

3 「選択」の時代に

　産むことの歴史は，産まないこと／産めないことの歴史とともにある。戦後の急激な少産化は「再生産平等主義」ではない。少産化は優生保護法に基づいて実現されたが，その同じ法律によって，子どもをもつ機会，家族を形成する機会を奪われた人々が存在したからである。

　これからの家族社会学は，妊娠と出産というテーマを扱うにあたり，いくつかの現代的前提をもたねばならない。それは人々と家族の多様性，そしてそれゆえに作動する「選択」の政治性，そのなかで尊重すべき人権の視点である。また，妊娠と出産というテーマは，現代では精子・卵子・受精卵・胚という生命のもっとも脆弱な状態までを含む。人々が子どもをもつという「選択」に際し，かつてない状況に直面しているという複雑性も前提にせねばならない。

　歴史を通じて，人が人の生命を完全に統制できたことはない。家族とは，本質的に偶然性をはらむ人の誕生を受け容れつくる関係である。それを可能にする社会を，家族社会学は構想せねばならない。日本を「とても子どもを生み育てやすい」国だと思う人が8％しかいない今こそ，必要である。　　　（田間泰子）

Motherhood?: How Women Evaluate Alternative Solutions to Premarital Pregnancies in Japan and the United States," *Journal of Family Issues.* DOI: 10.1177/0192513X11409333；善積京子，1993，『婚外子の社会学』世界思想社；田間泰子，2017，「日本の非婚母研究に関する社会学的課題」『女性学研究』25：pp. 66–81。

▷5　Sainsbury, D. ed., 1994, *Gendering Welfare States*, Sage ほか多数。

▷6　I-12 参照。

▷7　I-11 参照。

▷8　目黒依子，1987，『個人化する家族』勁草書房。

▷9　モーガン，デイヴィッド，H. J.，野々山久也・片岡佳美訳，2017，『家族実践の社会学』北大路書房。

▷10　落合恵美子，2004，『21世紀家族へ［第3版］』，有斐閣。

▷11　優生手術に対する謝罪を求める会編，2018，『優生保護法が犯した罪［増補改訂版］』現代書館。

▷12　関連する主要な人権は，セクシュアル・ライツ，リプロダクティブ・ライツ，および子どもの権利であり，生命倫理も深く関わる。

▷13　内閣府，2018，「少子化社会に関する国際意識調査」内閣府編『少子化社会対策白書』，p. 55（2015年調査）。

XI 家族支援：理論から家族をとらえる⑽

  家族支援の現状

 家族支援とは

　自分以外の誰かからケアを受けなければ生きられないという意味で依存的な状態であることは，子ども期には誰もが経験することである。大人になった後でも，重い病気にかかって看病が必要になったり，介助が必要な障害を抱えたり，高齢期になれば要介護状態になったりなど，人間は依存的な状態になる可能性からは逃れられない。そして，何らかの依存的な状態にある個人に対してケアを提供することが期待されるのは，往々にして，その個人の家族である。家族支援とは，このような依存を抱えた成員へのケアを提供する家族に対する支援を指すために，しばしば使われる言葉である。

　日本の福祉政策においては，1990年代に，家族を公的な福祉責任の軽減を図るための支え手とみなす「抑制の論理」から，高齢者や乳幼児の家族を福祉政策による支援の中心的な対象とみなす「支援の論理」への転換が生じたとされる。現在の日本の家族支援も，おおむねこの転換の延長線上にあるととらえることができるだろう。以下では，さまざまな家族支援のなかでも，子育て支援を中心としつつ，介護支援についても補足するかたちで，日本社会における現状を概観しよう。

② 家族支援の現状

　家族支援は，その支援が家族に何を提供あるいは保障するかによって，大きく4つのタイプに分けることができる。

　第一は，保育サービスの提供のように，家族によるケアを部分的にではあれ代替する現物給付型の支援である。近年の傾向をみると，就学前児童のいる家庭のうち，保育所や認定こども園などに入所して保育サービスを利用する家庭の割合が，2010年から2017年にかけて32.2％から42.4％へと増加している。この増加の幅は，1歳児と2歳児に限ると29.5％から45.7％とさらに大きく，3歳未満の子どものいる共働き家庭が増えていることがうかがえる。その一方で，都市部では保育所に入所を申請しても，定員超過のために入所できない待機児童が多いという問題は解消されないままであり，2010年以降は2万人以上の待機児童が存在し続けている。また，2000年からスタートした介護保険制度のもとで，高齢者が訪問介護や通所介護などの居宅サービスを利用することや，介

▷1　とはいえ，特に社会学以外の領域では，例えば犯罪加害者の家族支援のように，依存的な状態にある家族成員をケアしているわけではない人々の支援に対してこの言葉が使われることも少なくない。

▷2　藤崎宏子，2000，「家族と福祉政策」三重野卓・平岡公一編『社会政策の理論と実際』東信堂，pp. 111-137。

▷3　厚生労働省，2017，「保育所等関連状況取りまとめ（平成29年4月1日）」。なお，日本の保育園をめぐる問題については，以下の書籍による解説がわかりやすい。前田正子，2017，『保育園問題』中央公論新社。

護老人福祉施設などに入所することも，要介護高齢者の家族にとっては，現物給付型の支援の提供を受けていることになる。

第二のタイプは，ケアを担う家族に対する現金給付型の支援である。その代表的なものとしては，児童手当が挙げられる。児童手当は，子育てを担う保護者などに現金を給付することによって，子育て家庭の生活の安定を図るものである。2018年現在では，子どもが3歳未満の場合には月額1万5000円，3歳から小学校修了前までは第1子と第2子であれば月額1万円，第3子以降であれば月額1万5000円，中学生には月額1万円が支給される。なお，日本の介護保険制度では「家族を介護に縛りつける」という反対があったために現金給付は導入されなかったが，一部の自治体では，家族介護者に家族介護慰労金を支給している。

第三のタイプは，家族がケアを担うための時間を保障する支援である。例えば，育児休業制度は，1歳未満の子どもをもつ労働者が，子育てのために仕事を休むことができるという制度である。休業開始から6ヶ月の期間は開始時の賃金の67％，6ヶ月以降は50％の育児休業給付金が支給される。なお，育児休業の取得率は，女性が83.2％であるのに対して男性は5.1％と，ジェンダー差が非常に大きい。また，3歳未満の子どもをもつ労働者の1日の所定労働時間を「原則6時間」とする短時間勤務制度なども，家族が子育てに必要な時間を確保するという意味で，このタイプの支援の一種である。要介護状態にある家族の介護のために仕事を休むことができる介護休業もこのタイプにあたる。

第四には，家族のケアを担う者どうしが出会い，悩みを共有したりする機会を提供するタイプの支援がある。子育て支援においては，地域で子育て中の親子が気軽に集まって交流したり，子育てについての悩みを相談したりできる場を提供することによって，親の孤立感や負担感の解消を図る地域子育て支援拠点事業がその中心にある。この事業が現在のかたちをとるようになった2007年に4409ヶ所だった拠点数は，2017年には7259ヶ所にまで増加している。

③ 「ケアの社会化」の進行とその課題

このような支援の多くは，1990年代以降，新たに制度化されたり，以前から制度化されていても支援の内容が充実したり，多くの人に利用されるようになったりしたものである。この意味で，日本社会では，子育てや介護の負担を家族だけではなく社会全体で共有する「ケアの社会化」が進行してきた。とはいえ，育児と仕事を両立することの困難は依然として解消されてはおらず，介護保険制度のもとでも，要介護高齢者の在宅での生活は，家族の介護負担に支えられているところが大きい。つまり，家族支援がさまざまに拡充する一方で，現在も子育てや介護の負担の多くを家族が背負っていることにも注意が必要である。

(松木洋人)

▷4　ただし，児童手当には所得制限があり，例えば，扶養親族が1人の家庭の場合，手当を受ける者の所得が660万円を超えると，給付額は月額5000円になる。

▷5　例えば，大阪市では，介護保険の要介護4または5の要介護者を介護する家族に年額10万円が支給される。なお，韓国やドイツでは介護家族への現金給付が実施されている。

▷6　父親と母親の両方が育児休業を取得する場合は，子どもが1歳2ヶ月になるまで取得可能である。このしくみを「パパ・ママ育休プラス」という。また，子どもが保育所に入れないなどの事情がある場合には，子どもが2歳になるまで休業期間を延長することもできる。

▷7　厚生労働省，2017，「平成29年度雇用均等基本調査（速報版）」。

▷8　厚生労働省，2017，「平成29年度地域子育て支援拠点事業実施状況」。なお，介護支援においても，地方自治体による家族介護者交流事業やNPOによる「介護者サロン」「ケアラーズカフェ」などと呼ばれる試みがある。

▷9　齋藤曉子，2017，「家族と介護」永田夏来・松木洋人編『入門　家族社会学』新泉社，pp. 65-81；木下衆，2019，『家族はなぜ介護してしまうのか』世界思想社。

XI　家族支援：理論から家族をとらえる⑩

　家族支援をめぐる諸理論

　「ケアの担い手＝家族」という前提の問題化

　　日本の家族社会学では，1980年代以降，家族のみがケアを担うことの限界に目がむけられた。子育てについて，この転換の重要なきっかけとなったのが，牧野カツコによる母親の育児不安の研究である。牧野は，「育児の中で感じられる疲労感や気力の低下，イライラ，不安，悩みなどが解消されずに蓄積されたままになっている状態」を育児不安と呼んで，その測定を試みた。子育てを担う母親が直面する困難を実証研究の主題としたという点で牧野の研究は画期的なものであったが，それと同時に，その困難を母親の就労の有無や家族内外で形成する人間関係との関連で理解するという視角を切り開くものであった。この点で，育児不安の研究は，育児ネットワーク研究と軌を一にしていた。育児ネットワーク研究は，子育てする母親をサポートする各種の人間関係のネットワークのありようが，母親が置かれている社会的条件によってどのように異なるのかを研究の俎上に載せた。このように，育児不安と育児ネットワークの研究が，母親が子育てを背負い込むことでもたらされる問題や，家族の外部による子育てのサポートについて明らかにするなかで，家族社会学による子育てについての議論は，子どものケアの担い手を家族と等置するという前提を問題化することに重きを置くようになっていく。

　　この変化は子育てに限定されるものではなく，同時期には，家族の福祉的機能の社会的支援について包括的な議論が行われるようになる。野々山久也は，家族が多様化しているという認識のもとに，「制度としての家族」を前提とすることの問題を指摘した上で，「集団としての家族」を単位として，その機能の自立的遂行を援助する実践とサービスの体系と家族福祉を定義した。これに対して藤崎宏子は，当時の高齢者介護政策がサービス利用にあたっての「家族要件」を緩和する一方で，費用負担の主体を家族とするように定めたことなどを挙げながら，福祉政策が家族を単位とすることにこそ問題があると指摘する。そして，高齢者個人が福祉サービスの対象となり，家族介護の代替が進むことによって，「高齢者の福祉」と「家族の福祉」が同時に実現することが目指されるべきであると主張する。このように，「家族に対する福祉」と「個人に対する福祉」のいずれを目指すかという立場の違いはあるものの，「家族による福祉」を前提とすることが批判の対象になっている点は，現在の家族社会

▷1　牧野カツコ，1982，「乳幼児をもつ母親の生活と〈育児不安〉」『家庭教育研究所紀要』3：pp. 34-56；牧野カツコ，1983，「働く母親と育児不安」『家庭教育研究所紀要』4：pp. 67-76。

▷2　落合恵美子，1989，『近代家族とフェミニズム』勁草書房；松田茂樹，2008，『何が育児を支えるのか』勁草書房。

▷3　高齢者・障害者の介護・介助を中心にこの変化をレビューしたものとして，以下の論文がある。井口高志，2017，「ケアの社会学と家族研究」藤崎宏子・池岡義孝編『現代日本の家族社会学を問う』ミネルヴァ書房，pp. 57-84。

▷4　野々山久也，1992，「家族福祉の視点とは何か」野々山久也編『家族福祉の視点』ミネルヴァ書房，pp. 7-38。

▷5　藤崎宏子，2000，「家族と福祉政策」三重野卓・平岡公一編『社会政策の理論と実際』東信堂，pp. 111-137。

学による福祉的支援についての議論におおむね共通している[46]。

② 福祉レジーム論とその日本社会への応用

　家族支援の社会学的研究が展開する上で重要な役割を果たした理論が，G.エスピン＝アンデルセンによる福祉レジーム論である[47]。福祉レジームとは，ある社会において，福祉の生産が国家と市場と家族の間でどのように配分されているかを理解するための概念である。エスピン＝アンデルセンは，市場の役割が中心的な自由主義レジーム，家族の役割が中心的な保守主義レジーム，国家の役割が中心的な社会民主主義レジームの３つのレジームに欧米を中心とする先進諸国を分類した。また，家族がその成員の福祉に最大限の責任をもつべきであるという前提に立って政策が形成されることを家族主義と呼び，これに対して，個人の家族への依存が軽減されることを脱家族化と呼んでいる。この福祉レジーム論は，特に社会民主主義レジームの社会と比較しての日本社会における家族支援の不十分さや家族主義の強さを理解するための理論枠組みとして，家族社会学でもしばしば援用されてきた。

　また，福祉レジーム論の視角は，日本社会も含めたアジア諸社会の福祉レジームの特徴を理解しようとする国際比較の試みにつながっていく。落合恵美子は，中国・タイ・シンガポール・台湾・韓国・日本でのフィールド調査に基づいて，国家，市場，家族・親族，コミュニティという４つの部門が，それぞれの社会で，子どもと高齢者のケアにおいてどれくらいの役割を果たしているかを比較している[48]。その結果として，しばしば「アジア型」や「家族主義的」と一括されるアジア諸社会の福祉レジームにかなりのバリエーションがあり，そのなかでも日本社会は，国家と市場の役割が限定的で，親族のサポートも少ないという意味で，家族主義が強固であることが示されている。

　さらに，エスピン＝アンデルセンによる家族主義についての議論の要点の１つは，1970年代以降，国家と市場のいずれがケアサービスを主に提供するかの違いはあれ，多くの先進諸国で脱家族化が進行したことにある[49]。では，日本では家族主義が強固なままなのはなぜか。落合は日本社会を「半圧縮近代」ととらえることで，この点を説明する[410]。「半圧縮近代」とは，欧米より遅れて近代化を開始したために，安定的な第一の近代を経験した期間が短いまま，より流動的な第二の近代を迎えることを意味する。このため，日本社会は福祉国家の成熟期間が十分ではなく，1970年代前半に政府は本格的な福祉国家を建設しようとしたものの，1980年代には，サラリーマンの夫をもつ主婦の年金保険料を免除する第３号被保険者制度など，女性が家庭でケアを担うことを前提とする「家族主義的改革」を行った。そこで制度化された家族主義的な構造が，1990年代以降も強固に残ったという。これも家族主義の強さを社会変動のタイミングで説明するというかたちで，福祉レジーム論を応用する試みである。　　　　（松木洋人）

▷6　久保田裕之，2011，「家族福祉論の解体」『社会政策』3(1)：pp. 113-123。

▷7　エスピン＝アンデルセン，G.，渡辺雅男・渡辺景子訳，2000，『ポスト工業経済の社会的基礎』桜井書店。

▷8　落合恵美子，2013，「ケアダイアモンドと福祉レジーム」落合恵美子編『親密圏と公共圏の再編成』京都大学学術出版会，pp. 177-200。

▷9　エスピン＝アンデルセン，G.，大沢真理監訳，2011，『平等と効率の福祉革命』岩波書店。

▷10　落合恵美子，2013，「アジア近代における親密圏と公共圏の再編成」落合恵美子編『親密圏と公共圏の再編成』京都大学学術出版会，pp. 1-38；落合恵美子，2013，「東アジアの低出生率と家族主義」落合恵美子編『親密圏と公共圏の再編成』京都大学学術出版会，pp. 67-97。「半圧縮近代」は，韓国の社会学者である張慶燮（チャン・キョンスプ）が東アジアの近代の特徴をとらえるために提示した「圧縮された近代」という概念の援用である。「圧縮された近代」とは，東アジアの近代化では，欧米では異なる時期に起きた変化がしばしば重複して起きることを指す。張慶燮，柴田悠訳，2013，「個人主義なき個人化」落合恵美子編『親密圏と公共圏の再編成』京都大学学術出版会，pp. 39-65。

XI 家族支援：理論から家族をとらえる⑽

 さらなる理論的展開の可能性

1 何が家族支援の根拠となるのか

「ケアの担い手＝家族」という前提を問題化する議論が浸透した後，特に21世紀に入って以降には，さまざまな家族支援の施策がどのように根拠づけられるかという点についても議論がなされるようになる。赤川学は，少子化対策をめぐる言説を批判的に検討するなかで，子育て支援の制度設計においては，選択の自由と負担の公平という理念が重要であると主張している[41]。赤川によれば，日本の少子化対策においては，仕事と子育ての両立を支援するための保育サービスの提供に重きが置かれているものの，これは夫婦が共働きで子どもをもつという特定のライフスタイルを優遇する点で問題がある。これに対して，子どもの生存権を根拠とする現金給付型の子育て支援が，ライフスタイルの選択の自由および異なるライフスタイルを生きる人々の負担の公平という観点からはより望ましいという。この赤川の問題提起には批判的評価も少なくなかったが[42]，家族（女性）のみがケアを担うことの限界などのニーズの存在から家族支援の必要性を導き出してきた従来の家族社会学とは異なる観点から，家族支援施策を正当化する根拠を検討するものであった[42]。

さらに，家族支援の根拠をめぐる議論は，なぜ「家族」のみが支援の対象となるのかという点に及んでいる。牟田和恵は，アメリカのフェミニスト法学者M.ファインマンが男女の性愛によって結びついた家族（性的家族）が国家による保護の対象となっていることを批判し，ケアする者とされる者のメタファーである「母子対」こそが保護の対象となるべきだと論じていることを踏まえながら，「家族」を超えたところに新しい生きる基盤を構想する[43]。牟田が「思考実験」としてその例に挙げるのは，夫婦共働きで子ども2人の家族，シングルマザーと子ども1人の家族，大学生の男女が1つの居住とケアの単位になるという生活のかたちである。このような生活のかたちを，大人が子どもの世話をするという意味でケアの単位であることを根拠に公的給付金の対象にすることが構想される。また，久保田裕之も，ファインマンの議論を参照しながら，これまで家族のなかで満たされてきた複数のニーズを分節化することを提唱している[44]。そして，さまざまなニーズのなかでも，依存的な状態にある個人のケアは普遍的なニーズであり，このニーズを満たしていれば，家族概念に包摂されるか否かにかかわらず，その人々は福祉的支援の対象となるべきであると主張

▷1 赤川学, 2004,『子どもが減って何が悪いか！』筑摩書房。

▷2 この本をめぐる誌上討論が『家族社会学研究』17(2)に掲載されている。

▷3 牟田和恵, 2009,「ジェンダー家族のポリティクス」牟田和恵編『家族を超える社会学』新曜社, pp. 67-89；ファインマン, M. A., 上野千鶴子監訳・速水葉子・穐田信子訳, 2003,『家族，積みすぎた方舟』学陽書房。

▷4 久保田裕之, 2011,「家族福祉論の解体」『社会政策』3(1)：pp. 113-123。

する。これらの議論は，「家族に対する福祉」か「個人に対する福祉」かという二分法を乗り越えて，支援の根拠という観点から，家族支援をめぐる議論を解体すると同時に，それを再構築するための理念を提示するものである。

② 「ケアの社会学」の展開とその課題

家族支援の根拠をめぐる議論の展開が現金給付型の支援に重きを置いているようにみえるのに対して，「ケアの社会化」の進行は，現物給付型の支援の利用者や提供者が支援の授受をどのように経験しているのかを明らかにしようとする経験的研究の蓄積を促すことになった。このことは家族支援に限らず，高齢者介護，障害者介助，子どものケアをめぐる経験や実践を対象とする「ケアの社会学」と呼びうる研究が広がってきたことの一環でもある。[5]

例えば，松木洋人は，子育て支援者へのインタビュー調査に基づいて，彼女たちが自らの支援をどのように実践，経験しているのかを検討している。[6] そこで注目されていることの１つは，子育ての責任を家族に帰属する規範によって，家庭外で子どもにケアを提供する仕事がジレンマをはらむものとして経験されるということである。[7] また，齋藤暁子は，ホームヘルプサービスを利用する高齢者とその高齢者にサービスを提供するヘルパーへのインタビュー調査に基づき，それぞれがサービスの授受をどのように経験しているのかを明らかにしている。[8] そこから浮かび上がってくるのは，日本の介護保険制度ではホームヘルプサービスの内容が細かく計画されており，計画の決定権がヘルパーではなくケアマネジャーにあるため，高齢者はヘルパーにまずは「仕事としての関係性」を期待しており，高齢者とヘルパーが「個人的な関係性」を構築しづらい状況にあることである。

このような研究群は，互いの知見を関連づけるための枠組みは必ずしも充分ではないものの，ケアや支援を相互行為としてとらえる社会学的な視点から，家族支援をめぐる経験や実践についての知見を蓄積してきた。その意味で，相互行為における実践を厳密に記述する会話分析の手法を用いて，子育てひろばにおける母親どうしのやりとりを分析する戸江哲理の研究は，家族支援に対する社会学的アプローチの可能性を追究するものである。[9] 戸江は，母親が自分の子どもや子育てに関する悩み語りや愚痴を切り出すために用いる糸口質問や，子どもの母親とは別の誰かが子どものそのときの行動について描写して母親に説明を促すことから会話の連鎖が始まることを指摘する。これは母親どうしが会話をはじめるきっかけをつくるという，子育てひろばの目的が達成されるための端緒が開かれるしくみを明らかにすることにほかならない。このように，支援のフィールドにおける人々の実践を記述する精度を上げていくことが，個別の研究を関連づける枠組みの構築と並んで，今後は重要になるだろう。

(松木洋人)

▷5　井口高志，2017,「ケアの社会学と家族研究」藤崎宏子・池岡義孝編『現代日本の家族社会学を問う』ミネルヴァ書房，pp. 57-84。

▷6　松木洋人，2013,『子育て支援の社会学』新泉社。

▷7　例えば，子どもへのケアを夜遅くまで提供している子ども家庭支援センターのあるスタッフは，自分たちがケアを提供した結果として，親子がともに過ごす時間を充分にもてなくなることへの戸惑いを表明している。

▷8　齋藤暁子，2015,『ホームヘルプサービスのリアリティ』生活書院。

▷9　戸江哲理，2018,『和みを紡ぐ』勁草書房。

XII 家族と社会

家族と先祖

 先祖とは

　先祖という言葉は日常生活においても用いられる。学術用語としては，崇拝，祭祀など，儀礼や信仰に関する言葉とともに取り上げられるほか，類似した用語として祖先という表現もある。しかし，実は，日常語としても学術用語としても，先祖が何を指すのかは多義的である。祖先崇拝（ancestor worship）は日本に限った現象ではなく，人類学・民族学・社会学などの親族研究において多くの比較研究もある。

　民俗学者の柳田國男によれば，日本においては，先祖は「家」を興した始祖を指す場合と，祀るべきもの，自分たちが祀るのでなければ他で祀られることのない人を指す場合がある。自身の死後を祀ってくれる人がいないことは，人々にとって「無縁の恐怖」であった。人々が「家」の永続を願ったのは，「家」が子孫によって継承され，その子孫によって代々祀ってもらえるからであると捉えられてきた。

▷1　柳田國男，[1946] 1993，『先祖の話』ちくま文庫。

2 先祖の変化

　「ご先祖様になる」という言葉は「家」を興し家長になることを指しており，したがって子孫に祀られる存在になることを意味していた。明治期以降の社会の近代化，社会移動の機会の増加，さらに被雇用者化によって，それまで次三男のため継ぐ「家」がなかった子どもたちが家長になる，つまり「家」を興す可能性が高まったことを指している。この新しい家々にとっての先祖は，遠い昔の始祖ではなく生前を知る身近な存在である。

　近代化は，儀礼の簡素化とともに，遠い先祖から近い先祖へと先祖観を変化させた。近い先祖とは，人生を共有し顔を見知っていた具体的な存在である。先祖を祀ることは亡くなった親族を弔い哀悼する行為へと変容していき，先祖は愛情の対象としての性格を色濃くもつようになった。そのため，現実の家族関係や家族経験，生きている人々の家族意識の変化などが投影される。他方で，代々受け継がれてきた家業や家産があるかどうか，祖父母世代と同居していたり交流があったりしたかどうかも大きく影響する。

　日本の先祖観は父系の系譜に沿ってとらえられてきた。そうした先祖観は，戦前は天皇制家族国家観のイデオロギーにも用いられてきた。しかし現代社会

▷2　国家をひとつの「家」とみなすことにより，国民を掌握しようというイデオロギーである。国民が天皇を中心とする1つの系譜に連なっているとする抽象的先祖観である。

においては，父系に限らず母系も含めて先代の人たちすべてを先祖と呼ぶことが少なくない。その意味で先祖意識にも双系化の傾向がみられる[43]。

3　先祖祭祀と家族

われわれは家族という言葉を今日，現実に生きて生活を共にしている人に対して用いることが多い。しかし，ひとたび身近な人を亡くす経験をすると，悲嘆したり喪失感を抱いたり，その人を想い続けることに気づく。その意味で，死者もまた家族であり，身近な存在であり続ける。今日，先祖を祀ることは，亡くなった人とつながる供養や追悼の儀礼という意味をもつ。

具体的な先祖祭祀は，墓や位牌，仏壇を祀ったり参ったりすることとしてあらわれ，墓参りや法事などの供養がそれにあたる。また先祖祭祀には，さまざまな慣習や言い伝えがみられる。例えば，「たたり」に対する恐怖や，無縁で亡くなった人への供養などである。

4　先祖祭祀の変容：連続性と変化

しかしながら，家や村の共同体において行われていた多様な慣習は今日衰退していく傾向にあり，葬送儀礼は家族単位で行われることが増えている。家族葬が増加し，村や家において共同で行われていた葬送は，簡略化あるいは弱体化する傾向がみられる[44]。先祖祭祀の形も，習俗や慣例を踏襲する形式から，個々の家族の事情や故人の遺志を尊重し，個別化，個人化する形式に変化している。

ただし，依然として多くの人が，年に数回墓参りをするという調査結果があり，この傾向は70年代からほとんど変わっていない[45]。社会の流動性の高まりと人口（親族）減少によって，先祖代々の墓をどう維持するのか，「墓守」をどう確保するのか苦慮している人も多い。従来通りの慣行を維持していくことは困難であるが，しかし，だからといってないがしろにするわけにはいかない，という人々の気持ちのあらわれである。時代が変わり，儀礼は簡略化しても，近しい人の死をどう受け入れていくのか，死後の供養，追悼をどのように行うのかという問題は，人々にとって大きなテーマであり続けている。

先祖祭祀の形は，われわれの家族観や系譜観を映し出している。多くの儀礼や慣行が失われつつあるとすれば，それは私たちの家族観がより現世的になっていることのあらわれともとれる。他方で墓参りを年中行事とする人が数多くいることは，現代社会において死後祭祀の意味が今もなお残っていることのあらわれでもある[46]。死者を弔う，追悼するという行為は，人々の感情を伴う。先祖観や先祖にかかわる慣行には，われわれの家族観の深層をみることができる。

（米村千代）

▷3　[I-4] 参照。

▷4　孝本貢，2001，『現代日本における先祖祭祀』御茶の水書房。

▷5　NHK放送文化研究所編，2010，『日本人の意識構造』日本放送出版協会。

▷6　米村千代，2014，『「家」を読む』弘文堂。

XII 家族と社会

 家族と地域

▷1 参照。

▷2 倉沢進, 1990,「町内会と日本の地域社会」倉沢進・秋元律郎編『町内会と地域集団』ミネルヴァ書房, p. 6。

▷3 菊池美代志, 1990,「町内会の機能」倉沢進・秋元律郎編『町内会と地域集団』ミネルヴァ書房, p. 223。

▷4 例えば、地域課題や今後の地域のあり方について協議する住民自治のしくみとして,「コミュニティ協議会」「まちづくり協議会」「地域運営協議会」などがある。これら身近な生活圏を単位として地域コミュニティの形成を目指す政策(コミュニティ政策)の契機として、厚生省国民生活審議会による答申『コミュニティ』(1969年), 自治省「コミュニティ(近隣社会)に関する対策要綱」に基づくモデル事業(1971年〜)がある。

▷5 磯村英一, 1968,『人間にとって都市とはなにか』日本放送出版協会。

▷6 オルデンバーグ, R., 忠平美幸訳, マイク・モラスキー解説, 2013,『サードプレイス』みすず書房。

1 「家族」の集まりの空間としての地域

日本の地域は,「家族」の集まりの空間という一面と,「家族」から自由になれる空間という一面とをもつ。前者の一面は, 都市部の町内会・自治会や農村部の部落会などの地縁組織に端的に表れている。これらは個人ではなく世帯(単身世帯を含む)を加入単位としており, 各世帯は税金とは別に町内会費・部落会費などを支払っている。あとで述べる市民活動団体と同様に非政府・非営利の団体であるが, 基本的にはどこかの地域に住むとその地域にある会に自動的に加入する点や, 地域に必ず一団体のみ存在する点が特徴である。

町内会・自治会は, 住民どうしの親睦(祭りや慶弔ほか), 地域生活の共同防衛(防災や防犯ほか), 地域環境(公園や街灯ほか)の管理の機能とともに, 行政との関係では行政補完(回覧板ほか)や圧力団体(陳情・要望ほか)の機能をもつ。また, 子ども会(子ども会育成会), 婦人会, 防犯・防災組織といった地域の諸団体との連携もある。さらに市区町村が, 小学校区・中学校区などの身近な生活圏を単位として地域の諸団体のネットワーク化を進めており,「地域ぐるみ」「まちぐるみ」といった「ぐるみ型」の住民参加を引き出すしくみづくりが進められている。

身近な生活圏は, 子育て支援や高齢者福祉, 介護などの分野でも住民の参加を引き出すしくみの単位とされている。社会福祉協議会による地域福祉活動では, 民生委員・児童委員などと連携して, 乳幼児とその保護者の仲間づくりを目指す「子育てサロン」「子ども広場」や, ひとり暮らしや外出の機会が少ない高齢者を対象とする居場所づくり(「ふれあい・いきいきサロン」など)が行われている。介護分野では,「団塊の世代が75歳以上となる2025年を目途に」実現を目指す「住まい・医療・介護・予防・生活支援が一体的に提供される地域包括ケアシステム」(厚生労働省)の単位とされている。

これら生活圏を単位とする住民自治や住民どうしの互助を促す施策は, 合併によって市町村の範囲が広がるなかで, ますます重視されている。

2 「家族」から自由になれる空間としての地域

一方で地域には, 家庭や職場における義務的な役割から自由になれる「第三の空間」「サードプレイス」としての一面もある。すなわち各々の家庭でジェ

ンダー規範に基づく主婦役割として行われてきた家事・育児・介護などを，主婦どうしで共同して行ったり，共同保育所，食事サービス，家事援助，居場所づくり，外出支援などの市民活動として行ったりする場としての地域である。マクロな視点からみると，地域は，資本主義のもとで価値剝奪されていた再生産労働の社会化の受け皿として位置づけられる。

1975年の国際婦人年やその後の「国連婦人の10年」などを契機として各地で自発的に形成されてきた「女性団体」は，日本の市民活動の1つの画期をなす。歴史的には，今日の「NPO」や「サード・セクター」のルーツの1つといえる。当時の市民活動は非定型的で間欠的な活動が特徴とされたが，今日では，福祉・社会教育・まちづくり・介護保険などの公共サービスの提供団体として事業化しているものもある。各個人の自発的参加に基づく支援や市民どうしの助け合いとして始まった活動が，事業化しつつ，当初のミッションや価値観をどのように維持していくのかは，重要な課題である。[7]

ボランティアとしての活動参加，メンバーシップに基づく団体の意思決定への参加，活動の持続や普及にむけた自治体などへの要求運動や市政参加は，女性が家庭での「母親役割」「主婦役割」を脱して，「個」として自己実現をする機会であるとともに，多様な人々と対話する公共空間における市民的主体や，地域の政治空間における政治的主体として変容する機会でもある。[8]

他方で，必ずしもサービス提供や制度化を志向せず，自助活動（セルフヘルプグループ）として活動するものもある。2010年代に入って各地で急速に広がっている子ども食堂（地域食堂）も，孤食の子どもたちへの支援であるとともに，子育て中の親子や住民らが調理や食事を介して交流する自助活動としての一面をもつ。その参加者は，必ずしもメンバーシップに基づいて明確に境界づけられているものではなく，流動性の高い場となっている。ここでの地域は，活動への参加者が集まる圏域として現れるといえる。

③ 資源としての地域／壁としての地域

地域は，これまで述べてきた活動に対して，さまざまな資源（地域資源）を提供する場でもある。例えば，活動場所（コミュニティセンター，社会福祉施設，空き家ほか），ノウハウ（社会教育・生涯学習や中間支援組織による講座ほか），社会関係資本（近隣やPTA，サークル，生協活動を通じたパーソナル・ネットワークほか），資金（寄付や助成ほか）などである。しかし同時に，それら地域資源をもつ人々や団体・機関の家族観やジェンダー規範，ネットワークの開放性の程度などによっては，「第三の空間」を求める当事者や支援者らの多様な価値観が認められず，地域は自発的活動の壁となることもありうる。　　（清水洋行）

▷7　例えば，市民活動を，コミュニティ，公共（政府），市場（企業）の諸特性を包摂するハイブリッド組織としてとらえる視点として，ボルザガ，C.・ドゥフルニ，J.編，内山哲朗・石塚秀雄・柳沢敏勝訳，2004，『社会的企業』日本経済評論社；エバース，A.・ラヴィル，J.L.編，内山哲朗・柳沢敏勝訳，2007，『欧州サードセクター』日本経済評論社。

▷8　例えば，佐藤慶幸らによる生活クラブ生協を対象とする一連の実証的研究（佐藤慶幸編，1988，『女性たちの生活ネットワーク』文眞堂ほか）や矢澤澄子編，1993，『都市と女性の社会学』サイエンス社を参照。

XII 家族と社会

  家族と職業・仕事

 産業社会における家族と仕事

　産業化以前の社会は，生産と生活が未分化な社会であった。例えば，産業化以前の日本の農村において，農作業は生計を維持する手段でもあったが，自分たちが食べるための食糧を調達する手段でもあった。空間的にも生産と生活の境界線は曖昧で，農家の家屋にみられた「土間」は，台所に隣接して煮炊きを行う空間であると同時に，農作業を行う，仕事のための空間でもあった。仕事（ワーク）は生活（ライフ）そのものであった。

　産業化による雇用労働者化は，生産の場と生活の場を分離させた。生産はもっぱら工場やオフィスなどの職場で行われ，家族は多くの場合，生活に特化された場となった。こうした仕事（ワーク）と生活（ライフ）の分離は，産業社会特有の問題を生み出すこととなった。言い換えると，ワークライフバランス（仕事と生活の調和）が問題となるのは，きわめて産業社会に特有の出来事だということができる。

　以下では，戦後の日本社会において，産業化の進展とともに家族と仕事の関係がどのように変化してきたのか，またそこにどのような問題が生じてきたのかをみてみたい。

② 戦後から1980年代まで：家族と仕事の安定的関係

　戦後の高度経済成長のなかで，日本社会の産業構造は大きく転換する。「国勢調査」によると，1950年には約50％を占めた第一次産業（農林漁業）従業者割合は，1970年には20％を下回り，代わって第二次産業（建設業・製造業など）・第三次産業（サービス業）に従事する人が増加し，雇用労働者化が進んでいく。

　高度経済成長期は日本の家族にとって，「夫は仕事，妻は家事・育児」という性別分業が大衆化した時代だった。その背景には，**内部労働市場**[41]の発達と，そこからの女性の排除があった。

　内部労働市場は，大企業において1920年代頃から発生していたが，戦後の高度経済成長期になるとベビーブームによる豊富な若年労働力にも支えられて安定的に拡大した。日本の内部労働市場のもとでの人材育成システムは，4月に一括採用した新卒者に，企業内訓練 on-the-job training（OJT）をほどこし，配置転換を重ねて基幹労働者を育てていくというものだった。企業は，そうし

▷1　内部労働市場
組織内部において，当該組織固有の原理に基づき，昇進・配置替え，賃金の決定などにより人的資源配分が決定されるしくみを指す。そこでの人的資源配分は，外部労働市場の市況と無関係ではないが，相対的に一定の自律性をもつ。日本における内部労働市場の発達については，尾高煌之助，1984，『労働市場分析』岩波書店。

た教育訓練をほどこした従業員の労働意欲を引き出し，会社に引きとめておくために，さまざまなインセンティブを用意した。それが長期にわたる雇用保障であり，年功賃金であった。それだけでなく企業は，退職金，住宅手当，家族手当などを支給し，従業員向けの福利厚生プログラムを用意し，従業員の生活の安定を保障した。一方で，企業が従業員の生活を丸抱えで保

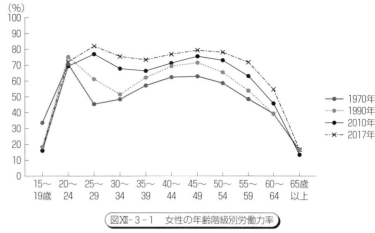

図XII-3-1 女性の年齢階級別労働力率
出所：総務省統計局「労働力調査」。

障する家族主義的な経営は，従業員は残業や転勤の命令を受け入れることによって会社への忠誠心を示すべきという企業文化を形成した。

このような安定的な雇用と生活保障を手に入れることができたのは，基幹的業務を担うことを期待された男性労働者のみであった。女性は出産する可能性があるため，長期的雇用にそぐわない存在とみなされ，内部労働市場の人材育成システムから排除された。女性は結婚（あるいは出産）までしか働かない一時的な労働者と位置づけられ，補助的な仕事しか与えられなかった。

こうして，戦後から高度経済成長期にかけて，女性の「主婦化」が進んだ。男性は安定的な雇用と生活保障を手に入れたが，その代わりに「会社人間」として仕事に大部分の時間を費やすようになる。女性は，そのような男性の働き方を支え，子どもや高齢者をケアする役割を担うようになる。

1973年のオイルショックののち，日本経済は低成長期に入る。1950年代からの出生率の低下によって若年中心だった労働市場は，中高年中心の構造に変化していた。そのため企業には，従業員に対して年功賃金に基づいた長期的雇用を保障していくことが負担になっていた。そこで企業は新規採用を抑制し，コストの安いパートタイム労働者を雇用するようになる。そこで雇用されたのが，ある程度成長した子どものいる有配偶女性だった。1970年代半ば以降，女性の就業率は上昇に転じたが，その多くは，子育てがひと段落した中高年女性が，パートタイム労働者として再就職するようになったことによる。つまりオイルショック後の低成長期においても，家族の性別分業は基本的には維持された。女性が家族のケアを担うことは当然視され，就業の選択も家族内の性別分業を前提とした上で行われた。女性の労働力率が20代後半から30代にかけていったん落ち込み，その後再び上昇するというM字型カーブは，日本では1970年代以降も，比較的近年まで観察されてきた（図XII-3-1）。

社会政策の上でも，家族における女性のケア役割が強く期待された。例えば

▷2 Crawcour, S., 1978, "The Japanese employment system," *The Journal of Japanese Studies*, 4 (2)：pp. 225-245.

▷3 落合恵美子，2004，『21世紀家族へ［第3版］』有斐閣；吉田崇，2004，「M字曲線が底上げした本当の意味」『家族社会学研究』16(1)：pp. 61-70。

▷4 M字型カーブ
年齢を横軸に，女性の労働力率を縦軸にとった図を描いたときに，20代後半から30代にかけて労働力率がいったん落ち込み，そののち再び上昇することで，「M」字を描くことを指す。ただしカーブの形状は，進学率，未婚化・晩婚化などの趨勢にも影響されるため，出産・育児と女性の就業との関連を検討するには他の分析を必要とする。

▷5　大沢真理, 2007,『現代日本の生活保障システム』岩波書店。

▷6　Kuroda, S., 2010, "Do Japanese work shorter hours than before? Measuring trends in market work and leisure using 1976-2006 Japanese time-use survey," *Journal of the Japanese and International Economics*, 24：pp. 481-502.

1978年版厚生白書では，高齢化が進み高齢者ケアの担い手の確保が問題となってくるなかで，3世代同居率・同居志向の高さを「福祉の含み資産」とみなし，同居が可能になるような住宅などの条件整備，同居が経済的負担にならないような高齢者に対する所得保障の充実をうたっている。そこでは，同居は女性によるケアの提供と，ほぼ同義でとらえられており，家族＝女性が福祉の担い手として期待されていたことがうかがえる。

このように日本社会では1980年代頃までに，家族・労働市場・社会政策において，男性には安定的な雇用と「家族賃金」が保障され，家族のケアは女性が担うという「男性稼ぎ主」型の生活保障システムが完成した。

❸　1990年代以降：「男性稼ぎ主」型システムの限界

1990年代以降，日本社会は長期にわたる経済不況に直面する。不況下における労働市場では非正規雇用者が増加した。「労働力調査」によると非正規雇用者は，1990年には約880万人，雇用者に占める割合は約20％であったのが，2015年には2000万人近くにまで増加し，雇用者中に占める割合も約38％に達している。一方で正規雇用者数は，1990年には3500万人近かったが，2015年には3300万人を下回っている。ここから示唆されるのは，内部労働市場に参入して安定的な雇用を得られる人はますます限定的になり，多くの人が内部労働市場の外で，不安定な非正規雇用者として就業するようになったということである。

また，非正規雇用者割合は男性よりも女性に多い傾向は続いているが，その一方で若年男性の非正規雇用者化も進んだ。「労働力調査」によると，25〜34歳男性の非正規雇用者割合は，1990年に3.2％であったのが2015年には16.5％まで増加した。

こうした労働市場の動向によって，男性の安定的な雇用という「男性稼ぎ主」型の生活保障システムが前提としてきた条件が崩れた。にもかかわらず，安定した男性稼ぎ主をもつ家族を想定した制度設計は大きく変更されていないために，いくつかの問題が生じている。

第一に，ケアを担ってくれる人の存在を前提としたような職場での働き方が変わっていないために，仕事をもちながら家族のケアを担うことが，依然難しいということがある。男性フルタイム雇用者のうち，平日に10時間以上働く人の割合は，1970年代半ば以降2000年代に入ってからも増加傾向にあるという指摘もあり，長時間労働を要求する職場の慣行に大きな変化はみられていない。そのため，家族のケアの必要性が高まった場合には仕事を続けることができず，出産や介護のために離職を迫られることも多い。さらに，家族のケアと生計を維持する責任を同時に担わなければならない母子家族・父子家族の親は，長時間労働と引き換えに高い給与が得られるような職場からは排除され，不安定な仕事に就かざるをえない状況がある。

第二に，ケアはおもに女性が担う状況が続いているため，女性が男性と対等な「稼ぎ手」になることが難しい点を指摘できる。1990年代以降，夫の家事への関わりが少しずつ増加しているものの，女性に多くの家事・子育て負担がかかる状況は変わっていない。家族においてケアの担当が女性に偏る状況は，職場において一般職（コース別雇用管理制度において，昇進の可能性は限定的であるが，転居を伴うような転勤がないなど，家族のケアと両立させやすい働き方）の多くを女性が占めることと表裏一体である。女性が多くのケアを担当していること，ケアを担当することを見越して仕事を選ばなければならないことは，女性が長期的で安定した職業生活を展望し，将来にわたって安定した収入を得る見込みをもつことを難しくしている。

第三には，男性には依然，稼得役割が強く期待されているために，若年層の家族形成が困難になっていることが挙げられる。1990年代半ば以降，男性の雇用が不安定になり，安定した所得を獲得できる見込みが低下し，結婚生活を維持できるだけの経済水準を保てなくなったことが，未婚化を促進した可能性があると指摘されている。男性の雇用が不安定になるなか，結婚後も仕事を続ける生き方を想定する女性は増加の傾向にあるものの，女性が長期的に安定した仕事に就ける見込みがない状況では，安定的な所得をもつ男性がみつかるまでは，結婚を延期せざるをえない。さらに未婚化は，少子化とも深く関連することが指摘されている。

このように1990年代以降，「男性稼ぎ主」型の生活保障システムが想定するような生活を送ることのできる条件をもつ人は，ますます限定的になりつつあり，それはもはや日本社会の大多数の人々の生活の安定を保障するシステムではなくなってきている。にもかかわらず，それが社会の「標準」とされ続けているために，現代の日本社会では，家族と仕事をめぐる問題は多様なかたちで表出し，ますます難しいものとなっている。

④ 家族と仕事の不自由な関係のこれから

第二次世界大戦後の日本社会において，家族と仕事は不自由な関係であり続けた。戦後から1980年代頃までの日本社会は，男性だけが，家族をもつことを前提に，安定的な仕事に就くことができた社会だった。それが1990年代以降は，安定的な仕事を得られないために，あるいは安定的な仕事をもつパートナーを得られないために，家族を形成できない社会へと変化してきた。このような日本社会での家族と仕事の不自由な関係を縛ってきた「男性稼ぎ主」型システムからの転換が求められている。

(西村純子)

▷7 乾順子，2016，「有配偶女性からみた夫婦の家事分担」稲葉昭英・保田時男・田渕六郎・田中重人編『日本の家族1999-2009』東京大学出版会，pp. 295-310。

▷8 筒井淳也，2015，『仕事と家族』中央公論新社。

▷9 国立社会保障・人口問題研究所，2017，『現代日本の結婚と出産——第15回出生動向基本調査（独身者調査ならびに夫婦調査）報告書』(http://www.ipss.go.jp/ps-doukou/j/doukou15/NFS15_reportALL.pdf)。

▷10 松田茂樹，2013，『少子化論』勁草書房。

XII　家族と社会

家族と教育

定位家族と学校による社会化

　人は誰しも定位家族のもとに生まれる。定位家族とは family of orientation の訳語で、文字通り初期の人生を方向づけ社会に適応させる家族である。子どもは多くの場合親から言葉や基本的な価値を教えられ、しだいに自らのパーソナリティーを形成していく。これらは家族の主要な機能である第一次社会化の作用にほかならない。

　もっとも社会化の担い手は家族だけではない。仲間集団や地域社会も子どもに影響を与えるが、成長するに従って知識や技能を系統的に習得させる第二次社会化の主要な担い手は、学校でありそこでの教育である。それは、9年間の義務教育に加えて、今日では97％を超える若者が高校に進学し、過半数がさらに大学などの高等教育を受けていることから容易に納得できるだろう。

　こうした学校化社会は学歴社会でもあるので、どの段階まで教育を受けたか、どこの学校を最後に卒業したか（前者を学歴、後者を学校歴と区別することもあるが、以下ではまとめて学歴という）が、その後のライフコース、とりわけ職業やそこから得られる所得に影響している。したがって、学校教育は知識や価値を子どもに伝える社会化機能だけではなく、卒業後にどの職業に就くかを振り分ける選抜機能も果たしていることになる。

家族が教育（大学進学）に与える影響

　そこで留意すべきなのは、育った家庭によって得られる学歴が異なることである。子どもにとって定位家族は選択できない。たまたま生まれ落ちた家庭が貧乏だった、あるいは親が教育に不熱心だったために大学に進学できないとしたら不公平であろう。これが高等教育を受ける機会の不平等の問題である。

　この問題をめぐっては、多くの調査データを通じて子どもの学歴に何が影響しているのか、そのメカニズムが検討されている。出身家庭の所得が高いほうが、大学に進学しやすいことは想像に難くない。実際、日本は返済不要の給付型奨学金が少ないため、高等教育を受けるのに必要な費用（学費や在学中の生活費など）を家庭が負担する割合が、他の先進国に比べて高い。ただし、家庭の経済力が影響するとしても、そうした費用負担能力そのものが重要なのか、それとも経済的な余裕が子どもの教育に対する両親の考え方に違いをもたらすの

▷1　近年のレビューとブルデューについては、平沢和司・古田和久・藤原翔, 2013,「社会階層と教育研究の動向と課題」『教育社会学研究』93：pp. 151-191 を参照。

か，に関しては議論が続いている。

　このように経済的な説明のほかに，両親の子育て・教育に対する考え方・行動といった文化的な説明も十分あり得る。P. ブルデューは，フランス社会を念頭に支配的な階級に属する家庭では，学校で高い評価を受けやすい文化資本（言葉遣い・習慣・価値などの文化的な諸要素）が，親から子どもへ伝えられることを強調した。より直接的に，親の職業階層によって子育ての仕方が異なるとの報告もある。

　もっとも，いくら経済的あるいは文化的に恵まれた家庭に育ったとしても，選抜度の高い大学に入学するには，またそれに備えて高校入試で進学校に合格するには，学力が重要である。しかし，通塾などの有償の学校外教育によって学力が上がることもあるので，学力じたいが家庭の経済力の影響を受けているといえる。ただし同じ子どもの成績の変化を追跡した調査からは，家庭の経済力と学力の間に相関はみられないとする報告もあり，結論は出ていない。さらに子どもの学力が同じであっても，性別・きょうだい数・ひとり親か否か・母親の就労の有無・育った地域などによっても進学率は異なる。したがって，高等教育を受ける機会の格差は複合的な要因によって生じていると考えるべきだが，その多くが定位家族に関わる要因であることにかわりはない。

③ 教育（学歴）が家族に与える影響

　以上では定位家族が教育（学歴）に与える影響を考えてきたが，教育が生殖家族（family of procreation）に影響することはあるのだろうか。生殖家族とは，結婚によって結ばれた男女が形成する家族であり，子どもにとっての定位家族は親にとっては生殖家族である。

　そもそも生殖家族は結婚しないと成立しないので，非婚者が増えている昨今，どのような人が結婚する（しやすい）のかがまず問われてきた。G. S. ベッカーによれば，男は外で働き女は家庭を守るのが家族全体の効用をもっとも高めるという仮定の下では，稼得能力の高い高学歴女性は結婚から得られるメリットが少ないため婚姻率が低いという。ただしこれには反論や反証も多い。同じ学歴の者どうしが結婚したのか（学歴同類婚という），学歴が高い親は子どもが少ないのか，といったテーマとともに議論と検証が続いている。

　愛情と合意によって結ばれた男女が形成するとされる近代家族は，今日でこそ子どものいない核家族が実数でも比率でも増えているとはいえ，多くは子どもがいる世帯から構成されている。各家庭の子ども数はほぼ1～3人と多くはないが，学校化社会にあっては，好むと好まざるとにかかわらず，親は子どもの教育に長期間にわたって関わらざるをえない。近年「教育する家族」「親の教育戦略」といったキーワードのもとでなされている多くの研究は，そうした家族の教育をめぐる苦悩と願望を論じたものだといえる。　　　　（平沢和司）

▷2　中村亮介・直井道生・敷島千鶴・赤林英夫，2016，「親の経済力と子どもの学力」赤林英夫・直井道生・敷島千鶴編著『学力・心理・家庭環境の経済分析』有斐閣，pp. 59-82。

▷3　近年のレビューならびにベッカーについては，中澤智恵・余田翔平，2015，「家族と教育に関する研究動向」『教育社会学研究』(93)：pp. 171-205を参照。

▷4　XII-2 参照。

▷5　VI-2 ▷13参照。

▷6　近代家族と教育の関わりについては，天童睦子・多賀太，2016，「『家族と教育』の研究動向と課題」『家族社会学研究』28(2)：pp. 224-233；小玉亮子，2017，「〈教育と家族〉研究の展開」藤崎宏子・池岡義孝編著『現代日本の家族社会学を問う』ミネルヴァ書房，pp. 33-56を参照。

XII 家族と社会

  家族とメディア

1 子どもへの影響とソーシャルメディアの進展

　家族とメディアについてはこれまでさまざまな視点から検討されてきたが，ここでは家族との関連が深い2つの研究領域に注目する。第一に，メディアが子どもの発達へどのような影響を与えているのかに関する研究である。第二に，近年のメディア環境の急速な進展により，家族や子どもとメディアをめぐる研究は多様な展開をみせている。2000年代以前は，メディアというとテレビなどが主要であったが，近年はIT（Information Technology）の発展に伴い，スマートフォンなどの利用者が増えて，ソーシャル・ネットワーク（SNS）を含むソーシャルメディア（SM）を家族間のコミュニケーション手段として頻繁に利用している。以下ではこの2点に焦点をあてる。

　第一に，テレビなどのメディアが子どもの発達に及ぼす影響については，主にアメリカにおいて1950年代から発達心理学研究の結果が蓄積されてきた。テレビ普及初期では暴力描写の子どもへの影響に関する研究が多かったが，1990年代に入ると，多くの国々で新たなメディア環境が子どもに与える影響についての関心が高まり，同時に就学児だけではなく乳幼児期の子どもの発達とメディア接触の関係にも焦点があてられるようになった。ライトらの研究では，2歳時点の子どもむけ情報・教育番組のテレビ視聴頻度が高いほど3歳時点の言語発達や就学準備力が高いこと，アニメ番組と一般むけの番組を頻繁に視聴していた子どもの成績が低い傾向にあったことがわかっている。アンダーソンらは幼児期のテレビ視聴と10代の子どもの成績との関係を縦断データにより検討した結果，幼児期の教育番組の視聴の多さが，10代の学習意欲を促進し成績の向上につながっていることを明らかにした。日本でも1979年と1980年にNHK放送文化研究所が首都圏在住の幼児の生活時間について調査し，2～4歳児が小中学生よりテレビに接している時間が長いこと，0歳児ですでにテレビ画面への関心を示し，1歳半から2歳児では番組内容が理解できるようになり，3歳児ではほとんどの子どもが頻繁にテレビを視聴するようになっていることを明らかにした。ほかには，テレビの視聴時間の長さと小中学生の成績の関連はないとの研究結果もあり，テレビの視聴が子どもの成績を低下させるのではなく，成績の低い子どもがテレビを長く視ている確率が高いと結論づけられている。

▷1　Wright, J. C., Huston, A. C., Murphy, K. C., St. Peters, M., Pinon, M., Scantlin, R., and Kotler, J., 2001, "The relations of early television viewing to school readiness and vocabulary of children from low-income families: The Early Window Project," *Child Development*, 72(5): pp. 1347-1366.

▷2　Anderson, D. R., Huston, A. C., Schmitt, K. L., Linebarger, D. L., and Wright, J. C., 2001, "Early childhood television viewing and adolescent behavior: The recontact study," *Monographs of the Society for Research in Child Development*, 66 (1): pp. vii-147.

▷3　暮石渉・吉田恵子, 2008,「テレビは子供の成績に影響を与えるのか？」『桃山学院大学経済経営論集』（http://www.apir.or.jp/ja/others/pdf/02.pdf　2018年9月17日）。

第二に，日本の SM に関する調査では親子間のコミュニケーション頻度，乳幼児の親子の活用状況，育児参加や家族関係への影響に焦点をあてた研究がいくつかある。メディアインタラクティブが行った「オンライン家族」（IT 利用頻度が高い家族）の調査[4]によれば，家族とのコミュニケーションに PC，スマートフォン，タブレット端末などのツールを毎日使っている家族が35.8％いることがわかっている。また，2017年のベネッセ教育総合研究所の「乳幼児の親子のメディア活用調査[5]」では，2013年の同調査と比較して，0 歳後半から 6 歳児がスマートフォンにほとんど毎日接している割合は11.6％から21.2％に増えたという。さらに，SM の内容について子どもと会話をする保護者は同時にメディアを介さない遊びなども多く，子育てに関する肯定感も高い。石井クンツ昌子の研究[6]では育児期の父親の IT 利用が育児参加を促進させること，妻との育児に関するコミュニケーション頻度を高めていること，親族や友人と SNS でつながっていることが多いなどが明らかになった。また，スマートフォンなどを日常的に利用している父親と母親のグループインタビューからは，SM を使うことにより家族とのコミュニケーションが増えたことがわかっている。

② 理論的考察の可能性と今後の研究課題

メディアと家族に関する初期の先行研究では，テレビ上の暴力描写の子どもへの影響などネガティブな側面に注目したものが多かった。しかし，1990年代からの研究ではこの「メディアは悪」という考えから，使いようによってはメディアはポジティブな影響をもたらすという視点にシフトしてきている。テレビの視聴時間や子どものスマートフォン利用に抵抗感のある親はまだいるものの，視聴・使用ルールを設定するなどして，上手く活用している場合が多い。このように家族とメディアに関する研究はさまざまな視点から行われてきたが，心理学の分野に多く，家族社会学の領域では理論的考察を展開している研究は少ない。

メディアの子どもへの影響に関する理論として，社会学の領域ではシンボリック相互作用論（Symbolic Interactionism：SI）が援用可能であろう。SI によれば，人々は日常生活において，身のまわりの現実を構成する事物（事柄）にいろいろな意味を付与することからテレビや SM が子どもの発達や行動上の意味づけにどのように影響しているかを探ることが可能である。

日本では，メディアがどのように子どもの発達に影響を与えているのかに関する統一した見解が得られていない。今後の研究課題としては，スマートフォンなどの利用が子どもにどのような長期的影響を与えているのか，検証可能な縦断調査が求められる。また，日本におけるメディアと家族に関する研究では理論的な考察が少ないのが現状である。家族とメディアの関係についての理論構築に焦点を置いた研究も望まれるだろう。 （石井クンツ昌子）

▷ 4　メディアインタラクティブ，2012，「家族コミュニケーションに関する意識調査」(https://www.value-press.com/pressrelease/92332，2018年 9 月17日)。

▷ 5　ベネッセ教育総合研究所，2017，「第 2 回乳幼児の親子のメディア活用調査」速報版 (https://berd.benesse.jp/up_images/research/sokuhou_2-nyuyoji_media_all.pdf，2018年 9 月18日)。

▷ 6　石井クンツ昌子，2013，「情報社会における育児期の親の IT 利用と家族関係——日米比較から」『平成22年度〜24年度科学研究費補助金基盤研究　研究成果報告書』；石井クンツ昌子，2019，『IT 社会の子育てと家族・友人関係——日本，韓国，米国，スウェーデンの国際比較から』『平成26年度〜30年度科学研究費補助金基盤研究　研究成果報告書』。

XII 家族と社会

家族とイデオロギー

「家族」という思い込み

　今日,「家族」はきわめて論争的な概念の1つである。例えば少子化, 未婚化といったニュースは日々センセーショナルな見出しでメディアに溢れており, また離婚の是非や同性婚の導入などの話題は多くの人を巻き込み二分する。あるいは映画やテレビドラマで「問題」として描かれる家族の姿をみたとき, また日常生活においても家族やパートナーに自分の期待を裏切られたと思ったときに, 強い怒りや動揺を感じたことはないだろうか。「家族」にまつわるトピックや出来事は, それが当人たちにとって違和感を覚えさせるものであると, 感情のざわめきや論争をしばしば引き起こす。それはすなわち, 私たちは「家族」についてフラットで中立的であるのではなく, それぞれ偏りのある価値観なり思い込みなりを抱いているということだ。

　「イデオロギー」とは広義には, ある特定の世界観や信念, 考え方の体系を指す用語であるが, 要点の1つとしてあげられるのは, それを抱いている本人が必ずしも自覚していない思考の傾向だということである。そのため議論で相手のイデオロギーを (否定的なニュアンスを伴って) 指摘することもあれば, 私たちが日々生きている社会や制度の前提となっているイデオロギーを疑うこともある。私たちの思考は何らかの偏りから無縁であることはありえないし, それは「家族」についても同様である。「家族」にまつわるどのようなイデオロギーが家族社会学でこれまでどのように論じられてきたのかを概観することは, 今日の私たちが抱く「思い込み」を振り返るきっかけにもなるだろう。

② イデオロギーとしての「家」と「近代家族」

　日本における「家族」とイデオロギーをめぐる議論は, 戦後のある時期までは明治民法で規定された家制度をめぐるものが主だった。とりわけ教育勅語や修身教科書をはじめとする国家公認の道徳的テキストに記された家族(「家」)像は, 儒教的な家族道徳や女性の地位の低さ, また「個人」の埋没といった前近代的非民主的要素を内包し, **家族国家観**など戦前期の天皇制国家の下支えとなったイデオロギーであるとして, 敗戦直後の家族論では批判的にあつかわれた。こうした議論のバックボーンになっていたのは, 戦後の民主化の機運と軍国主義化への反省, そして憲法改正や1950年代における戦前型の家族制度の復

▷1　もとはフランスの哲学者であるデステュット・ド・トラシーの『観念学原理』(1801-1805) にある idéologie (観念学) に由来するとされる。マルクス主義の浸透後は, 資本主義と社会主義のイデオロギー対立というように, 政治的対立のニュアンスが強い言葉であったが, これについては立ち入らない。

▷2　**家族国家観**
家族国家観とは, 天皇家を国民の宗家に, 国民を天皇の赤子と位置づけ, 大日本帝国を「家」の拡大延長とみたてる国家観。

▷3　代表的な議論としては, 川島武宜, 1957, 『イデオロギーとしての家族制度』岩波書店などがあげられる。

活論など同時代の保守的論調への批判的な問題意識であった。今日では家制度の直接的な復権を掲げる議論はあまりみられないものの、戸籍制度や夫婦同姓の規定など明治期につくられた制度が戦後にも残存し、日本の「伝統」として意識されていることは留意されてよいだろう。[4]

　このようなイデオロギーとしての「家」をめぐる議論は、高度経済成長期以降の核家族の普及とともに下火となるが、1980年代後半以降の家族研究においては、それまで「家」批判の足場となり肯定的にとらえられていた近代的民主的な家族像のイデオロギー性が批判的にとらえられるようになっていく。ここで問われたのは、恋愛結婚、母性愛、家族と愛情の結びつきといった、現在の私たちの常識にも連なる「近代家族」的な家族のあり方だった。例えば恋愛結婚は、近代以前は必ずしも相互に結びついていなかった愛と性、結婚の三者を一体化させる「ロマンティック・ラブ・イデオロギー」として、また母性愛や家族愛は、近代家族論がもたらした歴史的相対化の視点から、「母性イデオロギー」や「愛情イデオロギー」として論じられるようになった。[5]これらの議論の背景としては、「愛情」という名で家事育児の責任を担ってきた女性の立ち位置を問題化する第二波以降のフェミニズム的視点の影響のほか、若年層の貞操観念の変化や事実婚および同棲の増加など、1990年代前後から盛んに論じられはじめた結婚観のゆらぎが注目を集めていたことがあげられる。性別役割分業を前提とする制度への疑義や、実態および価値観の変化が、「近代家族」をイデオロギーとして批判的にとらえる素地となっていたといってもよいだろう。

③ 新たな共同性の模索へ

　今日の家族社会学では、「イデオロギー」という言葉の直接的な言及は少なくなっているものの、「近代家族」の相対化から継続して「家族」をめぐる常識や思い込みを問い直す作業は続いている。最後にそのいくつかの試みをみておこう。

　まずは同性婚やパートナーシップ制度をはじめ、昨今のLGBT家族に関する議論でよく言及される、異性愛秩序（ヘテロセクシズム）の問題をあげることができよう。関連して血縁者を含まない「レズビアンゲイの家族」の生活、ほかにも養子縁組、ステップファミリーの取り組みなどは、私たちをとりまく「血縁」と「家族」の結びつきの強さに対して問いを投げかけているといえる。[6]「イデオロギー」という言葉は通俗的には、実態から離れた「空理空論」という意味にも用いられてきた。日々刻々と変化していく私たちの生活と、そこから乖離している制度や思考の残滓を問うていく作業は、特定の政治的利害をめぐる対立を離れて、社会に生きる私たちすべてに開かれている。（本多真隆）

▷4　今日の「家族」と「伝統」をめぐる言論状況については、早川タダノリ編著、2018、『まぼろしの「日本的家族」』青弓社に詳しい。

▷5　近代家族論の展開を踏まえた、家族責任と「愛情」の結びつきに関する論点については、山田昌弘、1994、『近代家族のゆくえ』新曜社参照。

▷6　さらにシェアハウジングや友人ネットワークのなかでのケア関係、またポリアモリーの実践は、一対一の性愛関係を軸とした生活という、共同性についての無意識的な前提を再考する契機として注目されている。詳細は各種の議論を参照してほしいが、まとまったものとしては、牟田和恵編、2009、『家族を超える社会学』新曜社があげられる。

XIII 家族社会学の隣接領域

1 人口学

1 人口学と家族社会学

　人口学は，なぜ家族社会学の隣接領域といえるのだろうか。この疑問に答えるために，そもそも人口学とはどのような学問なのかについて説明しよう。人口学は，人口の増減やその構成，分布を研究対象とし，これらの変化の状況，要因，法則性について研究する学問である。人口は，3つの要因によってのみ変化する。まず，人口は人が生まれることで増加し（出生），死ぬことで減少する（死亡）。また，国や地域の人口は，人が入って来たり出て行ったりすることでも増減する（移動）。したがって，人口学では出生，死亡，移動の動向や変化の原因に着目する。具体的には，子どもが生まれること，進学などのために家を出ること，就職すること，パートナーと出会うこと，同棲すること，結婚すること，妊娠すること，転職すること，離婚すること，親と同居すること，親が亡くなること，といった個人の重要なライフイベントすべてに人口学の研究テーマがある。そのため，人口学は社会学をはじめとして，経済学，地理学，疫学といった多くの学問とテーマを共有しており，家族社会学とは結婚，夫婦関係，親子関係，世帯構成といったテーマで関心をともにしている。

　それでは，人口の増減や人口構成は，なぜ研究対象とされるのだろうか。それは，人口が社会のもっとも基本的な構成要素であり，その量と質の変化は社会のさまざまな分野に大きな影響をもたらすからである。例えば，現在，毎日のように耳にする少子高齢化という言葉は，日本の人口の年齢構成が1925年頃までみられたような富士山型――若い年齢ほど人口が多く，年齢が高くなるほど人口が少ない人口構造から，現在のようなつぼ型――子どもや若者が少なく，中年と高齢者が多い人口構造に変化することを指す。そして，少子高齢化が若い人材の労働力不足，医療費や年金負担の増大，地方に顕著な高齢化と過疎化，空き家の増加，家族の介護負担の増大といった問題や，外国人労働者の受け入れなどの議論を引き起こしていることは，周知の事実であろう。

2 人口転換理論と家族社会学

　人口学には，人口転換理論と呼ばれる独自の理論がある。これは，ヨーロッパ諸国の歴史的経験から導き出された理論であり，人口の変動を出生と死亡の推移から4段階に分けて説明したものである（図XIII-1-1）。人類の歴史は，出

▷1　人口転換を3段階に分ける考え方もあるが，ここでは，古典的な人口転換モデルを示している。詳細は，阿藤誠，2000，『現代人口学』日本評論社を参照のこと。

138

生率も死亡率も高く，人口増加率は非常に低い時代が長く続いた（第1段階）。17世紀から18世紀にかけて衛生状態や栄養水準が向上したことにより，死亡率がまず低下し，その結果として人口増加率が上昇した（第2段階）。死亡率の低下に続いて出生率も徐々に低下し，人口増加率も低下する（第3段階）。そして，最終段階では，死亡率・出生率とも

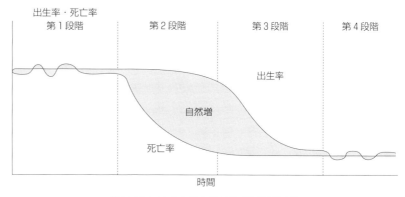

図XIII-1-1　人口転換理論による4つの段階

注：自然増とは，出生数が死亡数より多いことから生じる人口増を指す。
出所：Population Reference Bureau staff, 2004, "Transition in World Population," *Population Bulletin*, 59 (1): p. 6.

に低い水準で推移し，人口増加率も低いレベルに落ち着く。大まかに言えば，人口転換理論は近代化とともに社会は多産多死型から少産少死型へ変わる，ということを表している。

　人口転換理論は，家族社会学にも大きな影響を与えた。家族社会学のテーマに人口転換理論を取り入れてわかりやすく説明した研究に，落合恵美子の研究があげられる。ここでは，核家族化について簡単に説明しよう。1960年頃から1975年にかけて観察された日本の家族に関わる大きな変化として核家族率の増加がある。その理由として，従来一般的であった長男夫婦が親と同居する直系家族制に対する規範が弱まり，夫婦を単位とする核家族への志向が高まったとする説が出された。しかし，結婚した子ども夫婦が親と同居する世帯は割合としては減少したが，数の上ではあまり変わっていなかった。この現象を説明するのが人口転換理論である。日本における人口転換の第2段階（1925年～1950年代）に生まれた世代は，きょうだいが多い。この世代は，これまで通り長男夫婦は親と同居したが，次男三男や娘たちは家を出て結婚し，自分の世帯を築いたのである。結婚した子ども夫婦が親と同居する世帯の割合が減少したのは，次男三男や娘たちが形成した核家族が増えたことにより，総世帯数が増えたことに起因している。

　家族社会学に関わる今日的なテーマとして，育児負担や老親の介護負担などの問題も取り上げられる。これも，人口学的にはきょうだいネットワークが少ない少産少死世代特有の問題であろう。公的支援に頼らなかった多産少死世代が特にすごかったというわけではない。この世代には，きょうだいネットワークがあった。しかし，きょうだいが少ない今日の世代は人口学的に頼れる支援先が限られているのである。このように，家族社会学が扱うテーマは人口学と密接に関わっており，規範などに言及する以前にその背後にある人口学的条件を考慮に入れることが重要である。

（千年よしみ）

▷2　落合恵美子，2004，『21世紀家族へ［第3版］』有斐閣。

▷3　ここでは，核家族世帯が全普通世帯に占める割合と定義。

▷4　I-7 参照。

XIII 家族社会学の隣接領域

 法学

1 「家族法」とは

家族を対象とする法律は家族法と呼ばれ，『家族法』という書名の本も多数出版されている。しかし，「家族法」という名称そのものの法律は存在しない。家族法とは，民法という法律の一部である親族編（第4編）と相続編（第5編）を中心にして，広くは裁判手続を扱う人事訴訟法，家事事件手続法，あるいは行政が関わる戸籍法，児童福祉法，DV防止法などを含む場合もある。

以下では，民法の一部分としての家族法を中心に説明していく。そもそも家族法を英語で表すと "family law" であり，民法の親族編に相当する部分のみで，相続法は "succession law" である。ここでいう家族法とは，民法第1編から第3編の「財産法」との対比で使っている。

民法を財産法と家族法に分けるという考えは，財産法関係が計算的・合理的であるのに対して，婚姻や親子の関係が非打算的であるとして本質的に異なるものと考えた中川善之助の影響による。さらに，中川は，家族（身分関係）では，法律が支配するのは一部で，大きな部分は道徳や習俗の規律に委ねられると表現している。このことからも，家族法では，社会学的な理解を法の解釈に取り入れることを重視する立場が20世紀後半には強かった。

裁判手続をみると，財産に関する裁判が地方裁判所，簡易裁判所で行われるのに対して，家族に関する問題は家庭裁判所が管轄する。最初に調停が行われて当事者が合意を形成することが重視されるとともに，家庭裁判所調査官が事件のよりよい解決のために支援している。

2 家族のとらえ方

民法に「家族」という言葉はない。例として，X（男）とY（女）の夫婦に子Aがいる家族を考えてみよう。家族という団体ではなく，XとYの婚姻関係（夫婦），XとA，YとAの親子関係として構成する個人の権利と義務，個人と個人の関係で表される。

さらに，Yが前の婚姻でC（男）との間にもうけた子Bを連れてXと再婚していたとする。CとBは父子関係にある。X, Y, A, Bの家族であるが，XとBの間には，縁組しない限り，法律上の親子関係は存在しない。Xからすると，Bは妻Yの子，つまり**姻族**であるにすぎない。Cとの離婚後にYがB

▷1　正式名称は「配偶者からの暴力の防止及び被害者の保護等に関する法律」。

▷2　例えば，中川善之助, 1941，『身分法の総則的課題』岩波書店, p. 1。中川は，家族法ではなく身分法と呼び，財産法と区別している。しかし，中川が構想した身分法の全体的な理論は，現在ではほとんどが採用されていない。

▷3　姻族
姻族とは，血族と対比される概念である。配偶者の血族（ここでのB）または血族の配偶者（兄弟姉妹の配偶者など）が姻族である。

の親権者であっても，Xは法律上の父でもなければ，親権者でもない。

　次に，養育費を例にしてみよう。養育費とは，子の生活費，教育費などを指すと考えられるが，「養育費」という用語も民法に存在しない。養育費は子から親に請求するのではなく，父母の間で請求するものと想定されている。Aの養育費については父母が婚姻中であるため夫婦の婚姻費用分担（民法第760条）としてYがXに請求し，Bの養育費は父母の離婚後であるから離婚後の子の監護に関する費用（民法第766条）としてYがCに請求することになる。[44]

③　法令

　一般には，法令[45]を適用してトラブルを解決するときに法律の存在が意識されるが，普段から法令は機能している。

　民法の親族編では，夫婦という当事者双方が大人であり，対等な横の関係を定め，親子として監護・養育する者（親）とされる者（未成年の子）という縦の関係を定める。婚姻では，成立，効果としての当事者の権利義務，離婚とその効果が規定されている。親子は，父子関係の成立と否定，縁組の成立，効果と離縁が定められ，未成年の子と親の間について親権が定められている。

　そして縦の関係の延長として，認知症の高齢者や精神障害者のように判断能力が低下した者とその財産を管理する者という成年後見（保佐，補助）について定める。[46]相続編は，遺言（いごん）[47]がある場合の相続と，遺言がない場合の法定相続について定める。

　だが，条文をみればすべてがわかるわけではない。民法では父子関係について定めているが，母子関係について「分娩した者が母である」のは当然であって，あえて規定する必要はないと考えられた。同じく，婚姻が異性間であることも規定されていない（夫婦という用語からわかる）。しかしながら，代理懐胎もあり，同性婚も外国では認められている現在において，当然のこととは，どの時代の当然なのだろうか。民法の親族編と相続編は，1947年に日本国憲法の施行により家制度が廃止され，同年12月に大きく改正された。この短期間での改正は，家制度の廃止，男女平等の実現が中心となり，その他の基本的な枠組みは明治時代に成立した1898年の明治民法から引き継がれている。また，短期間での改正であったことから，詳細については裁判所に具体的な判断を任せる規定も多く含まれている。[48]つまり，法律の条文を眺めているだけでは，家族法の内容はわからない。

④　判例

　法律の解釈を示すもの，法律では明確ではない部分を補うものとして「判例」が重要となる。判例とは，過去に下された裁判をいうが，狭義では，そのうち現在拘束力をもち，法律と同様の働きをもっている原則と考えるとよい。

▷4　Xが家族としてAとBの養育費を負担してもよく，その場合にはYがCに対してBの養育費を請求しないだけである。

▷5　法律と命令（規則，政令，省令など）をまとめて法令と呼ぶ。法令は，六法やウェブでみることができる。多くの六法が出版され，学習や業務内容に沿って必要な法律を選択して編集されている。公的なウェブサイトとしてe-Gov法令検索（総務省），日本法令索引（国会図書館）がある。

▷6　成年後見人は，財産管理などを行うのが職務であり，介護を行うのではない点には注意が必要である。

▷7　民法では法的に実現可能な内容（遺言事項）を含む遺言を対象としており，「いごん」と読む。

▷8　法学とは解釈の学問であり，条文をどのように解釈するかが重要となる。解釈の違いによって結論がまったく異なることがある。

141

▷9 例えば，婚姻外のカップルである内縁・事実婚を定める規定はないが，判例により，婚姻の効果の多くが認められている。ただし，それでも，相続権がない，子が嫡出子とならないなど婚姻との重大な違いは残っている。

▷10 代表的なものとして，「判例時報」「判例タイムズ」がある。家族法では「家庭の法と裁判」がある。その他，金融，労働など各分野に特化した判例雑誌もある。

▷11 これと区別して，家裁，地裁や高裁の判断を下級審裁判例と呼ぶことがある。

▷12 裁判を特定するために，裁判所名，日付，出典を記載するのがルールとなっている。例えば，最大判平成25年9月4日民集67巻6号1320頁のように記載する。最大判とは，最高裁判所大法廷判決の略である。

▷13 例えば，判断能力が低下した人の保護について，昔は禁治産制度として当事者を社会から切り離していたが，1999年の民法改正（2000年施行）による成年後見制度では，自己決定の尊重，ノーマライゼーションなどを強調した制度となっている。

判例は，抽象的な条文の内容を理解するためには欠かせない。また，法律に定められていない事柄に関して，判例がルールを決めていくこともある。▷9

さらに，法律の規定が平等権や幸福追求権など憲法の定める人権を侵害する場合に裁判所が違憲であると判断すれば，その規定は無効となる（違憲立法審査権）。最近では，非嫡出子の相続分および100日を超える女性の再婚禁止期間が違憲であると判断され，法律が改正された。

これまで膨大な数の裁判が行われてきたなか，すべての判決などが公刊されているわけではない。重要と思われるもののみが判例雑誌あるいは裁判所のウェブサイトに掲載される。▷10 下級審裁判所（地方裁判所，高等裁判所，家庭裁判所）は，最高裁の下した判断に事実上拘束されることから，最高裁判所の判断は狭義の判例となる。▷11 最高裁判所の判断も数多くあるが，最高裁自らが選択し最高裁判所判例集民事編に掲載される民集登載判例は特に重要である。▷12

このように，数多くある条文，判例そして学説を連係させ体系的に知るためには，家族法の本（基本書と呼ばれるもの）を読むと効率がよい。

⑤ 立法

法の解釈とともに重要なのは，立法である。社会の変化に合うように，新たな法律が作られ，またこれまでの規定が変更される。家族法も，民法の一部を新たな規定に入れ替え，民法の外に新たな法律を定めてメンテナンスを行ってきた。▷13

近年は立法のペースが早まっており，2010年以降でも児童虐待防止のための親権の規定，家事事件手続法，成年年齢，ハーグ条約（子の返還関係），児童福祉法，相続法，特別養子制度の改正がある。

立法の場面では，現状把握，制度設計にあたり法学以外の観点も取り入れて考えることが必要となる。その意味で法律とは，一定の政策を実現するための装置にすぎないともいえる。

⑥ 法と社会のずれ

家族法が定める内容と社会の実状とが合っていない場面も見受けられる。立法によって対処されない場合には，社会に合った法の解釈が求められる。

男女の平等から1947年に導入された夫婦別産制（民法第762条）では夫婦それぞれが得た財産を各自で所有し管理する。これは，夫婦が共稼ぎで同等の所得があることが前提となり，主婦が多くを占めた日本の状況に合ってはいない。そのため，婚姻中に形成された夫の所有財産に妻の寄与を認めるための解釈がなされてきた。

また，医学の発展にもかかわらず，実親子関係に関する規定は明治時代からほとんどそのままである。生殖補助医療による親子関係に関する規定はまだな

い。また，DNA鑑定で親子関係がほぼ100％確定できるなかで，最一判平成
26年7月17日（民集68巻6号547頁）は，母の夫が子と血縁関係がないが法律上
の父であり，離婚後に母子と血縁上の父が同居している事案において，母から
の父子関係の否定（嫡出否認）はできないと判断した。この判決では「子の身
分の法的安定を保持する必要」はなくならないと理由で述べている。

⑦ 相続法改正

最後に，法学と家族が関係する具体例として，2019年から施行された相続法
の改正をみてみよう。

民法旧第900条第4号は，非嫡出子の相続分を嫡出子の相続分の2分の1と
定めていた。1996年の「民法の一部を改正する法律案要綱」は，相続分の平等
を提案したが実現しなかった。同時期の最高裁判所大法廷平成7年（1995年）
7月5日決定（民集49巻7号1789頁）は，民法第900条第4号が合理的理由のな
い差別とはいえないとして合憲と判断した。その後も第900条第4号が合憲で
あると最高裁は繰り返し判断していた。

最大決平成25年9月4日（民集67巻6号1320頁）は，この事件の相続が開始し
た平成13年7月当時において「嫡出子と嫡出でない子の法定相続分を区別する
合理的な根拠は失われていた」として第900条第4号の規定が憲法第14条第1
項（平等権）に違反していたと判断した。この決定理由では，「現在の相続制度
は，家族というものをどのように考えるかということと密接に関係している」
と述べている。また，日本において非嫡出子の出生率が2.2％にすぎず，法律
婚を尊重する意識が幅広く浸透していることも指摘した。それでも，相続分の
違いを違憲と判断することは，多数決では救われることがない少数派の権利を
人権の観点から守ることが法の務めであることを示している。

この決定に対して，保守派からは，高齢の妻が亡夫の持ち家を所有する遺産
分割が非嫡出子の相続分の増加によって困難になるという批判が出された。こ
の立場では，夫が妻以外の女性との間でもうけた子（非嫡出子）が，妻と嫡出
子側と対立するという構造を前提としている。

決定後に法務省は相続法改正にむけて早々に動き出した。2018年7月に可決
された法律では，配偶者が居住住居の所有権ではなく，居住権のみを終生にわ
たり取得するという配偶者居住権，長男の妻など相続人以外の親族の貢献を評
価する特別の寄与などを導入した。

この新たな規定も，配偶者居住権では，夫婦が婚姻してから子をもうけ，夫
の名義で住居を購入し，離婚することなく，夫が先に死亡する婚姻を想定して
いる。特別の寄与では，相続人である長男ではなくその妻が舅，姑の介護をす
ることが想定され，異性・同性の婚姻していないカップルでの相互の寄与は対
象とされていない。

（渡邉泰彦）

▷14 民法の規定では，嫡
出子の父子関係は，母の夫
（法律により父と推定され
た者）のみが子の出生を知
ったときから1年以内にの
み否認の訴えにより否定す
ることができる。

▷15 そのほかに，例えば
被相続人が婚姻で子をもう
け，離婚後に新たなパート
ナーと事実婚で子をもうけ
た場合も，嫡出子と非嫡出
子の相続人が登場する。

▷16 そのほかに，遺留分
の性質・規定の変更，自筆
証書遺言保管制度の新設，
遺産分割などに関する見直
し，相続と登記の問題など
相続法は40年ぶりに大幅見
直しされた。

▷17 配偶者居住権は，後
妻が先妻の子によって居住
住居からの退去を迫られる
ことを防ぐためにも有効な
方法である。

XIII 家族社会学の隣接領域

 福祉社会学

▷1 森岡清美・望月嵩,1997,『新しい家族社会学』培風館.

▷2 国際社会学会(ISA)の分類では,日本の福祉社会学が扱うような研究領域は,貧困,エイジング,保健医療などに分かれて存在している。その意味で,福祉社会学という括り方は日本独特のものであるともいえる(武川正吾,2010,『福祉社会学の想像力』筑摩書房)。また,社会政策学は福祉社会学と領域や方法が重なる部分が大きい。

▷3 日本の福祉社会学の起源や流れを整理した研究では,福武直の社会政策研究や社会指標研究などが先駆的なものとしてあげられているが(平岡公一,2004,「福祉社会学の理論的展開」『福祉社会学研究』1:pp. 37-49),ここでは2000年代の学会成立前後における特徴を示すにとどめる。

▷4 他方で,日本での福祉社会学の自己規定には,ソーシャルワークへの実践的な知の供給を主眼とした業界の学である社会福祉学との対比も含まれている(副田義也,2008,『福祉社会学宣言』岩波書店)。

▷5 新川敏光,2009,「福祉レジーム変容の比較と日本の軌跡」宮島洋・西村周

1 福祉社会学という領域

福祉が幸福とほぼ同義ならば,それは複数の領域にわたる現象・理念であり,福祉を扱う社会学には,成員の福祉追求のための集団という標準的定義のもとでかつて展開した家族社会学も含まれる。だが,ここでは日本において学会として制度化した福祉社会学という範囲に絞って簡単に特徴を確認しておこう。

2003年の福祉社会学会成立期前後からの福祉社会学を特徴づけるのは,イギリスの社会政策論をベースにした福祉国家論,特に国家の福祉支出や福祉供給システムを指標とした経験的な国際比較研究や,そうした枠組みに基づいて日本の社会政策の特徴を描き出す研究などである。そうした相対的にマクロな研究群を1つの核に,より個別の障害者,高齢者,子どもなどの領域に関する経験的研究や,地域福祉・福祉社会論といった国家の外,あるいは国家を1つのアクターとした社会の領域にウェイトを置いた研究群が生まれていった。

2 比較福祉制度論における家族

福祉社会学研究は,家族とどのような関係があるだろうか。マクロな比較福祉制度論では,福祉供給が,国家や市場,市民社会などの原理の異なる領域で複数のアクターによってなされているととらえて,それぞれの社会の福祉供給の特徴(福祉レジーム)を分類・記述するような分析がなされる。こうした理論的図式の下で,家族は福祉供給の領域・アクターの1つと位置づけられる。

福祉国家支出の観点からは,家族による福祉は,公的な福祉給付の補完・代替として機能している。特に市場参加の程度にかかわらず一定の生活水準を維持できる程度を示す脱商品化も,福祉サービス供給による家族責任の軽減の程度もともに低い,「家族主義的福祉レジーム」として特徴づけられる日本社会において,福祉供給主体としての家族は経験的研究の重要な対象である。例えば,1970年代末から政府によって強調された日本型福祉社会という政策構想は,世界的な低成長期において,3世代同居を前提とした家族による福祉供給を,公的給付中心の福祉国家像とは異なる日本社会の強みとして「制度的に」正当化しようとしたものだととらえられる。また,生活保護制度や介護制度など個別の政策における給付の家族要件などに関する経験的研究もなされてきた。

以上のような家族による福祉供給は,女性のケア労働・不払い労働を前提と

しており，近代家族論やマルクス主義フェミニズムが批判的に明らかにしてきた家族の近代社会における（潜在的な）機能といえる。こうした研究からの問題提起を背景に，比較福祉制度研究において，福祉国家の政策パフォーマンスを測る指標として，脱家族化[47]や脱家父長制化[48]などの概念が彫琢され，福祉レジームの特徴の経験的分析に用いられるようになっていった。

③ 福祉と家族の交錯地点としてのケア

　高齢化に伴う需要の増大などで，対人サービス給付が福祉給付の中で大きな比重を占めるようになっていくことにより，福祉社会学と家族社会学との接点は増し，混交していく。福祉給付の類型として対人サービスは現物給付の一部だが，需要増は，措置制度に基づく定型的な施設サービスだけでなく，市場やNPOなどによるサービスを相談援助的なものも含めて生み出し，その供給場所も地域や在宅を中心とするようになっていった。こうした現実の動きの中で，家族が家事として行うことと，その外の社会が行うことがいずれもケア概念で括られ研究対象となっていく。そして，それらのケアごとの異同や，アクター間の関係性をみていくような視点をもつ研究が豊富に生まれていく。

　家族の側からすれば，これは，家族によるケアが社会化されていく現象であり，家族とその外部のアクターとの接点が生まれ，そこで起こることや当事者の経験が研究の対象となっていく。例えば，貧困世帯や生活保護世帯で生きてきた子どもたちへの聞き取りをもとにした研究では，彼らが，仕事に従事せざるをえない親に代わって家事を担わざるをえないことを自らのアイデンティティとしていたり[49]，外部の支援からの「貧困家庭」という定義づけに抵抗したりする様が発見される[410]。こうした研究からは，福祉サービスが必ずしも受け入れられない背景に家族ゆえの論理が存在することが示唆される。また，子育て広場などにおける支援者たちが，家族がケアすべきという規範が残る中でケアの社会化を実践するアクターとなるために生まれる葛藤をいかに調停しているのかを明らかにした研究もある[411]。以上のような研究は，公的な福祉が実際に私的空間の中でニーズに届くプロセスに迫るものともいえる。

　家族と福祉，あるいは家族社会学と福祉社会学との接点を単純な意味で考えると，何らかの問題を抱えた家族を特定し，その対象への制度的支援をいかにして行うかという問題意識の研究が思い浮かぶ。また，家族，市場，市民社会のセクターごとの福祉供給のありようと連携・協働といった議論もマクロな福祉制度研究の図式から導かれる[412]。これらはもちろん重要である。しかし，家族と福祉の接点で社会学の立場からさらに踏み込むべき課題は，異なる領域での福祉供給の内容・論理を描くことを踏まえて，領域間の葛藤や調和を経験的に明らかにしたり，その経験的解明をもとに公的な福祉制度や社会規範の中で標準とされる家族のあり方を問い直していくことである[413]。　　　（井口高志）

三・京極高宣編『社会保障と経済1　企業と労働』東京大学出版会。

▷6　例えば，介護保険制度の改定に伴って家族の役割が再び増す「再家族化」を論じたものとして，藤崎宏子，2009，「介護保険制度と介護の『社会化』『再家族化』」『福祉社会学研究』6：pp. 41-57。

▷7　エスピン＝アンデルセン，G.，渡辺雅男・渡辺景子訳，2000，『ポスト工業経済の社会的基盤』桜井書店。

▷8　武川正吾，1999，『社会政策のなかの現代』東京大学出版会。

▷9　林明子，2016，『生活保護世帯の子どものライフストーリー』勁草書房。

▷10　知念渉，2018，『〈ヤンチャな子ら〉のエスノグラフィー』青弓社。

▷11　松木洋人，2013，『子育て支援の社会学』学文社。

▷12　例えば，後藤澄江，2012，『ケア労働の配分と協働』東京大学出版会。

▷13　近年の家族社会学での，シングル世帯や，シェアハウジング，レズビアンゲイカップルなどの「標準的世帯」と異なる親密な関係性のありようの経験的研究は「例外」や「多様性」を描くというよりも，福祉供給の単位に「標準家族」を置くことの合理性や適切性を問い返す視点をもっている。牟田和恵編，2009，『家族を超える社会学』新曜社などを参照。

XIII 家族社会学の隣接領域

 地域社会学

1 地域への社会学的アプローチ

　日本の連字符社会学のなかで，地域に関する名前がつくものに「地域社会学」「都市社会学」「農村社会学」がある。地域社会学（Regional and Community Studies）は，そのなかでもっとも新しく，1970年代に，都市化や産業化によって生じる問題や事象の解明を目指して，農村社会学（村落研究），労働社会学，家族社会学などの研究者が合流して生まれたアプローチである。他方，日本の都市社会学（Urban Sociology）はシカゴ学派と呼ばれるアメリカの都市社会学に主要なルーツをもつ。さらにヨーロッパでは1970年代〜1980年代に，K.マルクスやM.ウェーバーらの理論に基づきつつシカゴ学派のアプローチを批判して新都市社会学（New Urban Sociology）が登場した。本章ではこれらのアプローチを横断して述べることとする。

2 「家族」の集まりとしての地域社会

　「家族」との関係から地域社会をみると，有賀喜左衛門や福武直らによる農村社会学（村落研究）における地域社会（ムラ）を家（イエ）の集まりとしてとらえた「イエ／ムラ論」が1つの基調をなす。そして資本主義の展開に伴う農村社会から都市社会への変容は，「家族」における生産（農業）と消費の分離という生活構造の変化，および地域住民の農民から労働者階級への社会移動（階級構造の変化）などの位相とともに考察された。
　都市社会へのアプローチにおいて「家族」は地域集団論に伏流している。農村社会学から都市社会学へと展開した鈴木榮太郎は，世帯，職域集団，学校，地区集団，生活拡充集団（「文化団体」「リクリエーション団体」「社交団体」など）のなかで，人々がその生活の型を続けることで社会が存続し得る「正常な生活」を送っている集団である世帯と職域集団を，都市に関する基本的調査の対象（最基本的集団）とした。他方で，地区集団と生活拡充集団を余暇集団としつつも，地区集団を「実質的に強制加入の団体」であるとともに「実質上，世帯を成員とし」ていることから，生活拡充集団とは区別した。
　大規模な都市化（郊外化）が進むなかで，1969年に厚生省（当時），1971年に自治省（当時）によって，中学校区などの身近な生活圏を単位として，共同性の醸成や住民自治の再構築を目指すコミュニティ政策が打ち出される。そこで

▷1　地域社会学，都市社会学を俯瞰できる文献として，地域社会学会編，2011，『新版キーワード地域社会学』ハーベスト社；中筋直哉・五十嵐泰正編，2013，『よくわかる都市社会学』ミネルヴァ書房。

▷2　鈴木榮太郎，1957，『都市社会学原理』有斐閣（『鈴木榮太郎著作集Ⅵ　都市社会学原理』未來社，1969年に所収）。

▷3　山崎仁朗編，2014，『日本コミュニティ政策の検証』東信堂。地域コミュニティ論に関する入門書として，船津衛・浅川達人，2014，『現代コミュニティとは何か』恒星社厚生閣。

▷4　Ⅰ-11 参照。ネットワークとして地域コミュニティをとらえる視点への画期となる研究の1つとして，ウェルマン，B.，野沢慎司・立山徳子訳，2006，「コミュニティ問題」野沢

地域コミュニティの形成について，町内会・自治会が基盤をなすのか，あるいは個人のボランタリーな活動や参加に期待するのかが論点の1つとなってきた[3]。さらに，地域的範囲（近隣）から共同関係をいったん切り離してとらえるパーソナル・ネットワーク論への展開のなかで，さまざまなネットワークの1つとして親子関係や親族との関係が分析されている[4]。

3 ジェンダーと地域社会

1970年代の後半頃から，都市郊外に住む新中間層の主婦らを中心として，当初「女性団体」とも呼ばれた市民活動が活発になるなかで，地域集団論はジェンダー論を後景にもつようになる。主婦として個々の家庭に孤立していた女性らがネットワークして形成された団体は，組織論的な視点から，個人の自律的・自発的・非権力的な行為に基づく組織であるボランタリー・アソシエーションとして注目された[5]。今日では，市民活動団体について，法人化・事業化したものを含めて「NPO」「サード・セクター」「社会的企業」などととらえる視点がある。

その先駆的研究として佐藤慶幸らは，東京の生活クラブ生協を事例として，PTAなどの日常的な活動経験しかない主婦が，共同購入や学習会などへの参加を通じて社会運動の担い手（主体）となっていく過程を描いている。しかしながら近年，北海道の生活クラブ生協を分析した西城戸誠は，1980年代のような運動主体の形成機能（しかけ）が弱まっていることを指摘する[6]。

矢澤澄子らは，都市的生活様式の浸透のなかで，家族内で担われてきた家事・育児・介護などの再生産労働の外部化（社会化）という視点から女性の市民活動（有償ボランティア）やまちづくり（フォーラム），政治（代理人運動）への参加をとらえ，根強い性別役割分業規範のもとで困難を伴いつつも，女性役割の再定義と地域社会や地域政治の変化の可能性を考察した[7]。また，都市部以外の女性の参加に注目するものとして，藤井和佐による農村および漁業地域の地域づくりにおける農業・漁業の女性リーダーの研究がある[8]。

4 さまざまな地域と家族

家族の形態や役割は，その家族が位置する地域性とも大いに関わる。特定の地域を対象として公共政策，産業構造，市民意識，地域集団，地方政治などについて多面的に考察する総合的調査の成果をまとめたモノグラフのなかでさまざまな家族が描写されている[9]。また，統計的手法に基づき，諸指標の値を地図やメッシュを用いて表す手法として社会地区分析がある。例えば，倉沢進らは，人口構成，産業，階層，住宅（所有形態，面積など）とともに，家族形態に関する指標を扱っている[10]。

(清水洋行)

▷ 慎司編・監訳『リーディングス　ネットワーク論』勁草書房，pp. 159-204。

▷5　越智昇, 1982,「コミュニティ経験の思想化」奥田道大ほか著『コミュニティの社会設計』有斐閣, pp. 137-177；佐藤慶幸, 1982,『アソシエーションの社会学』早稲田大学出版部。

▷6　佐藤慶幸編, 1988,『女性たちの生活ネットワーク』文眞堂；西城戸誠, 2008,『抗いの条件』人文書院。

▷7　矢澤澄子編, 1993,『都市と女性の社会学』サイエンス社。

▷8　藤井和佐, 2011,『農村女性の社会学』昭和堂。

▷9　総合的調査には1980年代～1990年代に構造分析・社会過程分析として展開されたものがある。他方，近年の研究では，大都市圏を対象とした浅野慎一・岩崎信彦・西村雄郎編, 2008,『京阪神都市圏の重層的なりたち』昭和堂，京都を対象とした鯵坂学・小松秀雄編, 2008,『京都の「まち」の社会学』世界思想社，エスニック・コミュニティを対象とした二階堂裕子, 2007,『民族関係と地域福祉の都市社会学』世界思想社，炭鉱地域を対象とした中澤秀雄・嶋﨑尚子編, 2018,『炭鉱と「日本の奇跡」』青弓社などがある。

▷10　倉沢進・浅川達人編, 2004,『新編　東京圏の社会地図』東京大学出版会。

XIII　家族社会学の隣接領域

5　教育社会学

① 教育社会学の対象

　教育社会学とは，教育に関わる事象を社会学的に分析する学問である。教育というと学校教育を思い浮かべがちだが，ここでいう教育はより広範な対象を指し，家族・地域・メディアなど教育とは必ずしも意識されない担い手を含む。近年，日本教育社会学会が編纂した『教育社会学事典』は，以下の13の研究領域から構成されている。すなわち，1．社会化と人間形成，2．家族，3．ジェンダーと教育，4．初等・中等教育，5．教師，6．高等教育，7．生涯教育と地域社会，8．教育問題，9．階層と教育，10．教育と経済，11．教育政策，12．メディアと教育，13．グローバリゼーションと教育，である。

　これらの領域をみると，教育学との重なりが大きいことにあらためて気づく。実際，より上位の学問分野との関係でいうと教育社会学を教育学の一部とする考え方もあり，経済学・政治学・心理学・人類学などとも対象に重なりがある。しかし，ここでは教育社会学を社会学の一部とみなしている。ただし各学問分野はその対象（だけ）で区分されるわけではない。

② 教育社会学の特徴

　それでは「社会学としての」教育社会学の特徴はどこにあるのだろうか。いろいろな理解がありうるが，ここでは4点を指摘しておく。第一に社会学の複数の理論を用いて多角的な分析を試みる点である。例えば社会学の古典的な理論として，合意と均衡を強調する機能主義理論と，集団間や階級間の紛争を強調する葛藤理論（紛争理論）がある。高等教育を受ける機会の不平等という現象を理解する場合，機能主義理論によれば学校は（すべての子どもに同一の教育を施すことで貧富など）家庭にあるさまざまな不平等を解消する平等化の装置であるが，葛藤理論からみればそれは表面的な理解であり，学校はもともと家庭にある不平等を維持，拡大するにすぎないという。

　もっともいずれの理論に立脚するにせよ，学校の機能として社会的な「選抜」（例えば入試や就職）が視野に入っている点では共通する。かつて学校は子どもの個性を伸張させるべきだという理想を追求するあまり，それに反すると思われた「選抜」を隣接学問はほとんど研究対象としない時期があった。それに対して教育社会学は，はやくから「選抜」について研究し，それが学歴社会

▷1　日本教育社会学会編，2018，『教育社会学事典』丸善出版。同書の「概説：教育社会学の学問的性格」（pp. 4-9）もあわせて参照。

▷2　教育社会学のテキストとしては，岩井八郎・近藤博之編，2010，『現代教育社会学』有斐閣，より専門的な文献としては，後述の能力の社会的構成説を含めて柴野昌山・菊池城司・竹内洋編，1992，『教育社会学』有斐閣を参照。

▷3　日本の教育社会学に影響を与えた論文集が1960年代からイギリスで4冊出版されている。最新作の抄訳はローダー, H. ほか編，広田照幸ほか訳，2012，『グローバル化・社会変動と教育〈1・2〉』東京大学出版会。

▷4　高等教育を受ける機会の不平等や選抜については，XII-4 を参照。

論へと結実した。このように第二の特徴として，どうあるべきかという規範をいったん括弧に括って，教育社会学は観念的ではなく実証的な研究を重んじてきた。

しかし，教育社会学が没価値的な研究に終始して社会問題を論じないわけではない。グローバリゼーションの影響で教育内容が高度化し，より多くの要求が学校に突きつけられるようになった結果，多忙化する教員。家族構造の変化とともに離婚が増加し，ひとり親のもとで育つ子どもの不利の世代間での連鎖。こうした社会変動に伴う困難への対応についても，教育社会学は取り組んできた。ただ，第三の特徴として，最初から「問題」が存在するのではなく，「人々が社会問題ととらえる事象を問題とみなす」という社会構築主義の視点を取り入れながら研究や問題提起がなされ，臨床的な試みも行われている。

▷5 I-18 参照。

こういった柔軟な発想からは，第四の特徴として，常識にとらわれない知見が生まれている。例えば一般には能力の高い人が入試や就活で選抜されて高い地位に就くと考えられている。確かにその蓋然性は高いが，いくら能力が高くても現実に合格者や定員がきわめて少なければ（多ければ），ほとんどの人は選抜されない（誰でも受かる）。したがって「能力があるから選抜されるというよりは，選抜された者に能力がある（ほとんどない）とみなされる」（能力の社会的構成説という）という解釈も成り立つ。

③ 教育社会学の方法

第二の特徴で述べた実証的な研究の方法は，他の社会学とほぼ共通で，量的方法と質的方法に大別される。量的方法とは，無作為抽出された者を対象に調査票を用いた調査を行い，統計的な分析に基づいて変数間の関連を記述し因果関係を説明する方法である。他方，質的方法はインタビュー（聞き取り）を中心に，グラウンデットセオリー・アプローチ，ライフヒストリー，ライフストーリー，会話分析，言説分析，参与観察など多様な方法が用いられている。質的方法は語られたことや語る行為そのもの，書かれたこと，あるいは映像を重視し，調査者と被調査者との関係性により意識的であるという特徴がある。

▷6 XIII-8 参照。

▷7 XIII-11 参照。質的方法のテキストとしては，谷富夫・芦田徹郎編，2009，『よくわかる質的調査技法編』ミネルヴァ書房を参照。

どちらの方法でも，従来の教育社会学の調査は，少数の学校に調査を依頼し，データを得ることが多かった。目的によってはこれで十分だが，より一般的な傾向を確かめたければ，対象者（校）が恣意的に選ばれているという問題がある。他方で，社会学の調査でよくなされるように，住民基本台帳から対象者を無作為抽出すると，標本に選ばれた対象者の学校がばらばらで，教育社会学が着目する学校効果を剔出しにくい。そこで近年では，まず学校を，次にその学校から個人を無作為抽出したデータに対して，マルチレベル・モデルによる分析を行うことが一般的になってきた。ただしそうした社会調査の実施は容易ではないので，2次分析などさまざまな模索が続いている。　　（平沢和司）

▷8 量的方法による社会調査のテキストとしては，2次分析を含めて，轟亮・杉野勇編，2017，『入門・社会調査法［第3版］』法律文化社を参照。

XIII　家族社会学の隣接領域

6 歴史社会学

1 「歴史社会学」の多様性

P. L. バーガーは社会学の営みを「旅」になぞらえ次のように述べている。「旅の途中で，歴史学者と何度も会話を交すことがなければ，社会学者の旅は非常に貧しいものになるだろう」[41]と。彼のこの言葉にもあらわれているように，社会学の問題関心はその初期から歴史的な視点と不可分だった。すなわちそれは，「近代」という時代をどのように理解するかという問いである。

ひとくちに歴史社会学といってもその内容は多岐にわたり，分析の手法も質的なものから計量的なものまでさまざまである[42]。そして日本の家族社会学においては，伝統的家族である「家」の変動を対象とした研究の蓄積のほか，法制史や思想史，そして1980年代後半以降に大きな影響を与えた社会史など，歴史研究の諸領域との交流も豊富であった。ここでは「歴史社会学」の多様さを踏まえてその枠をゆるやかにとらえ，現在の「家族」の立ち位置を過去との関連からとらえることに役立つ諸研究の知見や枠組みを概観していきたい。

2 伝統的家族研究：近代化論から家族変動論まで

日本の家族社会学における歴史への関心は戦前期にまでさかのぼる。例えば日本の家族社会学の嚆矢である戸田貞三の最初の論文は，古代からの「家」の変遷をテーマとしたものであり，その関心は彼の同時代的な家族構成の分析[43]にも連なっている。また有賀喜左衛門による一連の実証的家研究[44]は，「日本」の民族性の歴史的分析という側面をもっていた。

これらの研究と並んで今日でも「家」をとらえる枠組みに影響を与えているのが，家のイデオロギー的側面を批判的にとらえた戦後初期の近代化（≒民主化）論である。代表的なものとしては法社会学者である川島武宜の業績[45]や政治学者の石田雄らによる家族国家観研究[46]があげられよう。彼らの研究は個人の抑圧や公私の未分離といった「家」の「前近代的（封建的）」な性格を強調する傾向があるものの，そのイデオロギーが明治期以降に国家主導で形成されたこと，そして時期を経るにつれて民衆の意識とのギャップが生じていたことなど，日本の「家族」の近代化をみる上で優れた示唆を与えてくれる。

戦後における伝統的家族の変化については，親族組織の変容を扱った農村社会学の蓄積も重要であるが，家族社会学においては家族変動論[47]の知見が欠かせ

▷1　バーガー，P. L.，水野節夫・村山研一訳，2007，『社会学への招待 [普及版]』眞珠社，p. 34。

▷2　より詳しく知りたい場合は，『社會科學研究』57(3・4)の「特集 歴史社会学」の各論文や，Lachmann, R., 2013, What is Historical Sociology ? Polity などが参考になる。

▷3　戸田貞三，1937，『家族構成』弘文堂。

▷4　有賀喜左衛門，1943，『日本家族制度と小作制度』河出書房。

▷5　川島武宜，1957，『イデオロギーとしての家族制度』岩波書店。

▷6　石田雄，1954，『明治政治思想史研究』未来社。

▷7　光吉利之，1983，「家族の変動」『ソシオロジ』28(1)：pp. 15-31 など。戦後農村家族の変動に関する近年の研究成果としては，奥井亜紗子，2011，『農村−都市移動と家族変動の歴史社会学』晃洋書房がある。

ない。戦後から高度経済成長期までの家族変動を「直系制家族」と「夫婦制家族」の重層的な並立ととらえるなどの成果を残したこの分野の代表的論者である森岡清美の研究はその筆頭である[8]。またこれまであげたような学際的な家族史への関心は，それぞれの研究領域の専門家が名を連ねた1980年の『家族史研究』の発刊によく示されている。

③ 近代家族論の展開

1980年代後半頃からは，アナール学派をはじめとした西欧社会史，家族史研究の導入が進み，日本における「近代家族」の形成を問う歴史社会学研究が蓄積されていった。明治期の「家」イデオロギーに親子関係の情愛を核とした「近代家族」的なイメージを読みとった牟田和恵の研究や，近代日本の家族規範や住宅様式に「家」と「近代家族」の二重構造モデルを見出した西川祐子の研究がその代表例である[10]。この流れは，過去の家族の解明という関心だけでなく，フェミニズムやM.フーコー，J.ドンズロらの権力論などの視点も巻き込んで，広く「近代」という時代を批判的に問い直すものでもあった。「男は仕事，女は家庭」という性別役割分業や，「良妻賢母」としての女性役割[11]，また異性愛主義的な「ロマンティック・ラブ・イデオロギー」の歴史的相対化は，教育史やジェンダー論，セクシュアリティ論にまでまたがっており，今日でも重要なテーマとなっている。なお近年の（国内を中心とした）研究では，日本の文脈にあらためて注意する傾向がみられる[12]。

④ 今後の展望

以上，「歴史社会学」の研究として言及されるものを，分野を問わずみてきた。これらの研究の「社会学」的な共通点は，①社会的な規範やイメージなど，不特定多数の人に共有されているマクロ的要素をみる傾向，②個別の事例の紹介よりも，国際比較などにも応用可能なモデル（「家」と「近代家族」の二重構造モデル）の抽出を重視する理論的な志向などにあるといえるだろう。

今後の展望としては，従来のテーマの継続発展だけでなく，「現代」の家族をめぐる動向を踏まえた上で歴史をみる作業が求められている。例えばM字型就労の残存など，日本における「近代家族」的な規範は，その相対化が進む欧米先進諸国と顕著な対照をなしており，「日本型近代家族」とは何だったのかという問いをあらためて投げかけているといえる。あるいは現在噴出しているさまざまな家族問題を歴史的にみることで，その性格を問い直すという方向性もありうるだろう。大きな社会変動を迎えているといわれる時代こそ，歴史社会学的視座が求められる時代にほかならない。

（本多真隆）

▷8　森岡清美, 1993,『現代家族変動論』ミネルヴァ書房にまとまっている。近年の研究成果については，施利平, 2012,『戦後日本の親族関係』勁草書房がある。

▷9　牟田和恵, 1996,『戦略としての家族』新曜社。

▷10　西川祐子, 2000,『近代国家と家族モデル』吉川弘文館。

▷11　小山静子, 1991,『良妻賢母という規範』勁草書房。

▷12　ノッター, D., 2007,『純潔の近代』慶應義塾大学出版会；阪井裕一郎, 2009,「明治期『媒酌結婚』の制度化過程」『ソシオロジ』 54(2)：pp. 89-105；桑原桃音, 2017,『大正期の結婚相談』晃洋書房など。

XIII 家族社会学の隣接領域

 歴史人口学

▷1 歴史人口学の入門書としては，速水融，2001，『歴史人口学で見た日本』文藝春秋；浜野潔，2011，『歴史人口学で読む江戸日本』吉川弘文館がある。

▷2 小教区帳簿の説明は藤田苑子，1992，「解説I史料について」グベール P. 遅塚忠躬・藤田苑子訳『歴史人口学序説』岩波書店，pp. 155-175に詳しい。

▷3 一組の夫婦ごとに，結婚の情報，出産の情報，子どものライフイベント，死亡情報を家族復元フォームというシートに書き込んでいく作業。

▷4 Fleury, M., et Henry, L., 1956, Des registres paroissiaux à l'histoire de la population, manuel de dépouillment et de l'état civil ancient, Paris.

▷5 Gautier, É., et Henry, L., 1958, 'La population de Crulai, paroisse normande, Étude historique', Cahiers Travaux et documents de l'I. N. E. D., n. 33, PUF.

▷6 グベール，P．，遅塚忠躬・藤田苑子訳，1992，『歴史人口学序説』岩波書店。

過去の人々は，誰と暮らし，何歳ぐらいで結婚し，何人ぐらいの子どもをもち，何歳ぐらいで死んだのだろう。このような問いに答えるのが歴史人口学である。歴史人口学は，近代国勢調査以前の史料を用いて，出生，死亡，結婚といった人口指標と世帯規模や世帯構成といった世帯の形態を分析し過去の家族や人々のライフコースを解明する学問である。

1 歴史人口学の誕生

歴史人口学（仏＝Démographie historique，英＝Historical Demography）は，1950年代にフランスで誕生した。2人の研究者がそれまで史料としてほとんど使われることのなかった小教区帳簿（仏：registre paroissial）に着目して近代以前の人口動態を分析した。小教区帳簿は，カトリック教会組織の末端の単位である「小教区」の司祭が小教区民の洗礼・婚姻・埋葬を日々記録した帳簿である。この史料に着目した1人は，フランス国立人口学研究所（INED）の人口学者L. アンリである。彼は，自然出生力を解明するという目的から，この史料にたどり着いた。アンリは，小教区帳簿から結婚・出生・死亡に関する人口指標を求める家族復元（Family Reconstitution）という整理方法を編み出し，『小教区帳簿から人口の歴史へ——前近代戸籍の調査・利用マニュアル』（以下，『マニュアル』）を1956年 M. フルリとの共著で刊行する。この著作により，歴史人口学の分析方法は確立し，以後，歴史人口学は「アンリの方法」に従い研究成果を蓄積していくことになる。さらに，アンリは自ら『マニュアル』に従って，これ以降歴史人口学のモノグラフのひな型となる，ノルマンディの農村小教区クリュレを対象とした『クリュレの人口』を発表する。同時期に小教区帳簿に着目したもう1人の研究者は，歴史家のP. グベールである。グベールは，家族復元を自らのスタイルで行い，人口変動と物価変動との関わりについて分析した。1960年に刊行されたボーヴェ地方の研究は，歴史人口学と隣接研究分野との学際研究の可能性を見出した。

2 イギリスにおける歴史人口学の展開

歴史人口学は1960年代に大きな展開をみせる。イギリスでは，社会思想史家P. ラスレットと経済史家E. A. リグリィが，人口と社会構造の歴史的研究を目的とする「人口史と社会構造史研究のためのケンブリッジ・グループ」（Cambridge Group for the History of Population and Social Structure，以下，ケンブリッジ・グループ）を1964年に結成する。彼らは，イングランド各地の教区簿冊（parish register）を収集し，家族復元法に従って史料の分析を行った。イギリス国教会の教区簿冊の記載内容は，フランスの小教区帳簿に比べ内容が簡略であるため家族復元の内容が限定されることから，史料の収集を組織的に行い，データをコンピュータ処理して利用した。その集大成が，イングランドの人口史をマクロの視点から解明した『イングランドの人口史——1541～1871年，一つの復元』と『家族復元によるイングランド人口史』である。

ケンブリッジ・グループの研究にはもう1つ，その後の家族史研究に大きな影響を与えた特徴がある。それは，ラスレットが行った世帯研究である。教区簿冊を史料とする「家族復元」は，夫婦関係，親子関係しか復元できない。「家族」を解明することはできないのである。ラスレットは，住民台帳（listings of inhabitations）を史料とし，誰と誰が一緒に住んでいたか，すなわち，世帯規模と世帯構成の分析を行い，家族史研究に新たな途を開いた。ラスレットは，通時的通文化的な比較を可能にするために世帯構成の類型を提示する（ハメル・ラスレット分類）。この分類は，夫婦と未婚の子どもからなる夫婦家族単位（conjugal family unit：CFU）の組み合わせにより世帯構成を6つのカテゴリーに分類するものである。ケンブリッジ・グループが日本の歴史人口学と深い関わりにあるのは家族研究という共通項があることも大きく影響している。

ラスレットは，住民台帳を史料に，16～19世紀のイングランドの一世帯あたりの平均世帯規模は4.75人であり，1985年においても大きな変化はないこと，世帯構成は単純家族世帯（核家族）の割合が70～75％，拡大家族世帯と多核家族世帯をあわせても約10％（3世代以上を含む世帯の割合は4.5～7％）であることを発見した。そして，工業化以前は，世界中至るところで大規模で多世代の親族を含む大家族が一緒に暮らしていたという，いわゆる大家族神話を払拭した。

ラスレットのこの研究は刺激的だが批判もある。A.コロンは，アンシャン・レジーム下のオート＝プロヴァンス地方の結婚契約書の分析から両親と新たに結婚した子どもたちとが同じ屋根の下で共同生活を営むにあたっての取り決めが頻繁にみられることを強調し，「われら失いし世界は，プロヴァンスの太陽の下と，アングロサクソンの霧の中では全く同じではなかったようである」とラスレットの主張に対し反論を加えた。

また，L.K.バークナーは，毎年の世帯構成を総計した結果，核家族が優位であるとみえる場合でも，ファミリーサイクルを考慮に入れると直系家族を析出する可能性があると述べ，ラスレットの分析には家族周期という概念が欠如していることを指摘し，この分析の必要性を強調した。さらに，S.ラグルズがアメリカとイングランドでは19世紀末にかけて拡大家族世帯が増加したこと

▷7 ラスレット，P.，斎藤修編著，1988，『家族と人口の歴史社会学』リブロポートを参照。

▷8 Wrigley, E. A. and Schofield, R., 1981, *The Population History of England, 1541-1871*, Cambridge University Press.

▷9 Wrigley, E. A., Davies, R. S., Oeppen, J. E. and Schofield, R., 1997, *English Population History fron Family Reconstitution, 1580-1837*, Cambridge University Press.

▷10 ハメル・ラスレット分類の各カテゴリーの名称は，この分類に独自なものであり，家族社会学で用いる名称と同じ用語でも内容が異なることに注意してほしい。ハメル・ラスレット分類の詳細に関しては，ハメル，E. A.，・ラスレット，P.，落合恵美子訳，2003，「世帯構造とは何か」速水融編『歴史人口学と家族史』藤原書店を参照してほしい。

▷11 ▷7の文献参照。

▷12 コロン，A.，福井憲彦訳，1983，「18世紀オート＝プロヴァンスにおける核家族と拡大家族」二宮宏之ほか編『家の歴史社会学』新評論（藤原書店，2010年）。

▷13 Berkner, L. K., 1972, "The Stem Family and the Developmental Cycle of the Peasant Household: an Eighteenth-century Austrian Example", *American Historical Review*, 77 (2)：pp. 398-418.

▷14 Ruggles, S., 1987, *Prolonged Connections The Rise of the Extended Family in Nineteenth-Century England and America*, The University of Wisconsin Press.

▷15 日本の歴史人口学については▷1の文献参照。

▷16 宗門改帳については，速水融，1997，『歴史人口学の世界』岩波書店に詳しい。

▷17 人口動態とは，ある一定期間内の人口変動，すなわち，出生，死亡，流入出をいう。

▷18 人口静態とは，ある一時点における人口の総数，人口構造をいう。

▷19 基礎シート（BDS），家族復元シート（FRF）についても，速水融，1997，『歴史人口学の世界』岩波書店を参照。

▷20 速水融，1973，『近世農村の歴史人口学的研究』東洋経済新報社。

▷21 国際比較の成果は，Allen, R., Bengston, T. and Dribe, M. et al., 2005, *Living Standards in the Past : New Perspective on Well-Being in Asia and Europe*, Oxford University Press ほか2冊にまとめられている。

▷22 速水融，2001，『歴史人口学で見た日本』文藝春秋，pp. 192-199。

▷23 落合恵美子編著，2015，『徳川日本の家族と地域性』ミネルヴァ書房を参照。

を解明し，ラスレットの核家族神話を批判している[14]。

③ 日本における歴史人口学の展開

わが国の歴史人口学は，留学中にアンリの著書に出合った速水融によって1960年代半ばに生み出された。日本の歴史人口学は，主として江戸時代の庶民の生から死に至る人口指標の分析と庶民の生活の基盤である世帯の分析を行う[15]。史料としては宗門改帳が用いられる。宗門改帳は，キリスト教厳禁を徹底させるために幕府が行った信仰調査の際作成された。宗門改帳の記載内容は，全国一律の形式があるわけではなく，領主に記載方法は任されていた。具体的には，一筆（世帯）ごとに，構成員，それぞれの属する寺院が，場合によっては構成員の性別，年齢，戸主に対する続柄，さらにその世帯の持高や村内における地位，家の大きさが記載されている[16]。宗門改帳が小教区帳簿，あるいは教区簿冊に勝る点は，人口動態[17]ばかりでなく，人口静態[18]が明らかになる点，そして家族（世帯）の状態も知ることができる点にある。

速水は，宗門改帳の整理方法として基礎シート（BDS）を考案し，アンリに倣って家族復元シート（Family Reconstitution Form：FRF）を作成した[19]。速水は1973年に『近世農村の歴史人口学的研究』を発表する[20]。このモノグラフのなかでは，信濃国諏訪郡165村の宗門改帳，人数増減帳などを史料に，諏訪郡全域の人口趨勢，年齢別人口構造，有配偶率，平均結婚年齢，出生，死亡といった人口指標，そして世帯規模と世帯構造について分析がなされ，諏訪郡の人口学的事実は江戸時代のうちに大きく変化したことを明らかにした。速水を中心とするグループは，史料の収集と，史料分析を精力的に行うが，1995年，日本の歴史人口学は新たな局面を迎えることになる。速水は内外の研究者50人余りを集め，5年間にわたる「ユーラシア社会の人口・家族構造比較史研究（以下，EAPプロジェクト）」というプロジェクトを立ち上げた。国内研究は歴史人口学と隣接する家族社会学をはじめとする学問との学際的研究を，海外研究は日本・中国・イタリア・ベルギー・スウェーデンの人口調査資料を用いた人口指標の比較研究を目的とした[21]。このプロジェクトはそれまで社会経済史の色彩が強かった日本の歴史人口学が，家族社会学をはじめとする隣接諸学問領域と積極的に学際的研究を行う試みであった。

④ 歴史人口学の成果

宗門改帳という史料は記載内容が豊富であり，また専門の異なる研究者によって研究が進められているために，研究の幅はかなり広い。家族史研究との接点における研究テーマとしては，世帯構造，家督継承，養子，婚姻，ライフコースなどがあげられ，研究も蓄積されてきている。どのテーマについても刺激的な新たな知見が得られているが，紙面の都合上，地域類型の3類型説と，結

婚，家督継承，世帯構造の研究成果を紹介しよう。

これまで民俗学や社会学では東北型と西日本型という家族形態の2類型が通説化していたが，人口と家族形態をリンクさせた結果，速水は日本には東北日本型，中央日本型，西南日本型の3つのパターンが存在するという3類型説を提唱した[22]。落合恵美子らによる研究では，この地域類型に時間軸を加えたスケールの大きな研究が進められた[23]。

江戸時代の農民の結婚に関する研究からは，農民の平均初婚年齢（数え年）には地域差があり，全体的には西高東低で，男性が17〜28歳，女性が15〜24歳のなかにおさまること，夫婦の年齢差は5歳程度であり，離婚・死別の割合が高いこと，再婚の割合は高く，離死別後2年以内の再婚の割合が高いことが発見されている[24]。

家督の継承については，歴史人口学の研究成果により，長男による家督の継承および財産の単独相続は日本の伝統的慣行であるという常識が問い直された。L. L. コーネルは，信濃国諏訪郡横内村の1671年（寛文11）から1871年（明治4）に至る144年分の宗門改帳と，それ以降現代までについては聞き取り調査を行い，家督の継承や戸主の分析を行った。その結果，どの男子が継承者になるかは絶対的なものではなく，継承者の選択は環境の多様性に依拠したものだ，と主張している[25]。速水は，美濃国安八郡西条村の1773年（安永2）から1869年（明治2）までの97年分の宗門改帳を史料とし，「農村部——そこには，全人口の85％が住んでいた——では，長子相続であったとか，財産は単独相続であったとかしてしまうのは明らかに間違いである[26]」と強調している。財産の相続や女性を含めた家督継承者の多様性は，二本松藩の下守屋村と仁井田村，会津山間部，越前国，肥前国彼杵郡野母村の分析からも支持されている[27]。

世帯構成の研究からは，江戸時代の世帯構成は，地域差はあるが祖父母，両親，孫からなる3世代同居の直系家族世帯が典型的であることが明らかになっている。バークナーが主張したように，世帯構成はそのサイクルを観察しなければ典型的なパターンを見出すことはできない。ハメル・ラスレット分類を修正し，二本松藩の2ヶ村（下守屋村・仁井田村）と会津山間部の宗門改帳を史料として世帯構成の周期的変化を観察した結果，両地域ともに直系家族回帰型のパターンが全体の約30％程度を占めることが発見された[28]。

斎藤修が「家族研究と人口学は別個の独立した分野では決してなく，重なり合う部分をもっている[29]」と述べ，家族研究を視野におさめた歴史人口学の進展を喚起しているように，歴史人口学と家族社会学の学際的領域は広い。今後も新たな研究成果が次々と生み出されることが期待できる。　　　（岡田あおい）

▷24　結婚に関する研究は，黒須里美編著，2012，『歴史人口学からみた結婚・離婚・再婚』麗澤大学出版会に詳しい。

▷25　Cornell, L. L., 1981, *Peasant family and inheritance in Japanese community: 1671-1980. An anthropological analysis of local population registers*, Johns Hopkins University ph. D. dissertation, p. 96.

▷26　速水融，1992，『近世濃尾地方の人口・経済・社会』創文社，p. 308。

▷27　成松佐恵子，1985，『近世東北農村の人びと』ミネルヴァ書房；成松佐恵子，1992，『江戸時代の東北農村』同文舘；坪内玲子，1992，『日本の家族』アカデミア出版会；岡田あおい，2006，『近世村落社会の家と世帯継承』知泉書館；中島満大，2016，『近世西南村の家族と地域性』ミネルヴァ書房。

▷28　ハメル・ラスレット分類を修正して利用しなければならない理由，および修正ハメル・ラスレット分類については岡田あおい，2006，『近世村落社会の家と世帯継承』知泉書館，pp. 55-59に詳しい。さらに世帯構成の周期的変化の分析方法および直系家族世帯回帰型等の説明は，同書第4章を参照してほしい。

▷29　斎藤修，1992，「家族史と歴史人口学」社会経済史学会編『社会経済史学の課題と展望』有斐閣。

XIII　家族社会学の隣接領域

8　計量的アプローチ

1　計量的アプローチの特徴

　家族の問題を実証的に扱うための有力な方法の1つに計量的アプローチがある。計量的アプローチは主として量的な社会調査データに基づいて家族について研究する方法で，質的（定性的）アプローチと比較して一般化を志向する研究スタイルといえる。量的な社会調査とは，調査票（質問紙）を用い，定型的な情報を大量に収集するという特徴があり，計量的アプローチではこうしたデータに基づいてさまざまな仮説を検証しようとする。

2　日本における計量的アプローチの展開

　日本における計量社会学の発展をけん引してきたのは社会階層研究といってよいだろう。「社会階層と社会移動全国調査（SSM 調査）」は，第1回の1955年から10年おきに実施され，2015年で第7回を数えた。歴史的資料として貴重なだけでなく，世界的にも類を見ない調査データの蓄積となっている。SSM 調査では，おもに社会階層の構造や親子間の職業の関連構造に関心を寄せてきた。そのなかで，開放性係数，パス解析，ログリニアモデル（対数線形分析），イベントヒストリー分析（生存時間解析）等々の分析手法を積極的に導入し，計量分析を世界水準にまで引き上げることに貢献してきた。また，階層移動研究の主題である出身階層による機会格差は，家族社会学における定位家族の問題と言い換えることができ，家族社会学者と関心を共有する領域といえる。ただし，SSM 調査に女性対象者が含まれるようになったのは1985年の第4回調査からであり，女性・家族に対する関心は薄かったといわざるをえない。SSM 調査を家族研究に応用したものとして，階層同類婚の研究や職歴データの情報を生かした女性のライフコースとキャリア研究などが挙げられる。

　日本の家族社会学における計量的アプローチは，戸田貞三や小山隆に源流を求めることができるが，この点については稲葉昭英の詳しい紹介があるので，ここではより新しい動向を紹介しておく。家族社会学では全国抽出のデータの重要性は認識されていたものの，特定の地域のみから抽出した局所的サンプルを用いた計量分析がメインで，全国抽出のサンプルを得るには，日本家族社会学会によって1998年に行われた「全国家族調査（NFRJ98）」を待たねばならず，その後，NFRJ は2003年，2008年にも実施された。NFRJ によって全国調査に

▷1　定量的研究とも呼ばれる。社会学の分野では計量社会学とも称される。

▷2　Social Stratification and Social Mobility の略。

▷3　詳しくは，岩間暁子，2017，「社会階層論と家族社会学」藤崎宏子・池岡義孝編『現代日本の家族社会学を問う』ミネルヴァ書房，pp. 85-106を参照。

▷4　稲葉昭英，2001，「計量社会学的アプローチ」野々山久也・清水浩昭編『家族社会学の分析視角』ミネルヴァ書房，pp. 365-384。

▷5　NFRJ の数値は標本抽出（サンプリング）の年であり，実査はその翌年だが，ここでは煩雑なので数値の年に「実施」と記述しておく。なお，第4回として NFRJ18 が実施されている。

156

基づく家族研究が可能となり，夫婦の家事遂行，離婚による教育機会格差，ワークライフバランス，世代間の援助関係，夫婦生活満足度，といったテーマについて多くの研究が展開されることになった[46]。

③ 計量的アプローチの基礎と発展的方法

パソコンと SPSS などの統計ソフトの普及も，計量分析の普及・発展を後押ししてきた。実際に自分で分析するかは別として，計量的アプローチの文献を読む上では，計量社会学の基本的な手法を理解しておきたい。

社会学において基礎的かつ重要なものとして，クロス集計表における独立性の検定，分散分析，（重）回帰分析を挙げることができる[47]。なかでも，社会調査では質的（カテゴリカル）変数を多く含むためクロス表の分析が重要となるが，単に独立変数（説明変数）と従属変数（被説明変数）との関連をみるだけでは不十分なことが多く，適切な統制変数を用いているかどうかがポイントとなる。

回帰分析より高度な方法として，ロジスティック回帰分析（ロジットモデル），イベントヒストリー分析（生存時間解析），構造方程式モデル（SEM），といったものがあるが，これらは専門的な社会統計学，心理統計学，計量経済学などのテキストで学習する必要がある。

最後に，家族社会学における計量分析の新展開について，マルチレベル分析とパネルデータ分析に触れておこう。「全国家族調査（NFRJ）」の特徴として，調査対象者を中心に，本人と配偶者，本人と親，本人と子，本人ときょうだい，といったさまざまなダイアド集積型のデータとなっている点を挙げることができる。こうした豊富な情報量を生かす方法として近年注目されているのがマルチレベル分析である。マルチレベル分析を用いれば，家族に起因する要因とそれ以外の部分に峻別ができ，家族研究のブレイクスルーとして期待されている[48]。また，欧米の家族研究では，一時点の横断（cross-section）調査ではなく，同一個人を追跡したパネル調査の利用が主流となっている。日本ではまだ主流とはいいがたいが，因果推論を行う際に強みを発揮するため，家族社会学においても応用がはじまっている[49]。

このような応用的な手法は，初学者には敷居の高いものであることは否定できない。専門的な文献を読む際に，すべての分析手法に通じようとするのは現実的ではないため，基本的な分析手法を学んだ後は身近な教員に質問するなどした方がよいだろう。ただし，新しく普及する手法は，やみくもに手法を高度化しているというよりは，研究上に生まれた疑問を解明する過程で要請されたものであることも理解しておきたい。

（吉田　崇）

▷ 6　NFRJ の研究成果については以下を参照。稲葉昭英・保田時男・田渕六郎・田中重人編，2016，『日本の家族 1999–2009』東京大学出版会。

▷ 7　分散分析と回帰分析をあわせて一般線形モデルと呼ぶこともある。ここで紹介した個々の分析手法については社会統計学や計量社会学のテキストを参照のこと。林拓也，2018，『社会統計学［改訂版］』放送大学教育振興会；筒井淳也・神林博史・長松奈美江・渡邉大輔編，2015，『計量社会学入門』世界思想社。

▷ 8　稲葉昭英・保田時男・田渕六郎・田中重人編，2016，『日本の家族 1999–2009』東京大学出版会。

▷ 9　NFRJ–08Panel 調査を用いた以下を参照。筒井淳也・水落正明・保田時男編，2016，『パネルデータの調査と分析・入門』ナカニシヤ出版。

XIII　家族社会学の隣接領域

フェミニズム

1 フェミニズムと家族

　フェミニズムとは，近代社会における性差別を問題とし，女性の解放を求める思想や実践である。そのフェミニズムのありかたは，近代における家族の編成と大きく関係している。

　近代において家族が，「プライバシー」の領域として，公共的な領域から切り離されて囲い込まれていく際に，女性の居場所は「家庭」に定められ，「主婦」となることが規範化された。市民的・公共的領域と家庭を行き来する男性とは異なり，女性は私的な領域に居場所を定められて，父親や夫に法的・経済的な従属を強いられたのである。近代の初期には，特に結婚することによって，女性は法的な契約を結ぶ主体になれず，また財産も夫の所有となるなど，女性は「権利」を失ったのである。「性別からの解放」が男性ではなく女性の側から唱えられ，「フェミニズム」という思想実践として出現したことには，必然性がある。

　運命の相手と恋に落ち，結婚して，子どもをつくり，添い遂げるという，性と愛と生殖が結婚を媒介として一体となった「ロマンティック・ラブ・イデオロギー」が成立したこと，これにより未婚女性の処女性が規範化され，女性の貞操が結婚と引き換えにされるものとなったことなどは，女性の身体を不自由なものとした。

▷1　イギリスのヴィクトリア女王の統治時代が典型的であるが，女性には性欲はないものとされ，貞淑な女性は「家庭の天使」として，むしろ男性の性欲を陶冶していくことが求められる「ヴィクトリア朝のモラル」が一般的になった。

2 欧米におけるフェミニズムの歴史

　近代におけるフェミニズムの思想は，フランス革命の前後に現れたと考えられるのが一般的である。フランス革命の際に出された人権宣言（人間と市民の権利の宣言）が「男性形」のフランス語で書かれていることに着目したオランプ・ド・グージュは，それを「女性形」に書き直した「女性と女性市民の権利の宣言」を著した。「女性には断頭台に行く権利があるのだから」政治的権利も与えよと要求したグージュは，「女性としての徳を忘れた」といわれ，実際に自身も断頭台の露と消えた。また，フランス革命を目撃したメアリ・ウルストンクラフトは『女性の権利の擁護』を著し，ルソーを批判した。近代的人権の根拠とされた「理性」において女性が劣っているとするならば，それは女性に教育が欠けているからであり，女性の教育によってそれは克服されると説い

▷2　ウルストンクラフト，M., 白井堯子訳，1980，『女性の権利の擁護』未來社。

158

た。政治的経済的権利を要求するこうした思想や運動は，第一波フェミニズムと呼ばれる。女性が家庭という枠を超えて政治的権利，つまり参政権を要求するのは，「過激」なことだと思われていたのである。

　第二波フェミニズムは，権利主張にとどまらず，社会システム全体への考察を含んでいるといわれている。アメリカでは，1961年に B. フリーダンの『女性の神秘』[3]が出版された。ここで中心的なテーマとなっていたのは，主婦の憂鬱である。郊外で物質的には何不自由なく暮らしているはずの専業主婦のなかには，幸せを感じられない自分を責め，アルコール依存症や精神科で処方される薬に溺れている人が多くいた。フリーダンはそれを「名前のない問題」と名づけ，社会問題化したのである。フリーダンは全米女性機構（NOW）を組織し，公民系運動のうねりのなかにある「政治の季節」に，女性運動も広まっていく。

③ 日本におけるフェミニズムの歴史

　日本における第一波フェミニズムとして，一般には大正期の平塚らいてうや与謝野晶子らの思想実践があげられる[4]。母性をどう考えるべきか，貞操をどう考えるのかといった，いわゆる母性保護論争や貞操論争といったさまざまな論争もこの当時に争われ，近代家族が出現してきた日本社会において，女性の身体や役割はどのようなものであるのか，またあるべきなのかが議論された。特に新しく発見された「母性」という概念は，二流の国民である女性の権利を主張するための重要な根拠となると同時に女性を性役割に押し込むものとして両義的に機能した。

　第二波フェミニズムとしては，1970年前後に発生したウーマン・リブ運動[5]がある。リブは，「主婦」や「母性」といった概念を徹底的に洗いなおし，家族にまつわる神話を女性の視点から問い直した。また政治的には優生保護法の「改悪」阻止運動を行い，「産む産まないは私が決める」などリプロダクティブ・ライツの問題への理解を深めた。

④ 現在のフェミニズム

　ポスト構造主義を経由した現在，フェミニズムの運動や思想実践は深化し，「女性」というアイデンティティや利害や目的を共有する集団が存在するのかという問いにまで切り込んでいっている。いわばフェミニズムという思想実践の足元を切り崩すような作業であるが，「女」というアイデンティティを自明とする運動は，女のなかの，また女以外の存在に対して抑圧的に働きうることを認めた結果でもある。このことは結果的に，思想実践としてのフェミニズムに豊かさを与えていると思われる[6]。

（千田有紀）

▷3　もしくは『女性の神話』。邦訳は，フリーダン，B., 三浦富美子訳，1965『新しい女性の創造』大和書房。

▷4　平塚による文芸雑誌『青鞜』には，「原始，女性は太陽であった」（平塚らいてう）や「山の動く日来る」から始まる「そぞろごと」（与謝野晶子）などの文章が収められた。

▷5　溝口明代・佐伯洋子・三木草子編，1992,『資料ウーマンリブ史』松香堂。

▷6　さらに近年では，男女平等は達成されたと認定し，責任は個人にあると考える，ポスト・フェミニズムなどの動きもでてきている。竹村和子編，2003,『"ポスト"フェミニズム』作品社。

XIII　家族社会学の隣接領域

10 計量的な調査

1 公的統計

計量的調査を調査主体により分類すると，政府による公的統計と研究者による学術的な調査に大別することができる。前者は，統計法によって特に重要な56の基幹統計が定められている。家族研究にとって重要なものとして，「国勢調査」「労働力調査」「家計調査」「社会生活基本調査」（いずれも総務省）や「国民生活基礎調査」（厚生労働省）などを挙げることができる。

国勢調査は5年に1度行われる悉皆調査（全数調査）であり，他の官庁統計や学術調査の基準となる数値を提供する。国勢調査を用いると，年齢人口分布から生産年齢人口比率や高齢化率を求めたり，世帯類型の分布やその変化をとらえることができる。国勢調査以外の調査，例えば労働力調査は，全国から4万世帯を無作為抽出（ランダムサンプリング）した標本調査である。標本調査には，確率的に母集団を推定できること，比較的低予算で実施できること，迅速に結果を得られること，といったメリットがある。

調査統計ではなく，婚姻や出生，死亡の際の届け出手続を元にした統計（業務統計）である人口動態統計も，家族研究にとっては重要な統計であり，出生率や死亡率，婚姻率や離婚率といった人口学的な指標を得ることができる。

また，国立社会保障・人口問題研究所が行っている各種の調査も家族研究に貴重な情報を提供している。なかでも「出生動向基本調査」は，未婚者と既婚者を対象とした**反復横断調査**で，未婚者に関しては交際や出会いの状況，結婚の条件，結婚や家族，ライフコースに対する意識，既婚者に対しては配偶者との出会いや理想の子ども数などを尋ねている。同調査の結果表や報告書は同研究所のウェブサイトにおいて公開されている（http://www.ipss.go.jp/）。また，そのほかにも「人口統計資料集」として人口に関する統計データを利用しやすいかたちで提供している。

2 学術調査

研究者が個別に実施した調査の全貌を把握することはできないが，社会学のなかで代表的なものとして「社会階層と社会移動全国調査（SSM 調査）」，「日本版総合社会調査（JGSS）」，そして「全国家族調査（NFRJ）」を挙げることができる。これらはいずれも全国規模の無作為抽出データである。家族社会学者

▷1　官庁統計，政府統計などとも呼ばれる。

▷2　標本調査の意義については，盛山和夫，2004，『社会調査法入門』有斐閣。

▷3　反復横断調査
同一の調査設計により複数時点で実施する調査。共通項目の時点比較を行うことができる。

▷4　XIII-8 参照。

▷5　Japanese General Social Survey の略で，アメリカで実施されているGSS の日本版。

160

が中心となって実施したものとしては，日本家族社会学会による NFRJ がある。いずれもデータアーカイブで公開されており，学術目的での利用が可能となっている。

　これら3つの代表的な社会調査はいずれも反復横断調査のデザインとなっているが，欧米の家族研究では同一個人を追跡したパネル調査を用いた研究が盛んとなっている。パネル調査は横断調査と比べて金銭面においてだけでなく管理・維持コストが莫大となるため日本での実施は多くないが，家計経済研究所（当時）が開始した「消費生活に関するパネル調査」が先駆的である。また，国際比較研究には各国共通の調査票が必要となるが，ISSP プロジェクトでは家族やジェンダーに焦点を当てた調査も行われている。

❸ 計量的調査の利活用

　公的統計の多くは総務省統計局のウェブサイト（http://www.stat.go.jp/）や「政府統計の総合窓口 e-Stat」（https://www.e-stat.go.jp/）を通じてデータが提供されている。膨大な統計情報が掲載されているため，必要な情報を検索するだけでも慣れるまではたいへんかもしれない。各省庁の白書には，公的統計を利用したものが多いので参考にしたい。古い調査のため電子化されていないものは，図書館などで報告書の紙媒体から数値を得る必要がある。

　「標準世帯」など特定の調査のなかで使われる用語や，調査ごとに職業分類が異なることもあり，調査概要をよく読む必要がある。合計特殊出生率や生涯未婚率，**相対的貧困率**といった指標が利用可能な場合もある。こうした数値は，定義や算出方法を正しく理解しておく必要がある。また，調査時点ごとに，調査対象や質問文・選択肢が変更されることもあるため，異時点の数値を比較する際には注意が必要である。

　公的統計の提供は集計（aggregate）データであるため，集計表にない変数の組み合わせや，より詳細な分析には限界がある。一方，学術調査は調査実施者のみが分析できたが，近年はデータアーカイブを通じて個票データが公開されることが増えている。データアーカイブとは，調査データの散逸を防ぐため，研究者などから調査データの保管を委託された機関であり，オリジナルなデータを2次分析に提供することで研究の質を向上させることにもつながる。また，調査には莫大な予算がかかるため，学生が無料で質の高いデータを利用できるという教育上の効果もある。NFRJ をはじめ SSM，JGSS も東京大学社会科学研究所 SSJ データアーカイブを通じて個票データが公開されている。研究者だけでなく卒業論文でも活用されており，計量分析のすそ野が広がっている。

（吉田　崇）

▷6　縦断調査（longitudi-nal survey）ともいう。

▷7　International Social Survey Program の略で，約50の国と地域が参加する国際比較調査プロジェクト。調査年ごとにテーマが異なる。

▷8　相対的貧困率
等価可処分所得の中央値の50％で定義されることの多い貧困線を下回る比率のこと。

▷9　2次分析
研究者自身が直接収集した一次データを，別の研究者が分析・研究すること。

XIII　家族社会学の隣接領域

質的な調査

 何が質的なのか

　社会調査を量的なものと質的なものに分けたとき，量的な調査は計量的なデータ，統計的データをとりあつかう調査である。では質的な調査においてとりあつかわれるデータとはどのようなものであるだろうか。それは一言ではいえないくらい多様なものである。計量的なデータ以外のさまざまなものがデータとしてとりあつかわれうるのである。主要なものをあげるならば，多くは録音され文字に起こされた人々の語りや会話，録画された動画や写真，観察の記録やそれに基づくフィールドノート，さらに，調査対象に関連した組織や団体などが保管している文書や，個人の手記・手紙の類い，雑誌や新聞などの記事もドキュメントとみなしてデータとして分析することができる。

　量的な調査においては，調査対象となる母集団のもつ特徴や傾向に関心がむけられるのに対して，質的な調査の関心は個々の人や事例にむけられることが一般的である。質的な調査においては，人々やかれらの経験を社会に埋め込まれたものとみなし，収集されたデータから社会や社会的なもののあり方が探究される。おおむね1990年代以降の社会学における質的研究の再興隆のなかで，家族社会学においても質的調査による経験的な研究が蓄積されてきた。

② 質的な調査の方法

　多様なデータをとりあつかうことができる質的な調査においては，データのタイプに応じてその収集方法もさまざまであり，さらにまた分析方法もさまざまである。ここでは代表的なものとして，インタビュー（面接），参与観察，ドキュメント分析という3つの方法をとりあげそれぞれの特徴を整理する。

　インタビューには，対象者が個人の場合もあれば，複数人の場合（フォーカス・グループ・インタビューなど）もある。ただしいずれの場合も研究のテーマやトピックに応じて，その当事者を対象として，そうした人々がもつ経験をめぐる「語り」を収集することが多い。その際に，構造化された調査票は用いず，聞き取るべき最低限の項目をリストアップしたインタビューガイドを作成して調査に臨み，できるだけ自由に語ってもらう。また，もちろん対象者の許可を得た上で，ICレコーダーなどでインタビューのやりとりをそのまま録音する。半構造化面接と呼ばれるこうした調査方法を採用する研究が多い。生活史，ラ

▷1　だからこそ調査協力者のプライバシーへの配慮が求められるし，調査を依頼するに際していねいな説明とそれに対する同意（インフォームドコンセント）が重要である。

▷2　木戸功, 2017, 「家族社会学と質的研究」藤崎宏子・池岡義孝編著『現代日本の家族社会学を問う』ミネルヴァ書房, pp. 191-211。

▷3　ドキュメント分析はとりあげられていないが，社会学における質的調査の入門書としては以下をすすめたい。岸政彦・石岡丈昇・丸山里美, 2017, 『質的社会調査の方法』有斐閣。

162

イフヒストリー，ライフストーリーと呼ばれる方法において用いられるのもこうした類いのインタビューである。個人の生活史であれば，その語りから対象者の経験してきた家族のあり方を事例として抽出することもできる。どのような時代状況，社会状況の下で，人々がどのような経験をし，時に困難を抱え，誰とどのような家族を生きてきたのか，語りの分析を通じて人々によって意味づけられた家族のあり方を明らかにすることができるだろう。

　参与観察においては，調査対象とする集団や組織に調査者が入りこみ（参与・参加し），その場の一員として内側からその様子を観察し記録する。これは「フィールドワーク」という語とおおむね互換的に用いられるような調査の方法である。伝統的に人類学において用いられてきた方法であるが，家族社会学においても用いられる。例えば，一定期間にわたって特定の地域をフィールドとして，そこに暮らす人々の様子を観察する。あるいは家族に関わりをもつ外部の組織，例えば，子どもや高齢者に関わる福祉（保育や介護など）の現場をフィールドにして，その組織の活動に関わりながら，サービスを提供する専門家とそれを利用する家族とのやりとりを観察する。いずれも，直接的に人々のやりとりの様子を観察し，気づいたことをメモしていく。そしてそうした日々の記録に基づいてフィールドノートを作成することが一般的である。さらに，エスノメソドロジー・会話分析[4]に基づくような参与観察であれば，フィールドの様子を録画し，映像や音声による再現性をもった記録を収集することもできる。こうした研究の場合，家族生活の様子を，つまり家の中の様子を録画し，家族のやりとりを直接観察し，家族関係や生活がそのメンバーのやりとり（相互行為）を通じて形作られている過程を分析することもできる[5]。

　ドキュメント分析は，既存の文書資料などを一定の方法で収集し，それらをデータとしてあつかう調査方法である[6]。

③ 方法の選定

　どのような方法を用いて研究を行うかは，研究の主題や目的，対象へのアクセスのしやすさなどを考慮して決めればよい。ただし，その方法を用いることの利点について，つまりそれによってこそ引き出すことのできる知見がどのようなものであるか，ということについての自覚はきわめて重要である。また質的研究においては複数の調査方法を併用してデータ収集が行われることもよくある。フィールドに出向き参与観察を進めながら，そこで出会った人々にインタビューを行い，さらに関連する文書なども収集するといった調査においては，上にあげた3つの方法が複合的に用いられることになる。日本家族社会学会による全国家族調査（NFRJ）に新たに追加して実施される質的調査では，インタビュー（半構造化面接）と参与観察（ビデオ録画などを含む）が併用される予定である。

(木戸　功)

▷4　前田泰樹・水川喜文・岡田光弘編，2007，『エスノメソドロジー』新曜社。

▷5　社会学者も参加した共同研究の例として，ミサワホーム総合研究所による「ホームコモンズ実践講座」をあげることができる。詳しくはウェブサイトを参照（https://www.misawa.co.jp/homecommons/practice/）。

▷6　例えば，特定のトピックに関する新聞や雑誌の記事を，データベースなどを利用して検索し一定期間分収集することで，その間のトピックの語られ方の変遷をたどることができる。言説分析と呼ばれるこうした方法はドキュメント分析の1つである。一例として，大正期から現在までの新聞紙上での「離婚」をめぐる悩み相談を分析した以下の論文をすすめたい。野田潤，2008，「『子どものため』という語りから見た家族の個人化の検討」『家族社会学研究』20(2)：pp. 48-59。

XIV 現代家族をめぐる諸問題へのアプローチ

DV

1 DV を理解する

ドメスティック・バイオレンス（以下，DV）とは配偶者間で生じる暴力のことであり，恋愛関係にある未婚のカップル間で生じる暴力はデートDVという。暴力の形態には，身体的暴行（殴る，蹴るなど），心理的攻撃（悪口を言う，罵るなど），経済的圧迫（生活費を渡さない，外で働くことを妨害するなど），性的強要（性行為の強制，避妊への非協力など）などがある。

こうしたDVは，3つの時期がサイクルとして繰り返される。まず，加害者のイライラが続き「緊張が蓄積する時期」がある。次に，ささいなことがきっかけとなって暴力が勃発する「暴力の爆発期」がある。そして，加害者が被害者に暴力を謝罪する「ハネムーン期」が続くのだが，このときの加害者は優しく理想的なパートナーですらある。DVには常に暴力があるとは限らずよい関係の時期もあるため，加害者はいつか暴力をやめるのではないかと被害者は希望をもってしまう。しかし，親切さや優しさも，暴力と同様に相手をコントロールする手段である。暴力の根底にあるのは，支配とコントロールへの欲求なのだ。

日本では2001年に「配偶者からの暴力の防止及び被害者の保護等に関する法律（以下，DV防止法）」が施行された。

▷1 その後，第一次改正（2004年），第二次改正（2007年），第三次改正（2013年）が行われた。同法によって，被害者の安全確保の責務を行政が担うことが明確にされて罰則を伴う保護命令制度が設けられ，都道府県には配偶者暴力相談支援センター（DVセンター）の設置義務が課された。

2 DVの現状・背景・対処

日本国内の現状として，2017年度の内閣府の調査では，女性の31.3％，男性の19.9％が配偶者からの暴力被害を受けたことがあり，女性の13.8％は何度も被害を受けていると回答している。交際相手からの暴力では，女性の21.4％，男性の11.5％が被害を受けたことがあると回答している。暴力は，特に女性にとって身近な問題であることがわかる。

また，DV防止法を受け，DVセンター業務が2002年4月に開始されて以来，来所や電話による相談件数は2002年度の3万5943件から増加を続け，2016年度には10万6367件となった。配偶者間，男女間の暴力は近年増加したのではなく歴史的に存在し続けており，妻や女性への暴力の一部が社会的に容認されていた時代すらある。しかし，男女平等の考えが社会に定着するなかで，DVは問題として認識されるようになった。かつてからある暴力がDVとして人々に認知され，相談する場所が整備されることで，相談件数は増加していった。

▷2 内閣府男女共同参画局，2018，「男女間における暴力に関する調査報告書」(http://www.gender.go.jp/policy/no_violence/e-vaw/chousa/pdf/h29danjokan-12.pdf)。

▷3 ただし，相談件数はDVの増加を意味しないことに注意したい。内閣府男女共同参画局，2017，「配偶者からの暴力に関するデータ」(http://www.gender.go.jp/policy/no_violence/e-vaw/data/pdf/dv_data.pdf)。

164

DVの社会的な背景には性差別の問題がある。女性を蔑視する心理や，男性の暴力性が男らしさとして容認される風潮も，DVの温床となる。また，夫に経済的に依存している妻は夫の暴力から逃れにくい。他方で，加害者側にも，かつて虐待の被害者であった，暴力的な環境を生きてきたなど，彼ら／彼女らを取り巻く社会環境がある。DVは社会によって構造的に生み出されている問題なのだ。

DVへの対処は，心理，経済など複数の問題が絡み合っており，単純に別れればよいということでは済まない。恐怖のため逃げ出せ

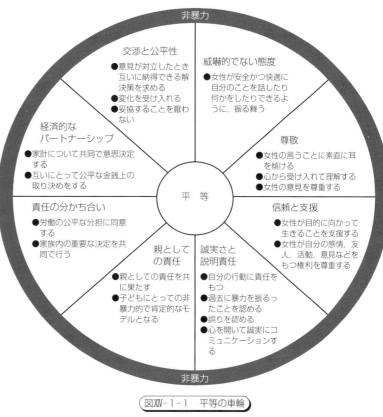

図XIV-1-1　平等の車輪

出所：ペンス，E.・ペイマー，M.，波田あい子監訳，2004，『暴力男性の教育プログラム』誠信書房，p. 287より作成。

ない被害者から，愛情のためその関係性に留まる被害者まで幅は広く，緊急度も大きく違うため個々人に即した的確な対応が求められる。暴力のない関係・社会を構築するためには，私たち皆が，図XIV-1-1のような非暴力の関係性を学ぶ必要がある。

3　DVを理解・考察するための社会学の方法

では，DVに社会学はどうアプローチできるのか。DVの実態は今なお明らかではなく，さらなる計量調査・質的調査が必要である。ジェンダー論では，男女の権力関係からのDV研究が蓄積されてきた。暴力は性差のみから生じるのではなく，経済格差を含む権力関係によって生じるため，この視座からは，男女の関係性の変化に伴う暴力の様相の変化もとらえられる。社会問題論では，国や人種，階層を問わず，世界中で問題化されている現象としてDVにアプローチし，解決方法を模索することが可能だ。また，ナラティヴ・アプローチでは，DVがどのような問題として語られ，構築されているかに迫ることができる。さらに，家族社会学からは，現状の家族や恋愛のあり方を考察することで，暴力のない家族，恋愛を模索することができる。このような研究は，DVの予防と解決にむけた社会的な実践でもある。

（中村英代）

▷4　被害者支援にはDVセンターによる相談窓口のほか，被害者を保護するシェルターなどがある。他方で，加害者更正への取り組みにはいまだ国は関与しておらず，加害者更正プログラムもわずかしかない。暴力が身近な家庭で育つ子どもにはさまざまな心身の問題が現れるため，児童虐待の支援との連携も必要であり，課題は多い。

▷5　中村英代，2015，「誰も責めないスタンスに立ちつつ，問題の所在を探りあてる」『N：ナラティヴとケア』6：pp. 34-40。

XIV　現代家族をめぐる諸問題へのアプローチ

 子ども虐待

 子ども虐待対応の歴史

　日本の子ども虐待問題にもっとも影響を与えてきたのは，子ども虐待対応の先進国といわれるアメリカである。そこで，まずアメリカの歴史を概観しておきたい。アメリカで初めて子ども虐待に関心がむけられたのは，1874年のメアリー・エレン事件といわれている。メアリーの養父母のマコーマック夫妻が6年間にわたり監禁と暴行を繰り返していたことが近隣住民の通告によって発覚し，夫妻は有罪判決を受けた。子ども虐待問題が再度社会の関心を集めるのは，1962年のヘンリー・ケンプによる論文「被殴打児症候群」の発表である。医師であるケンプは，健康な乳幼児が骨折を繰り返す症例を発見し，親によって意図的に暴行が加えられている疑いが強いことを指摘した。これによって，子ども虐待問題に関する施策が推進され，1974年には児童虐待防止及び対処措置法が制定される。これ以降，子ども虐待対策が全米に拡大する。
　日本で児童虐待防止法が施行されたのは1933年である。ただし，親による子どもの虐待ではなく，児童労働に関連する内容であった。もっとも，明治末には犯罪行為と幼児期の虐待被害の関連が取り上げられ，大正時代には虐待事例の分析が行われるなど，戦前にも子ども虐待に関する言説がなかったわけではない。第二次世界大戦以降，子ども虐待問題に早くから着目していたのは心理学者の池田由子である。池田は1979年に『児童虐待の病理と臨床』を出版している。この時期も虐待に関する研究は行われていたが，「子ども虐待」が本格的に社会の関心を集めるのは1990年代以降である。1990年に大阪に児童虐待防止協会が，翌年には東京に子ども虐待防止センターが，1994年には日本子ども虐待防止研究会が設立され，2000年には児童虐待の防止等に関する法律が制定された。これ以降，子ども虐待問題は児童福祉の主要な課題と位置づけられていく。
　1990年代に子ども虐待の指標とされたのが，児童相談所の児童虐待対応件数である。1990年以降の件数の増加によってこの数値は「氷山の一角」とされ，子ども虐待の蔓延を印象づける言説が繰り返されるようになる。

▷ 2　子ども虐待の背景

　子ども虐待は，身体的虐待・ネグレクト・心理的虐待・性的虐待の4つに分類され，しばしば**代理ミュンヒハウゼン症候群**も含められる。それでは，子ど

▷1　事件の1年後に，世界初の民間児童保護団体であるニューヨーク児童虐待防止協会が設立される。

▷2　Kempe, H. et al., 1962, "The Battered Child Syndrome," *Journal of the American Medical Association*, 181：pp. 17-24.

▷3　1946年にはレントゲン技師ジョン・キャフィーが幼児の多発性骨折と親による虐待の疑いを事例として紹介していた。

▷4　吉見香, 2012,「戦前の日本の児童虐待に関する研究と論点」『教育福祉研究』18, pp. 53-64。

▷5　池田由子, 1979,『児童虐待の病理と臨床』金剛出版。

▷6　2004年に日本子ども虐待防止学会へ名称変更している。

▷7　上野加代子は，「子ども虐待」の社会問題化の研究で，1990年以降に社会の家族への介入を正当化する社会意識が醸成されたと指摘する。上野加代子, 1996,『児童虐待の社会学』世界思想社。

も虐待を引き起こす要因とは何だろうか。1990年代を通して主眼が置かれてきたのは，虐待の世代間連鎖と育児不安である。順にみていこう。虐待の世代間連鎖とは，虐待を受けた経験をもつ子どもは自身も虐待者になるという説である。この説はケンプも肯定している[9]。日本では，1990年代に依存症問題と関連して「アダルト・チルドレン（AC）」という語が流行する[10]。ACとは，暴力や緊張感のある家庭環境や虐待的な家族関係が子どもの成人後の生きづらさを誘発するという議論である。この議論では，子ども虐待が嗜癖（アディクション）の一種であると解釈され，虐待は依存症同様に世代間連鎖するという認識が広められた。世代間連鎖にはデータ解釈の問題など科学的に多くの疑念が呈されているにもかかわらず，虐待が連鎖するというイメージは今日でも根強く残っている。

　育児不安という問題は，母性神話への批判と関連して1990年代に広まった。大日向雅美は，母性の強調や3歳児神話が育児をしている母親に過大なストレスを与えることを指摘した[11]。フェミニズムからも，母性の強調は女性にケア役割を割り当てるための論理であると批判された。母親自身からは，育児の負担感や子どもとの密着がストレスとなり，子どもへの不適切な態度が誘発されると語られるようになる。1990年以降には「子どもをかわいく思えない」「虐待してしまいそうだ」という母親からの児童相談所などへの相談が急増した。

　この2つに加えてしばしば取り上げられるのが複合的な要因である。例えば，貧困，失業，身体の不調，ひとり親家庭，精神疾患，孤立などが複数重なることによって，親が精神的に追いつめられて子どもを虐待してしまうという説がある。さらに，障害などによる子どもの育てにくさも，親のストレスの原因となり，虐待行為を引き起こすと考えられている。

③　親の能力と子どもの虐待

　それでは，親による凄惨な虐待行為を上記の要因から説明することは果たして可能だろうか。厚生労働省は，2003年から年次ごとに子ども虐待による死亡事例の検証を行い，報告書を作成している[12]。報告書では，加害者の心理的・精神的問題などとして，実母の「育児不安」「養育能力の低さ」，実父の「衝動性」「攻撃性」「怒りのコントロール不全」「感情の起伏の激しさ」「養育能力の低さ」などが挙げられている。子どもに意図的に障害を負わせたり，子どもを死に至らしめたりする虐待行為の背後に，加害者には「子どもの成長発達を促すために必要な関わり」を適切に行う能力の不足があることが指摘されているのである。親の不適切な子どもへの関わりは，子どもの愛着形成を阻害する[13]。愛着形成は，他者との関係性を理解し，自己イメージを構築するために必要な過程だからである[14]。このような子ども虐待への新たな解釈は，虐待者と被虐待者である親子の関係性や親が子どもの自己意識に及ぼす影響に対して，新たな知見を加える可能性を示唆している。

（和泉広恵）

▷8　代理ミュンヒハウゼン症候群
巧妙に子どもの病気を捏造し，看病する献身的な親を演じる行為を指す。点滴に毒物が混入されるなど，子どもの生命に危険が及ぶこともある。

▷9　ケンプは「被殴打症候群」で「子育ての方法は，良くも悪くも比較的変化せずに世代から世代へと引き継がれていく」とし，加害者の被虐待経験が虐待の重要な要因の1つであると述べている。

▷10　ブラック，C.，斎藤学訳，1989，『私は親のようにならない』誠信書房。

▷11　大日向雅美，2000，『母性愛神話の罠』日本評論社。

▷12　社会福祉審議会児童部会児童虐待等要保護事例の検証に関する専門委員会，2005-2018，『子ども虐待による死亡事例等の検証結果等について』第1～14次報告書。

▷13　高橋和巳，2016，『「母と子」という病』ちくま新書。

▷14　ただし，愛着形成の機会を逸した子どものほとんどが，自らも虐待行為を繰り返すわけではないため，虐待の世代間連鎖説は，近年では支持されなくなりつつある。

XIV　現代家族をめぐる諸問題へのアプローチ

　ひとり親家庭

ひとり親家庭の増加

　生涯未婚率や離別割合が高まるなか，ひとり親家庭も増加している。図XIV-3-1は，子どもがいる核家族世帯に占めるひとり親世帯の割合の推移である。1975年以降，ひとり親世帯の割合は緩やかな上昇を続け，2015年には約25％に達している。つまり，子どもがいる核家族世帯の4つに1つがひとり親世帯であるということになる。

　このように，ひとり親はもはや「珍しい存在」ではない。にもかかわらず，日本社会において，ひとり親世帯が十分に包摂されているとは言いがたい。例えば，国立社会保障・人口問題研究所の「第2回生活と支え合いに関する調査」によると，現在の生活状況について「大変苦しい」「苦しい」と答えた割合は，ふたり親世帯よりもひとり親世帯で高い。また，子どもの世話や看病で頼れる人が「いない」と答えた割合も，ふたり親世帯よりもひとり親世帯で高い▷1。ここでは，ひとり親家庭が経験する困難とその背景についてみていこう。

② ひとり親家庭が経験する困難

　ひとり親家庭が経験する困難は，大きく3つ指摘できる。まず，経済面での困難である。親が離婚した場合に母親が親権者となるケースが日本では多いが，就労構造にジェンダー格差があることから，シングルマザーは不安定な職業に就く傾向がある▷2。また，ひとり親に支給される児童扶養手当の額も十分ではな

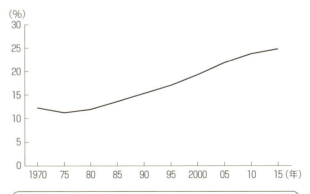

図XIV-3-1　子どもがいる核家族世帯に占めるひとり親世帯の割合の推移

出所：国立社会保障・人口問題研究所, 2018, 『人口統計資料集2018』より筆者作成。

▷1　国立社会保障・人口問題研究所, 2018,「2017年社会保障・人口問題基本調査──生活と支え合いに関する調査　結果の概要」（http://www.ipss.go.jp/ss-seikatsu/j/2017/seikatsu2017summary.pdf　2018年9月1日最終確認）。

▷2　神原文子, 2010,『子づれシングル』明石書店。

▷3　下夷美幸, 2008,『養育費政策にみる国家と家族』世界思想社。

▷4　菊地真理, 2015,「離婚・再婚とステップファミリー」長津美代子・小澤千穂子編著『新しい家族関係学』建帛社, pp. 105-120。

▷5　内閣府, 2010,「男女共同参画白書　平成22年度版」（http://www.gender.go.jp/about_danjo/whitepaper/h22/zentai/index.html　2018年9月1日最終確認）。

く，かつ支給要件も厳しい。その上，別れた相手が養育費を支払わなかった場合に，強制的に徴収できる制度もない。このような事情から，ひとり親世帯は経済的に困窮するリスクととなり合わせであると考えられる。実際，勤労世代（20歳〜64歳）の相対的貧困率（1人あたりの手取り所得の金額の中央値の半分以下の所得しかない人の割合）は，圧倒的に母子世帯で高い。この経済的困窮が，子どもの教育達成や地位達成に負の影響を与える可能性も指摘されている。

次に，家庭経営面の困難である。子育てをする母親は「3つのシフト」に悩まされるといわれる。3つのシフトとは，職場での仕事（＝第一のシフト），家事労働（＝第二のシフト），自身が相手をできないことについて子どもをなだめること（＝第三のシフト）を指す。そもそも第二，第三のシフトが女性に多くのしかかること自体が問題なのだが，ひとり親の場合はパートナーとの役割分担を望めないため，すべてのシフトを1人でこなす必要がある。特に自身の親（子どもにとっての祖父母）と同居していない人の負担は重い。また，こうした家庭経営面での問題は，それまで家内労働役割を期待されてこなかったシングルファザーにより重くのしかかると考えられる。

最後に，親子の関係性に生じる困難である。親との離別は確かに子どもにとって重大な出来事であり，困難や戸惑いなどを感じさせるものである。また，ひとり親家庭になってからの同居親との関係は多様であり，子どもたちはそこに複雑な感情を抱く。加えて，日本には共同親権制度がないため，別れた親との交流が十分に行われない場合が少なくなく，子どもが別れた親を求めることで，同居親との関係に葛藤が生じる場合もある。

③ ひとり親家庭の制度化と子育ての脱家族化の必要性

ひとり親家庭が経験する困難を解決するには，何が必要なのか。最後に2つのことを提案したい。1つは，ひとり親家庭を「制度化」することである。日本の福祉制度は初婚（核）家族が継続することを前提に設計されているため，就労支援など，ひとり親への支援施策が十分に展開されてこなかった。ひとり親家庭の成員のライフスタイル選択の自由を保障するためにも，ひとり親家庭を制度化していくことが重要である。

もう1つは，子育ての脱家族化である。日本は「子育ての負担はすべて家族が担うべき」という家族主義的な規範が強く，親に過度の負担がかかりやすい。そのことが結果的にひとり親家庭の親子の関係性に葛藤を生じさせている可能性もある。この問題の解決には，子育ての負担や責任を脱家族化することが有効であろう。

（藤間公太）

▷6　余田翔平, 2012,「子ども期の家族構造と教育達成格差」『家族社会学研究』24(1)：pp. 60-71；余田翔平・林雄亮, 2010,「父親の不在と社会経済的地位達成過程」『社会学年報』39：pp. 63-74；稲葉昭英, 2008,「『父親のいない』子どもたちの教育達成」中井美樹・杉野勇編『ライフコースから見た社会階層』SSM調査研究会, pp. 1-19。

▷7　ホックシールド, A. R., 坂口緑・中野聡子・両角道代訳, 2012, 『タイム・バインド　働く母親のワークライフバランス』明石書店。

▷8　渡辺秀樹, 1996,「父親の育児不安」『現代のエスプリ』342：pp. 165-171。

▷9　志田未来, 2015,「子どもが語るひとり親家庭」『教育社会学研究』96：pp. 303-323。

▷10　藤間公太, 2017,「離婚, 再婚と子育て」永田夏来・松木洋人編『入門　家族社会学』新泉社, pp. 101-117。

▷11　Cherlin, A. J., 1978, "Remarriage as an Incomplete Institution", *American Journal of Sociology*, 84(3)：pp. 634-650.

▷12　藤間公太, 2018,「ひとり親就労支援の実態と困難」遠藤久夫・西村幸満監修, 国立社会保障・人口問題研究所編『地域で担う生活支援』東京大学出版会, pp. 213-228。

XIV　現代家族をめぐる諸問題へのアプローチ

 子どもの貧困

1　子どもの貧困と貧困対策

　日本で子どもの貧困が注目を集め始めたのは，2000年代後半からである。阿部彩は，日本では「貧困」が「**絶対的貧困**」の概念でとらえられているため，「貧困」への認識を低下させているとし，「相対的貧困」の概念を用いて「子どもの貧困」をとらえ直すことを提唱する。「相対的貧困」とは，自国の一般的な家庭の所得との比較において貧困状態を定義するもので，国際機関や先進諸国で広く採用されている指標である。「相対的貧困」には，等価可処分所得の中央値の半分の値を貧困ラインとして貧困率を算出するなどの方法がある。福祉の分野では「**ノーマルシー**」という用語があり，障害児や社会的養護の下で暮らす子どもにも，その他の大多数の子どもと同様の経験や機会が保障されるべきであるとの考えがアメリカに広まりつつある。経験や機会の喪失は社会的排除を誘発し，子どもに対して長期的に負の影響を与えるという認識が共有されるようになっている。これは，「相対的貧困」という概念の重要性を示しているともいえる。

　「国民生活基礎調査」によれば，相対的貧困率によって算出された子どもの割合は，1985年には「10人に1人」（10.9％）であったが，2015年には「7人に1人」（13.9％）に拡大している。OECDによる国際比較でも，2010年には，子どもの貧困率が加盟国の平均ラインを上回り，日本は10位（34ヶ国中）となっている。これらの数値により，子どもの貧困への社会的関心が高まり，2013年には子どもの貧困対策の推進に関する法律が制定され，国および地方自治体の子どもの貧困対策が急速に推進されることとなった。近年では，子どもの生活・就学などの支援や親の就労・住居などの支援が拡大し，ひとり親家庭へのさらなる支援の拡充も検討されている。

　このように「子どもの貧困」への関心は高く，さまざまな対策が検討されている一方で，研究についてはいまだ十分な蓄積があるとはいえない。特に，貧困に関する個人的・社会的背景については，必ずしも明らかになっているわけではない。これらの点については，多方面から研究が求められている。

2　「子どもの貧困」の社会問題化

　それでは，なぜ子どもの貧困が関心を集めているのだろうか。日本社会には，

▷1　絶対的貧困
生きるために最低限必要とされるものが得られていない状態。

▷2　阿部彩，2005，「子どもの貧困」国立社会保障・人口問題研究所編『子育て世帯の社会保障』東京大学出版会，pp. 119-142。

▷3　ノーマルシー
属性によって特別扱いをするのではなく，他者と同じように扱うこと。

▷4　OECD Family Database, 2014, "Child Poverty".

いつの時代にも貧困家庭は存在していた。元森絵里子は，子どもの貧困が身近であった時代から，貧困が忘却され，さらに再発見に至るという社会認識の変遷があったことを指摘している[5]。そこで，以下では「子どもの貧困」が忘却され，再発見されるまでの過程をみていこう。

第二次世界大戦以前，「貧困児童」の問題は教育および児童に関連する研究のなかでしばしば言及されてきた。古くは1887年に「東京府下貧困児童の教育法」なる記事が『教育報知』に登場する[6]。戦前には「貧困児童」の就学は社会の関心事であったが，それは児童労働と深く関連していた。明治期の小学校令や工場法は児童労働を規制し就学を促すものであったが，例外規定が多く，児童保護対策としては不十分であった[7]。大正期の後半以降，児童保護対策が国家の重要な政策に位置づけられる過程で児童労働の規制が強まり，学齢就学児童の教育機会の保障が目指された。その一方で，児童の就学の長期化は，貧困家庭の財政を圧迫するという結果をもたらしていた。

1950年代の調査によれば，敗戦後から1950年代にかけて貧困層が形成された直接の要因は，世帯員の疾病傷病および世帯員の戦死・戦病死などであった[8]。おもな稼ぎ手を失った貧困家庭にとって，子どもの就学は経済的負担であり，卒業による子どもの就職は貧困家庭の救済と直結していた。しかし，就学が経済的困窮をもたらすという言説は徐々に減少する。1960年代を通して高校進学率は上昇を続け，1970年には8割を超えた。教育が「重荷」であるよりも，中長期的な利益をもたらす「希望」ととらえられ，子どもの教育こそが理想の社会の実現のカギであると強調されるようになる[9]。こうして，高度経済成長期に「貧困児童」の問題は，しだいに社会から忘却される。

1980年代には，イギリスの「貧困の世代的再生産」の論争が一部で注目を集めていた。こうしたなかで，1980～90年代には子どもの進路と家庭の社会階層との関連や親の生活と子どもの生活・教育機会の関連が，各地の調査から明らかになってくる[10]。格差社会は，2000年以降はもはや遠い世界の出来事ではなく，現実味を伴って語られるようになる。2001年には教育における「階層の影響」が明らかにされ[11]，2004年には格差社会の拡大による人々の「希望」の格差が指摘される[12]。格差社会への着目は，高度経済成長期を通して忘れられた不平等という意識や生活困窮者の存在を呼び起こした。2000年代後半には，「貧困」は「子ども」と結びつけられ，さらなるインパクトを社会に与えた。「貧困」は格差とは異なり「社会として許すべきではない，という基準」とされた[13]。この問題は，教育による理想社会の実現という高度経済成長期の「希望」を打ち砕いた。今日「子どもの貧困」とは，まさに「許容できない生活水準を生きている子ども」の問題であり，次世代にまで引き継がれる可能性の高い社会の危機と考えられている。

(和泉広恵)

▷5　元森絵里子，2016，「大人と子どもが語る『貧困』と『子ども』」相澤真一ほか著『子どもと貧困の戦後史』青弓社，pp. 133-162。

▷6　庵地保，1887，「東京府下貧困児童の教育法」『教育報知』64：pp. 9-10。

▷7　菅並茂樹，1997，「戦前における貧困児童就学奨励策の検討」『東北生活文化大学三島学園女子短期大学』28：pp. 47-52。

▷8　相澤真一，2016，「社会調査データからみる子どもと貧困の戦後史」相澤真一ほか著『子どもと貧困の戦後史』青弓社，pp. 29-50。

▷9　▷5の文献参照。

▷10　小西祐馬，2006，「子どもの貧困研究の動向と課題」『社会福祉学』46(3)：pp. 98-108。

▷11　苅谷剛彦，2001，『階層化日本と教育危機』有信堂高文社。

▷12　山田昌弘，2004，『希望格差社会』筑摩書房。

▷13　阿部彩，2008，『子どもの貧困』岩波新書。

XIV 現代家族をめぐる諸問題へのアプローチ

 孤立

1 無縁社会の衝撃

　孤立という言葉は，今や私たちの多くにとって身近なものになっている。例えば，2010年1月にNHKで「無縁社会」と題して放送されたテレビ番組は，社会に大きなインパクトを与えた。また，同じ2010年には，戸籍上は生存しているが所在のわからない「消えた高齢者問題」も話題となり，日本社会に孤立した人が数多くいることが認識された。
　一見すると，家族と孤立とは無縁に思えるかもしれない。例えば，国立社会保障・人口問題研究所の「第2回生活と支え合いに関する調査」によると，何か困ったときに頼る相手として「家族」を挙げる人や，また，家族が何か困っていたら「手助けをする」と回答する人は少なくない。このような傾向をみると，家族と孤立とはまったく対極にあるもののようにもみえる。
　だが，実は孤立の問題は家族の変容と表裏にある。ここでは，このことを確認していこう。

2 家族の本質的個人化

　孤立と関連する家族社会学の議論の1つに，山田昌弘の「家族の個人化論」がある。それによると，家族の個人化には2つある。1つは，家族が会社や地域社会から自由になる（例えば町内会のイベントよりも家族旅行を優先する），あるいは，家族におけるメンバーの自由度が高まる（例えばみんなで食卓を囲まず，それぞれが好きなときに好きなものを食べる）という意味での個人化である。これは，家族という枠は守った上で個人化が進行していることを意味しており，「家族の枠内の個人化」と呼ばれる。もう1つは，より個人化が徹底した現象である，「家族の本質的個人化」である。これは，結婚する／しない，離婚する／しない，子どもをもつ／もたないといった，家族関係の発生，存続に関わる選択が個人の意志に委ねられる状況を指しており，それまでは選択不可能，解消不可能と考えられてきた家族のあり方が揺らいでいることを意味するものである。
　孤立との関係で問題になるのは，「家族の本質的個人化」である。家族の形成，維持そのものが個人の選好に左右されるということは，家族が成員全員を満足させられている限りにおいて存在可能な「純粋な関係性」になったという

▷1　国立社会保障・人口問題研究所，2018,「2017年社会保障・人口問題基本調査——生活と支え合いに関する調査　結果の概要」（http://www.ipss.go.jp/ss-seikatsu/j/2017/seikatsu2017summary.pdf　2018年9月1日最終確認）。

▷2　I-15 参照。山田昌弘，2004,「家族の個人化」『社会学評論』54(4)：pp. 341-354。

▷3　ギデンズ，A.，松尾精文・松川昭子訳，1995,『親密性の変容』而立書房。

ことである。つまり，今日においては，どんなに自分が望んでも相手が自分を選んでくれない限りは家族を作れないし，家族を作った後でも一方的に関係を解消されるリスクがあるのだ。

③ 男性の孤立／女性の孤立

先行研究では，女性よりも男性が孤立しやすい傾向にあることが指摘されている[4]。男性は「他人に弱みをみせるべきではない」というジェンダー規範を内面化しており，他者とのサポートネットワークを形成しづらい[5]。結果として，唯一弱みをみせられる妻への依存度が高くなるのだが，誰もが結婚できる時代ではなくなったことで，その唯一の依存先が失われていることが背景にあると考えられる。

とはいえ，女性も孤立と無縁であるわけではない。平均初婚年齢の男女差が約3歳，および平均寿命の男女差が約7歳あることに鑑みると，仮に結婚していたとしても，夫との死別後に子どもなどと同居をしなければ，女性は約10年の間を1人で暮らす計算になる。結局のところ，結婚してもしなくても，女性は最後は1人で人生を送る可能性が高い[6]。それゆえ，「老後を誰とどのように暮らすか」という問いにむきあわざるをえないのである。

④ 孤立をどう乗り越えるのか

孤立の問題の背景には，日本社会の家族主義的構造がある。すなわち，もはや人が家族を作ることは当然でなくなりつつあるにもかかわらず，日本の社会保障制度が家族頼みの構造を脱しきれていないことの問題である[7]。例えば社会的養護施設にいる子どもが退所後に孤立したり[8]，65歳以上でひとり暮らしをしている男性の約3割が「頼れる者がいない」状況など[9]は，このような日本社会の家族主義的構造による帰結と考えられる。

孤立を乗り越えるためには，「家族か個人か」という二項対立を超えて社会のあり方を考え直すことが必要である。孤立対策としての制度設計については，これまでおもに2つのことが述べられてきた。1つめは，伝統的な家族を皆が作れるよう制度的に支援することである。だが，家族の個人化には，家族からの個人の解放という側面もあったのであり，そのメリットを完全に放棄することは現実的ではない。これに対して2つめは，個人単位で社会を設計しなおすことである[10]。だが，この方法も障害者や子ども，高齢者など，何らかのかたちで他人に依存しなければいけない人の存在を十分考慮できていない点で問題含みである。以上に鑑みると，例えば，これまで家族に期待されてきた機能を分節化した上で何が社会的支援を与えるに値するかを考える方法など[11]，近年の家族社会学で主張されている，家族／個人という二項対立を前提としない見方が，孤立を克服する上では有効だと考えられる。

（藤間公太）

▷4　石田光範，2011，『孤立の社会学』勁草書房。

▷5　伊藤公雄，1996，『男性学入門』作品社。

▷6　上野千鶴子，2007，『おひとりさまの老後』法研。

▷7　仁平典宏，2011，「日本型生活保障システムの再編と民主党政策の位置」『家族研究年報』36：pp. 1-15。

▷8　藤間公太，2017，『代替養育の社会学』晃洋書房。

▷9　国立社会保障・人口問題研究所，2018，「2017年社会保障・人口問題基本調査——生活と支え合いに関する調査　結果の概要」（http://www.ipss.go.jp/ss-seikatsu/j/2017/seikatsu2017summary.pdf　2018年9月1日最終確認）。

▷10　伊田広行，1998，『シングル単位の社会論』啓文社。

▷11　久保田裕之，2011，「家族福祉論の解体」『社会政策』3（1）：pp. 113-123。

XIV 現代家族をめぐる諸問題へのアプローチ

 LGBT

▷1 SOGI (Sexual Orientation and Gender Identity, ソジ) は性的指向・性自認のあり方を指し，性的指向の多数者である異性愛者，性自認のあり方における多数者のシスジェンダー（出生時に割り当てられた性別に違和感や別の性別であるという感覚をもたない）や，Xジェンダー（出生時に割り当てられた男性もしくは女性の性別のいずれかに二分された性の自覚をもたない），アセクシュアル（無性愛者）など他のあり方を含めた「属性」である。

▷2 神谷悠介, 2017,『ゲイカップルのワークライフバランス』新曜社．

▷3 Kamano, S., 2009, "Housework and Lesbian Couples in Japan: Division, Negotiation and Interpretation," Women's Studies International Forum, 32: pp. 131-141.

▷4 Goldberg, A. E., 2013, ""Doing" and "Undoing" Gender: The Meaning and Division of Housework in Same-Sex Couples," Journal of Family Theory & Review, 5: pp. 85-104.

LGBT は，どの性別に性愛感情を抱くかを示す「性的指向」と，自己をどの性別だと認識するかを指す「性自認」のあり方におけるマイノリティを一括りにした言葉で，性的マイノリティの総称としても使われる。L, G, B は性的指向におけるマイノリティであるレズビアン（女性同性愛者，Lesbian），ゲイ（男性同性愛者，Gay），バイセクシュアル（両性愛者，Bisexual）の，T は性自認のあり方のマイノリティであるトランスジェンダー（性別越境者，Transgender）の頭文字である。LGBT に関する家族社会学の実証研究には，おもに，同性間のパートナー関係とそれを基盤とした家族の研究と，定位家族を生きる性的マイノリティをめぐる研究とがある。

1 家族社会学における同性カップル家族の研究

同居する同性カップルについての研究の多くは，異性カップルと比較されるかたちで行われている。婚姻またはそれに類似する法的関係の有無や，性別の組み合わせ（女どうし，男どうし，男女間）によって，家事分担，家計組織，意思決定，関係の質などのカップル関係がどう異なるのかを調べ，それらの規定要因を分析する量的および質的研究がある。日本に関する研究は少ないが，男性カップルと女性カップルへの聞き取り調査から，家事は異性カップルより平等で柔軟に分担され，異性カップルとは異なる規定要因やメカニズムもあると指摘される。男性カップルは得手不得手やこだわり度，女性カップルではこれらに加え，家事に使える時間の長さで自分たちの分担を説明するケースが目立つ。家計については，男性カップルは個別に管理するケースが多く，収入差が2人の生活水準に差異をもたらすが，女性カップルの生活費分担は比較的平等で，共同で管理するカップルも多い。同性カップルが家事を通じてジェンダーを実践すると同時にそれを解きほぐしていく過程に注目する「ジェンダーの実践」（doing gender）の視点からの分析もある。例えば誰がどの家事をするかを明確に分けている同性カップルの場合，当人たちはそれを効率重視や選択の結果であり，異性カップルのジェンダーにもとづく分担とは違うと解釈しているという。

欧米ではレズビアンやゲイ個人や同性カップルが子をもち，育てることをめぐる研究も蓄積されている。アメリカセンサス局の2011年調査によると，女性カップルの27％，男性カップルの11％が18歳未満の子と暮らす。過去の異性と

の関係，人工授精，代理出産，養子縁組など，性的マイノリティが子をもつ経緯はさまざまである。子をもつ意思決定，子育ての分担，親子関係，子の育ちなどの研究から，性的マイノリティとそれ以外の人との間で，子をもちたいという気持ちの有無，親になる経験やそれによる変化には違いがないこと，また同性カップルの方が異性カップルより平等に子育てを分担することなどがわかっている。同性愛者の子についても，異性愛者の子と異なる点もあるが，それは問題とはみなされていない。[5]トランスジェンダーを含むカップル関係や子育ての研究は欧米でも少ない。家族形成との関連ではどのタイミングで性別を移行するかによってパートナーや子との関係，家族の経験や周囲から受ける扱いが異なることが指摘されているが，全般に未着手の課題が多数ある。[6]

2 定位家族と性的マイノリティの研究

家族の中の性的マイノリティの研究では，子から親に対してなど，家族員へのカミングアウトをめぐる経験に焦点が当てられている。質的調査により，カミングアウトの過程やその決断，その後の親自身，親子関係，他の家族員や家族外との関係の折り合いのつけ方が分析されている。L，G，Bとその親に生きづらさをもたらす，社会から付与される**スティグマ**[7]に親子がどう対処しているかの分析や，親，きょうだい，祖父母の経験も含め，家族危機として葛藤と対応を分析する[8]ものが挙げられる。娘の同性パートナーが中期親子関係に与える影響をみる研究もある。トランスジェンダーに関しては，「性同一性障害」の診断を得るさいの親の理解の重視が，家族関係に与える影響に注目した研究がある。[9]

3 今後の研究への期待

家族社会学でLGBTを扱うことは，シスジェンダー男女のペア，婚姻関係，従来の生殖を伴う関係，血縁に基づく親子関係，性別役割分業の実践など，典型的近代家族に付随するさまざまな側面の見直しにつながる。家族員が異性愛・シスジェンダーでないことの家族への影響を分析することで，家族関係に関しての理解が深まる。同時に人々が異性愛・シスジェンダーであることがあたりまえとされる社会に置かれ，性的マイノリティやその家族が差別や偏見にさらされていることも明らかになる。日本の状況を扱う質的研究は散見されるがまだ不十分であり，課題が多く残されている。[10]また，量的研究に関してはまったく蓄積がない。家族に関する調査に同性カップル家族や，回答者の性的指向・性自認のあり方を特定する項目を含めることで，量的分析が可能となり，家族社会学に多くの知見をもたらすと思われる。今後の研究に期待したい。

（釜野さおり）

▷5 異性愛と同性愛の親の差異の議論については有田啓子，2009，「同性愛者と子育て」野々山久也編『論点ハンドブック　家族社会学』世界思想社，pp. 259-262を参照。

▷6 Downing, J. B., 2013, "Transgender-Parent Families," Goldberg, A. E. and Allen, K. R., eds., *LGBT-Parent Families : Innovations in Research and Implications for Practice*, Springer, pp. 105-115.

▷7 スティグマ
人の信頼をひどく失わせる属性を形容するE.ゴフマンの概念で，関係性の中で生じることが強調されている。

▷8 三部倫子，2014，『カムアウトする親子』御茶の水書房。元山琴菜，2014，「『カミングアウトされた家族』から〈非異性愛者を持つ家族〉になることとは」『家族社会学研究』26(2)：pp. 114-126。協力者が自助グループに参加している親に限定されているがいずれも画期的研究である。

▷9 杉浦郁子，2013，「『性同一性障害』概念は親子関係にどんな経験をもたらすか」『家族社会学研究』25(2)：pp. 148-160。

▷10 LGBT家族の研究では，家族一般の理解への貢献が要求されてきたが，近年の方法論では異性愛家族との比較ではなく，性的マイノリティ家族そのものの理解や，内部での差異にも注目すべきとの主張もある。

epilogue 家族社会学のこれから

1 家族への社会の関心の増加

　現代社会において，人々の日々の暮らしや人生の中で家族が大きな存在となっている。統計数理研究所が60年以上蓄積してきた「国民性調査」で「一番大切と思うもの」を自由に回答してもらった質問への回答をみると，時代がたつにつれ「家族」に集中してきている（図epilogue-1）。1950年代には全体の1割の者しか挙げていなかった「家族」を，今や約半数の者が挙げるようになってきている。「大切なものは家族」という意識は広く人々に共有され，さまざまな事象としての家族が重要視されてきている。

2 家族社会学における理論展開

　では，その家族に家族社会学はどのようにアプローチしてきたのか。活用されてきた理論は，家族社会学独自のものではなく，社会学のこれまでの流れと重なる。1950年代には構造機能主義と象徴的相互作用主義の影響が強く，その後，ポストモダンの諸理論が活用された。家族を所与の集団とするのではなく，個人がむすぶネットワークととらえたり，個人のライフコースにおける家族関

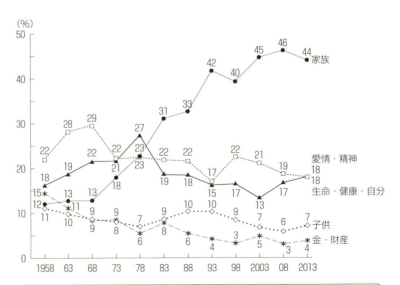

図epilogue-1　「一番大切と思うもの」として「家族」が挙げられている割合の推移

出所：統計数理研究所「日本人の国民性調査」（https://www.ism.ac.jp/ism_info_j/labo/project/128.html）

epilogue 家族社会学のこれから

係をとらえる試みも広がった。さらに，歴史的な相対主義や，家族の存在そのものを前提にしない構築主義なども試みられてきている。同時に，経済学の理論枠組みを援用して社会事象を説明するなど，学際的なアプローチも盛んに行われるようになってきている。統計学と統計ソフトなどの技術の進歩を反映して，数理的なアプローチも展開されている。

　現状では，家族社会学という確固たる領域が明快に提示されているというよりは，家族への関心と専門的な知識を基礎に，テーマに応じて多様なアプローチがさまざまな角度から活用されている。ひろく社会学の理論や隣接領域の理論活用がすすみ，家族社会学において独自の理論が蓄積，展開されてきたとはいえない。むしろ逆に，家族への関心が優先し，理論的なアプローチが意識されなくなってきている面があるのではないか。

③ 社会学は家族を説明できてきたのか

　家族への関心が高まり，家族に関連するさまざまな社会問題が生じている現代社会では，理論にこだわるより現実の問題解決から判断すべきという意見もあることだろう。現実を解明することが先決であって，どの理論を使うかは後付けであってかまわないという考え方である。

　しかしながら，事象に関心・注力を注ぐことが事象の解明につながるとは限らない。むしろ，事象を客観的にとらえなおしたり，一定の理論枠組みの中においてみることによって，あらためて事象の理解が進むことの方が多いだろう。社会学という学問は，そのような役割を果たしてきたのではないか。

　ふりかえってみると，家族社会学が活用し蓄積してきた研究の層はかなり厚い。ただし，残念ながら，その蓄積が広く活用されているとはいえない。家族社会学でえられてきている研究の成果さえ，広く知られるには至っていないことが多々ある。家族は日常生活の一部分であり，家族にかかわる政策決定も多々なされているが，そこでも家族社会学の成果に言及されることはあまりないのではないか。本書で示してきたように，家族をとらえるための方法や視角は１つではない。例えば，何をもって家族とするかという定義をとってもさまざまな議論がある。単一のモデルを暗黙の前提とするのではなく，多角的なパースペクティブや複数の解釈を視野に入れつつ，現実の多様性や変化の分析に臨む知的営みこそが，これからの家族や社会を展望する可能性を開くことになるのではないか。

　家族が注目される現代だからこそ，家族社会学の研究蓄積をあらためて確認し，研究成果を活かす道が探られてもいいのではないだろうか。

（西野理子・米村千代）

177

人名索引

あ行

赤川学 *122*
阿部彩 *170*
アリエス, P. *25, 66*
有賀喜左衛門 *2, 146, 150*
安蔵伸治 *51*
アンダーソン, D. R. *134*
安藤究 *105, 107, 108*
アンリ, L. *152, 154*
池田由子 *166*
石井クンツ昌子 *135*
石田雄 *150*
石原邦雄 *22*
イースタリン, R. *49*
稲葉昭英 *87, 156*
岩澤美帆 *47*
ウェーバー, M. *146*
上野加代子 *45, 166*
上野千鶴子 *27*
ウルストンクラフト, M. *158*
ウルフ, D. M. *32*
エスピン＝アンデルセン, G. *121*
江守五夫 *42*
エルダー Jr., G. H. *29*
エンゲルス, F. *6*
大日向雅美 *167*
大間知篤三 *42*
小川浩 *50*
岡正雄 *42*
岡村益 *43*
落合恵美子 *85, 107, 121, 139, 155*
オッペンハイマー, V. K. *49*
オルソン, D. H. *21*

か行

加藤彰彦 *43*
蒲生正男 *42*
川島武宜 *14, 136, 150*
喜多野清一 *2, 17*
キティ, E. F. *39, 64*
ギデンズ, A. *34, 35, 88, 116*
グージュ, O. *158*
グブリアム, J. F. *40*
グベール, P. *152*

久保田裕之 *122*
倉沢進 *126, 147*
ケリー, H. H. *32, 33*
ケンプ, H. *166*
コーネル, L. L. *155*
小山隆 *21, 156*
コロン, A. *153*

さ行

齋藤曉子 *119, 123*
斎藤修 *155*
齋藤純一 *38*
佐藤慶幸 *127, 147*
清水浩昭 *43*
ショーター, E. *25*
鈴木栄太郎 *21, 146*

た行

武井正臣 *42*
竹田旦 *42*
立木茂雄 *21*
田渕六郎 *41, 77*
田村哲樹 *39*
土田英雄 *43*
筒井淳也 *85, 88, 89, 131*
ティボー, J. W. *32, 33*
デュヴァル, E. *21*
戸江哲理 *123*
戸田貞三 *2, 17, 150, 156*
ドンズロ, J. *151*

な行

ナイ, I. *32*
内藤莞爾 *43*
中川善之助 *140*
那須宗一 *105, 106*
西川祐子 *151*
西城戸誠 *147*
西野理子 *9, 99*
野沢慎司 *27, 102*
野々山久也 *120*

は行

バーガー, P. L. *150*
バークナー, L. K. *153, 155*
パーソンズ, T. *3, 16, 20, 60, 62, 68, 69, 71, 72*
バージェス, E. W. *3, 16*

ハーバーマス, J. *38*
バッハオーフェン, J. J. *6*
速水融 *154, 155*
ハレーブン, T. K. *29*
平沢和司 *101, 132*
平塚らいてう *159*
ヒル, R. *21-23, 30*
ファインマン, M. A. *39, 122*
フィッシャー, H. E. *53*
福武直 *42, 144, 146*
フーコー, M. *151*
藤井和佐 *147*
藤崎宏子 *118, 120, 145*
藤見純子 *9*
ブラウ, P. *32*
ブラッド, R. O. *32*
フリーダン, B. *159*
ブルデュー, P. *53, 67, 71, 113, 133*
フルリ, M. *152*
フロイト, S. *68*
ベールズ, R. F. *3, 68*
ベッカー, G. S. *32, 49, 113, 133*
ベック, U. *44, 45*
ベック‐ゲルンスハイム, E. *44, 45*
ボス, P. *30, 31*
ホックシールド, A. *45, 65, 169*
ボット, E. *26, 27, 86*
ホマンズ, G. *32*

ま行

前田正子 *118*
マードック, G. P. *6, 16-18, 53, 72*
牧野カツコ *120*
正岡寛司 *7, 21*
マッカバン, H. I. *23*
松木洋人 *123*
松田茂樹 *120, 131*
マリノフスキー, B. K. *52*
マルクス, K. *6, 146*
ミード, G. H. *68*
宮本みち子 *93*

人 名 索 引

モーガン，D. *117*
牟田和恵　*122, 137, 145, 151*
目黒依子　*117*
元森絵里子　*171*
森岡清美　*3, 10, 11, 16, 17, 21,*
　　　151
モルガン，L. H.　*6*

や行　矢澤澄子　*127, 147*
保田時男　*99, 103*
柳田國男　*124*

山口一男　*87*
山田昌弘　*37, 50, 63, 137, 172*
大和礼子　*79*
山根常男　*106*
山室周平　*3, 17*
与謝野晶子　*159*
依田明　*98, 101, 103*
米村千代　*15, 125*

ら・わ行　ライト，J. C.　*134*
ラグルズ，S.　*153*
ラズバルト，C. E.　*33*
ラスレット，P.　*152, 153*
リグリィ，E. A.　*152*
ロック，H. J.　*16*
渡辺秀樹　*21, 67, 68*

179

事項索引

あ行

愛着（アタッチメント）95, 167
IT（Information Technology）134, 135
あいまいな喪失　30, 31
アストロノート家族　45
アダルト・チルドレン（AC）167
姉家督相続　42
EPAプロジェクト　→　ユーラシア社会の人口・家族構造比較史研究
家（「家」）2, 3, 8, 10-15, 17, 24, 42, 43, 124, 136, 137, 146, 150, 151
　——社会論　14
　——制度　18, 76, 94, 100, 105, 106, 136, 141
イエ／ムラ論　146
育児休業制度　115, 119
育児ネットワーク　27, 106, 107, 120
育児ノイローゼ　70
育児不安　27, 70, 120, 167
移行　18, 21, 28, 29, 93, 96, 97
異性愛　39, 90, 116, 137, 151, 175
異性カップル　90, 174
1.57ショック　114
一般化された他者　68
異文化適応　27
医療化　111
異類婚　89
隠居制　42, 43
インセスト・タブー　7, 52
姻族　8, 9, 140
ABC-Xモデル　22, 23, 30
SSM調査　→　社会階層と社会移動全国調査
エスノメソドロジー　163
NFRJ　→　全国家族調査
NPO　127, 145, 147
M字型　129, 151
円環モデル　21
遠居　77

か行

親なり　28, 54, 70
親の教育戦略　133

介護　43, 76, 77, 83, 92, 93, 109, 119, 126, 130, 143
介護保険　76, 77, 81, 118, 119, 123, 127
外婚　7, 52
会話分析　123, 149, 163
家業　12, 14, 15, 24, 84, 124, 139
核家族
　——化　3, 16-19, 62, 76, 139
　——化論　16, 18, 106
　——の孤立　78, 94
格差社会　171
拡大家族世帯　153
拡大指向型家族　42
学力　133
学歴　27, 47, 50, 51, 62, 63, 100, 132, 133
　——同類婚　47, 89, 133
家産　12, 14, 15, 124
家事参加　27, 63
家事分担　33, 58, 59, 65, 88, 174
家族意識　15, 27, 124
家族危機　21, 22, 30, 175
家族計画運動　113, 114
家族構造　27, 42, 43, 62, 149, 154
家族国家観　56, 124, 136, 150
家族システム論　20, 21
家族実践（family practices）論　117
家族周期　20, 21, 75, 106, 153
家族主義　25, 121, 129, 169, 173
　——的福祉レジーム　144
家族ストレス論　21-23, 30, 31
家族制度　3, 6, 10, 11, 14, 15, 51, 136
家族葬　125
家族認知　9, 40
　——率　41
家族

　——の救済者（family saver）108
　——の個人化　4, 11, 34-36, 172, 173
　——の多様化　29
　——の民主化　14, 16
家族発達　106
　——理論　20, 21
　——論　20, 21
家族復元（Family Reconstitution）51, 152-154
家族変動論　3, 11, 94, 150
家族法　140-142
家族類型　10, 11, 19, 25, 83, 106
葛藤（紛争）理論　148
家督　14, 42, 155
家父長制　3, 6, 12, 48, 52, 91, 145
カミングアウト　175
家名（屋号）12, 14
感情労働　65
機会の不平等　132, 148
機会費用　50
擬制的親子　73
基礎シート（BDS）154
機能主義理論　148
教育学　148
教育社会学　67, 148, 149
教育する家族　133
教区簿冊（parish register）153, 154
共同親権制度　169
居住　12, 18, 42, 45, 122
　——規則　11, 94
　——形態　11, 12, 18, 43, 77, 79
近居　13, 77
近代家族論　24, 25, 61, 137, 145, 151
グローバル化　37, 44, 45
グローバル・ケア・チェイン　45
グローバル・ハイパーガミー　44
ケアの社会化　119, 123, 145
ゲイ　174

事項索引

閨閥 *13*
系譜 *12, 13, 124, 125*
経歴 *28*
結婚
　——規範 *46-48*
　——年齢規範 *46, 48*
　——の個人化 *47, 48*
　——の自由化 *47, 48*
結婚満足度 *87, 88*
血族 *8, 9*
高学歴志向 *27*
交換理論 *32, 33*
公共圏 *38, 39, 64, 65, 80, 81*
合計特殊出生率 *104, 110, 114, 161*
公私の分離 *60, 61*
工場法 *171*
構造機能主義 *3, 4, 16, 20, 52, 53, 60, 68, 176*
公的介護 *76, 77, 80, 81*
公的統計 *99, 160, 161*
公的年金 *76, 83*
高度経済成長 *76, 128*
合理性 *33*
合理的選択 *32, 49*
高齢化 *43, 76, 81, 130, 138, 145*
高齢者福祉 *126*
コーホート *29, 70, 95*
国際結婚 *44, 45, 50*
国際婦人年 *127*
国勢調査 *2, 17, 19, 43, 128, 152, 160*
国連婦人の10年 *127*
互酬性 *52, 81, 92*
戸主権 *14, 15*
個人化 *33-36, 56, 80, 125, 172*
子育て支援 *67, 105, 109, 118, 119, 122, 126*
子育ての脱家族化 *169*
子ども虐待防止センター *166*
子ども食堂 *127*
コミュニティ政策 *146*
雇用経済 *84, 87*
孤立リスク *36*
婚活 *37, 51, 115*

さ行
サード・セクター *127, 147*
サードプレイス *126*
再生産労働 *44, 127, 147*

サポートギャップ仮説 *87*
3歳児神話 *70, 167*
3世代家族 *106*
3世代同居 *18, 19, 105, 106, 130, 144, 155*
サンドイッチ世代 *93*
ジェンダー
　——化されたライフコース *109*
　——規範 *173*
　——の実践 *174*
資源
　——希釈仮説 *100, 101*
　——供給仮説 *101*
　——論 *32*
シスジェンダー *174, 175*
自治会 *126, 147*
児童虐待 *35, 67, 142, 166*
　——防止協会 *166*
　——防止法 *166*
児童手当 *119*
児童扶養手当 *168*
市民活動 *127, 147*
社会運動 *147*
社会化 *3, 20, 68, 69, 72, 74, 98, 103, 132*
社会階層 *29, 67, 71, 86, 89, 117, 156, 171*
　——と社会移動全国調査（SSM調査） *156, 160, 161*
社会構築主義 *40, 149*
社会人類学 *42, 43*
社会の企業 *147*
社会的孤立 *83*
社会的ネットワーク *26, 86, 87*
社会的役割 *28, 68*
社会統制 *113*
修正拡大家族 *18, 78*
住民台帳（listings of inhabitations） *153*
宗門改帳 *43, 154, 155*
重要な他者 *68*
主観的家族論 *41*
縮小指向型家族 *42*
手段的（道具的）役割 *20, 60, 68*
出生動向基本調査 *13, 46, 99, 160*

主婦役割 *127*
純粋な関係性 *35, 80, 88, 89, 172*
生涯社会化 *69*
生涯未婚率 *11, 17, 46, 51, 168*
小学校令 *171*
状況可変のイデオロギー *43*
小教区帳簿（仏：registre paroissial） *152-154*
状況不変のイデオロギー *42*
少子化社会対策基本法 *114*
少子高齢化 *44, 94, 138*
上昇婚 *44, 50*
情緒的
　——サポート *87*
　——連帯 *95, 96*
情報処理 *20*
職縁婚 *47*
女性史 *12*
女性の自立仮説 *33*
女性の親族関係維持役割 *80*
人口
　——学 *51, 79, 94, 95, 99, 138, 139*
　——高齢化 *43*
　——史と社会構造史研究のためのケンブリッジ・グループ（Cambridge Group for the History of Population and Social Structure） *152*
　——静態 *154*
　——転換理論 *138, 139*
　——動態 *152, 154*
親族
　——代替モデル *80, 81*
　——ネットワーク *9, 27, 52, 101*
身体的虐待 *166*
シンボリック相互作用論（Symbolic Interactionism: SI） *135*
親密圏 *9, 38, 39, 64, 65, 80, 81*
親密性 *64*
心理的虐待 *166*
スティグマ *175*
ステップファミリー *70, 73, 74, 96, 102, 137*
生活構造 *146*

181

生活史　*162, 163*
生活時間調査　*58*
生活と支え合いに関する調査
　　168, 172
性自認　*174, 175*
生殖家族　*11, 28, 35, 133*
生殖
　——技術　*35*
　——補助技術　*45, 73-75, 111,*
　　116, 142
性的
　——虐待　*166*
　——指向　*116, 174, 175*
　——排他性　*91*
　——マイノリティ　*174, 175*
制度化　*28, 29, 48, 69, 73, 119,*
　　121, 127, 144, 169
西南日本型　*19, 42, 43, 155*
性別越境者　→　トランスジェン
　　ダー
性別分業　*59, 63, 69, 79, 81, 85,*
　　116, 128, 129
性別役割分業　*4, 7, 25, 34, 35,*
　　49, 50, 60, 62, 63, 79, 137,
　　151, 175
　——観　*59*
世界家族　*44, 45*
セクシュアリティ　*116, 117*
世代間の連帯　*79*
世代間連鎖　*67, 167*
世帯形態　*77*
積極的な育児エージェント　*105,*
　　107, 108
絶対的貧困　*170*
セルフヘルプグループ　*31, 127*
専業主婦　*24, 29, 34, 59, 62, 69,*
　　85, 115, 159
戦後家族モデル　*37*
全国家族調査（NFRJ）　*5, 9, 43,*
　　80, 81, 156, 157, 160, 163
先祖　*12, 124, 125*
選択的投資仮説　*101*
選択比較水準　*33*
選定相続　*42*
選抜　*132, 133, 148, 149*
選別主義　*76*
双系　*8, 12, 13, 41, 78, 79, 94*
相互依存性理論　*32*
相互作用主義　*3, 4, 176*

葬送儀礼　*125*
相続　*15, 42, 43, 54, 141-143,*
　　155
相対所得仮説（イースタリン仮
　　説）　*49*
相対的貧困　*161, 169, 170*
創発特性　*20*
ソーシャルメディア（SM）　*134,*
　　135
SOGI　*174*
祖先崇拝（ancestor worship）
　　124
祖父母手帳　*105*
祖父母の積極的な育児エージェン
　　ト化　*105*
祖父母役割　*105, 106*
村落類型論　*42*

た行

第一次社会化　*68, 72, 132*
待機児童　*67, 118*
第3号被保険者制度　*121*
第三の空間　*126, 127*
第二次社会化　*68, 72, 132*
代理母出産　*45*
代理ミュンヒハウゼン症候群
　　166
多核家族世帯　*153*
脱家族化　*121, 145, 169*
脱商品化　*144*
脱青年期（ポスト青年期）　*93,*
　　95, 96
男児選好　*113*
単純家族世帯　*153*
単身世帯　*43, 126*
男性稼ぎ主　*79, 80, 96, 115*
　——型の生活保障システム
　　130, 131
　——モデル　*25, 62, 107-109*
単世帯型（東北日本型）　*43*
単独世帯　*17, 19, 82, 83*
地域
　——コミュニティ　*50, 126,*
　　147
　——資源　*127*
　——集団論　*146, 147*
　——食堂　*127*
　——性　*14, 42, 43, 147*
　——福祉　*126, 144*
　——包括ケアシステム　*126*

父方居住　*12*
嫡出規定　*54*
嫡出規範説　*117*
紐帯　*26, 45*
中年親同居未婚者　*37*
中範囲の理論　*20*
町内会　*126, 147, 172*
長男相続　*42*
直系
　——家族　*10, 16, 17, 21, 34,*
　　105, 106, 153, 155
　——家族回帰型　*155*
　——家族制　*10, 21, 43, 94,*
　　112, 139
　——親族　*8*
　——制家族　*10, 15, 17, 151*
地理学　*43, 138*
TAT 法　*103*
定位家族　*11, 18, 28, 41, 132,*
　　133, 156, 174, 175
DV 防止法　*140, 164*
データアーカイブ　*161*
デート DV　*164*
伝統の創出　*34, 35*
天皇制家族国家観　*124*
同居親族　*9, 26, 27*
凍結された悲嘆　*31*
投資モデル　*33*
同棲　*54, 85, 91, 137, 138*
同性愛　*90, 175*
同性カップル　*90, 174*
同族団　*12*
東北日本型　*19, 42, 43, 155*
同類婚　*47, 89, 133, 156*
都市的生活様式　*147*
富の流れ理論　*112*
ドメスティック・バイオレンス
　　164
トランスジェンダー　*174, 175*
トランスナショナル・ファミリー
　　45

な行

内部労働市場　*128-130*
「ナナメ」の関係　*100, 101*
ナラティブ・アプローチ　*165*
二重 ABC-X モデル　*23*
妊娠先行型結婚　*54, 110, 111*
ネグレクト　*166*
ネットワーク

──化　9, 126
──規模　26, 27
──密度　26, 27
──論　4, 26, 27, 96, 106, 117, 147
農村社会学　2, 5, 14, 18, 20, 42, 146, 150
ノーマルシー　170

は行

パーソナル・ネットワーク　26, 27, 127
──論　147
配偶者選択の自由　36
バイセクシュアル　174
墓参り　13, 125
発達課題　21
パネル調査　157, 161
母親の救済者（mother saver）　108
母親役割　29, 109, 127
母方居住　12
母方親族　8
バブル経済　37
ハメル・ラスレット分類　153, 155
パラサイトシングル　55, 74, 93, 95, 96
晩婚化　11, 25, 46, 48, 49, 70, 93, 95, 110, 114
ピアサポート　31
非「家」的家族　42
被殴打児症候群　166
非干渉原則　105, 107
非婚化　46-51, 77, 93
非婚者　133
非正規雇用化　93
悲嘆の過程　30
非嫡出子　54, 117, 142, 143
表出的役割　20, 60, 80
標本調査　160
貧困　36, 67, 83, 117, 167, 170, 171
──児童　171
──リスク　36
フィールドワーク　2, 163
夫婦家族　3, 10, 16
──制　3, 10, 43, 94, 112
──連合　11
フェミニスト　39, 78, 122

フェミニズム　25, 38, 60, 61, 137, 145, 151, 158, 159, 167
フォーディズム　25
複合家族　10
福祉国家　108, 121, 144, 145
福祉レジーム　144, 145
──論　121
複世帯型（西南日本型）　43
父系　12, 13, 78, 79, 94, 124, 125
──親族　8
──制　12, 13
父権制　6, 12
普遍主義　76
扶養義務　85
部落会　126
文化資本　71, 133
文化人類学　43
別居　9, 18, 77, 78, 82, 83
──親族　9
別家　12
ヘリコプターペアレンツ　97
傍系親族　8
奉公人　15, 17, 24, 61, 69
法社会学　42
法律婚　54, 85, 90, 143
母系　12, 13, 94, 125
母権制　6, 12
ポスト近代社会　116, 117
母性愛　24, 25, 137
母性幻想　70
母性神話　167
ボット仮説　86, 87
ボランティア　64, 127, 147
ポリアモリー　91

ま行

「孫育て」ガイドブック　105, 109
末子相続　42, 43
マルクス主義フェミニズム　145
マルチレベル分析　103, 157
マルチレベル・モデル　149
見合い婚　47, 85
未婚化　25, 37, 43, 54, 55, 70, 77, 85, 93, 95, 110, 114, 131
未婚成人子　11, 77, 93, 95, 96
身近な生活圏　126, 146
3つのシフト　169
民俗学　2, 14, 42, 43, 155

民族学　6, 42, 124
民族文化複合仮説　42
民法　3, 13-15, 36, 48, 76, 136, 140-143
無隠居制　42
無縁社会　172
婿入婚　42
無作為抽出　149, 160
無償労働（アンペイド・ワーク）　64, 113
ムラ　14, 146
メアリー・エレン事件　166

や行

ユーラシア社会の人口・家族構造比較史研究（EAP プロジェクト）　154
養育費　57, 141, 169
養子　12, 15, 69, 73, 74, 154
養親子関係　8, 74
嫁入婚　42

ら行

ライフイベント経験　28
ライフコース
──の多様化　29
──論　20, 21, 28, 95, 107-109, 117
ライフサイクル論　28, 29
ライフステージ　28, 70, 74, 92, 97, 108
ライフストーリー　149, 163
ライフヒストリー　28, 149, 162, 163
リプロダクション　116
良妻賢母　61, 151
両性愛者　→　バイセクシュアル
累積的なプロセス　108
歴史人口学（仏：Démographie historique；英：Historical Demography）　4, 18, 43, 152, 153, 155
レズビアン　90, 174
恋愛婚　47, 85
老親扶養　43, 92, 93, 96
ローラーコースター（ジェットコースター）モデル　22
ロマンティック・ラブ（恋愛）　25, 85, 88
──・イデオロギー　117, 137, 151, 158

執筆者紹介（氏名／よみがな／生年／現職／業績／執筆担当／家族社会学について学ぶ読者へのメッセージ）　＊は編著者

安藤　究（あんどう・きわむ／1961年生まれ）
名古屋市立大学人文社会学部教授
"Grandparenthood: Crossroads between Gender and Aging," *International Journal of Japanese Sociology*, 14, 2005.
『祖父母であること』（単著，名古屋大学出版会，2017年）
Ⅸ-1　Ⅸ-2　Ⅸ-3
「あたりまえ」の中に「あたりまえでないこと」が潜んでいる可能性を考えていきたいと思います。

井口高志（いぐち・たかし／1975年生まれ）
東京大学大学院人文社会系研究科准教授
『認知症家族介護を生きる』（単著，東信堂，2007年）
『被災経験の聴きとりから考える』（共著，生活書院，2018年）
ⅩⅢ-3
家族研究は日常の中に転がっています。私は日々の家事・育児に苦悩する時に，よく思考の深まりを感じます。

石井クンツ昌子（いしい・くんつ・まさこ／1954年生まれ）
お茶の水女子大学理事・副学長
『「育メン」現象の社会学──育児・子育て参加への希望を叶えるために』（単著，ミネルヴァ書房，2013年）
「育児・家事と男性労働」（『日本労働研究雑誌』労働政策研究・研修機構，2018年）
ⅩⅡ-5
素朴な疑問，例えば，なぜ育児や家事は母親が担っているのか。その答えを与えてくれるのは家族社会学です。

和泉広恵（いずみ・ひろえ／1972年生まれ）
元日本女子大学人間社会学部准教授
『里親とは何か』（単著，勁草書房，2006年）
『〈ハイブリッドな親子〉の社会学』（共著，青弓社，2016年）
ⅩⅣ-2　ⅩⅣ-4
家族問題は自身の経験によってとらえ方が異なります。本書が家族の「常識」を振り返る一助となることを願います。

岡田あおい（おかだ・あおい／1958年生まれ）
慶應義塾大学文学部教授
「近世農民社会における世帯構成のサイクル──二本松藩2カ村の史料を用いて」（『社会学評論』51巻1号，2000年）
『近世村落社会の家と世帯継承──家族類型の変動と回帰』（単著，知泉書館，2006年）
ⅩⅢ-7
歴史人口学は，史料を読む楽しさ，そして，そこからデータを作成し，分析し，新たな知見を発見する醍醐味を味わうことができる学問です。

釜野さおり（かまの・さおり／1964年生まれ）
国立社会保障・人口問題研究所人口動向研究部第二室長
『家族を超える社会学』（共著，新曜社，2009年）
「同性愛・両性愛についての意識と家族・ジェンダーについての意識の規定要因」（『家族社会学研究』第29巻第2号，2017年）
ⅩⅣ-6
本書が家族の「あたりまえ」を見つめ直し，新たな気づきのきっかけになればうれしいです。

木戸　功（きど・いさお／1968年生まれ）
聖心女子大学文学部教授
『概念としての家族──家族社会学のニッチと構築主義』（単著，新泉社，2010年）
Ⅰ-18　ⅩⅢ-11
家族社会学を通じて，社会学のおもしろさを感じとってもらえるとよいなと考えています。

工藤　豪（くどう・たけし／1977年生まれ）
日本大学文理学部非常勤講師
「結婚動向の地域性」（『人口問題研究』第67巻第4号，2011年）
『少子高齢化社会を生きる』（共著，人間の科学新社，2016年）
Ⅰ-19
知識を得るとともに，身近な「家族」について見つめ直す機会となれば幸いです。

阪井裕一郎（さかい・ゆういちろう／1981年生まれ）
大妻女子大学人間関係学部准教授
『境界を生きるシングルたち』（共著，人文書院，2014年）
『入門 家族社会学』（共著，新泉社，2017年）
Ⅰ-17　Ⅰ-20
われわれを縛っている家族の「常識」を疑い，もっと別の社会のあり方を構想するのが家族社会学です。

嶋﨑尚子（しまざき・なおこ／1963年生まれ）
早稲田大学文学学術院教授
『変容する社会と社会学──家族・ライフコース・地域社会』（共著，学文社，2017年）
『炭鉱と「日本の奇跡」──石炭の多面性を掘り直す』（共編著，青弓社，2018年）
Ⅰ-12
戦後日本での産業転換を家族がいかに生き抜いたのか。石炭産業に注目して観察しています。

執筆者紹介(氏名／よみがな／生年／現職／業績／執筆担当／家族社会学について学ぶ読者へのメッセージ) ＊は編著者

清水洋行（しみず・ひろゆき／1965年生まれ）
千葉大学大学院人文科学研究院教授
『基礎自治体と地方自治』（共著，敬文堂，2015年）
『医福食農の連携とフードシステムの革新』（共著，農林統計出版，2018年）
XII-2　XIII-4
家族の生活を支える環境について，行政や企業とともに，地域社会にも目を向けてみてください。

千田有紀（せんだ・ゆき／1968年生まれ）
武蔵大学社会学部教授
『女性学／男性学』（単著，岩波書店，2009年）
『日本型近代家族——どこから来てどこへ行くのか』（単著，勁草書房，2011年）
XIII-9
近代家族のあり方とフェミニズムの思想の誕生は，深く結びついています。面白さが伝わるとよいのですが。

田渕六郎（たぶち・ろくろう／1968年生まれ）
上智大学総合人間科学部教授
『現代中国家族の多面性』（共編著，弘文堂，2013年）
「2000年代における現代日本家族の動態——NFRJの分析から」（『家族社会学研究』第30巻第1号，2018年）
I-8　I-14
家族について学ぶことは，社会と自分のありかたを相対化するための優れた機会になります。

田間泰子（たま・やすこ／1956年生まれ）
大阪公立大学名誉教授
『「近代家族」とボディ・ポリティクス』（単著，世界思想社，2006年）
『産み育てと助産の歴史——近代化の200年をふり返る』（共著，医学書院，2016年）
X-1　X-2　X-3　X-4
理論ではとらえがたい生殖ですが，それが家族生活や私たちの人生にもたらすものは計り知れません。

千年よしみ（ちとせ・よしみ／1963年生まれ）
国立社会保障・人口問題研究所国際関係部特任主任研究官
『日本の人口動向とこれからの社会』（共著，東京大学出版会，2017年）
Gender, Care and Migration in East Asia.（共著，Palgrave，2018年）
XIII-1
どのような分野を勉強されても，人口学の考え方を身につけておくと，役に立つと思います。

筒井淳也（つつい・じゅんや／1970年生まれ）
立命館大学産業社会学部教授
『仕事と家族』（単著，中央公論新社，2015年）
『結婚と家族のこれから』（単著，光文社新書，2016年）
VI-1　VI-2　VI-3
夫婦関係に揺らぎが見えている今こそ，あらためて理論を抑えた上での基本的理解が必要です。

藤間公太（とうま・こうた／1986年生まれ）
京都大学大学院教育学研究科准教授
『代替養育の社会学——施設養護から〈脱家族化〉を問う』（単著，晃洋書房，2017年）
『児童相談所の役割と課題——ケース記録から読み解く支援・連携・協働』（共編著，東京大学出版会，2020年）
XIV-3　XIV-5
家族を通じて社会を知ることの面白さが伝われば幸いです。

永井暁子（ながい・あきこ／1968年生まれ）
日本女子大学人間社会学部教授
『対等な夫婦は幸せか』（共著，勁草書房，2007年）
『結婚の壁』（共著，勁草書房，2010年）
III-1
日常の風景やメディアで取り上げられる事件の背景に家族が抱える問題があることを考えてみてください。

中西泰子（なかにし・やすこ／1975年生まれ）
相模女子大学人間社会学部准教授
『若者の介護意識——親子関係とジェンダー不均衡』（単著，勁草書房，2009年）
VII-1　VII-2　VII-3
親子とは何か，他人との愛情や信頼とは何なのかを考え直すきっかけになればうれしいです。

中村英代（なかむら・ひでよ／1975年生まれ）
日本大学文理学部教授
『摂食障害の語り——〈回復〉の臨床社会学』（単著，新曜社，2011年）
『社会学ドリル——この理不尽な世界の片隅で』（単著，新曜社，2017年）
XIV-1
〈家族〉について学ぶことは，〈家族〉が生み出す生きづらさから私たちを解放する実践です。

執筆者紹介（氏名／よみがな／生年／現職／業績／執筆担当／家族社会学について学ぶ読者へのメッセージ）　＊は編著者

＊**西野理子**（にしの・みちこ／1963年生まれ）
東洋大学社会学部教授
『変容する社会と社会学——家族・ライフコース・地域社会』（共著, 学文社, 2017年）
『夫婦の関係はどうかわっていくのか——パネルデータによる分析』（編著, ミネルヴァ書房, 2022年）
prologue　Ⅰ-1　Ⅰ-7　Ⅱ-1　Ⅱ-2　Ⅱ-3　Ⅱ-4　Ⅱ-5　Ⅲ-1　Ⅲ-2　Ⅲ-3　epilogue
家族の興味深さだけでなく，家族に社会学からアプローチすることの面白さを発見していただけたら幸いです。

西村純子（にしむら・じゅんこ）
お茶の水女子大学基幹研究院教授
『ポスト育児期の女性と働き方——ワーク・ファミリー・バランスとストレス』（単著, 慶應義塾大学出版会, 2009年）
『子育てと仕事の社会学——女性の働きかたは変わったか』（単著, 弘文堂, 2014年）
Ⅻ-3
本書をきっかけに，多くの方が家族社会学をもっと学んでみたいと思ってくださるとよいなと思っています。

野沢慎司（のざわ・しんじ／1959年生まれ）
明治学院大学社会学部教授
『ネットワーク論に何ができるか——「家族・コミュニティ問題」を解く』（単著, 勁草書房, 2009年）
『ステップファミリー——子どもから見た離婚・再婚』（共著, 角川新書, 2021年）
Ⅰ-11
ネットワークは家族の境界線を越えて拡がり，家族関係はネットワークであるという認識を伝えたいです。

平沢和司（ひらさわ・かずし／1962年生まれ）
北海道大学大学院文学研究院教授
『格差の社会学入門［第2版］——学歴と階層から考える』（単著, 北海道大学出版会, 2021年）
『教育と社会階層——ESSM 全国調査からみた学歴・学校・格差』（編著, 東京大学出版会, 2018年）
Ⅻ-4　ⅩⅢ-5
身近な社会現象について「なぜ？」という疑問を発することから勉強を始めてみましょう。

本多真隆（ほんだ・まさたか／1986年生まれ）
立教大学社会学部准教授
『家族情緒の歴史社会学——「家」と「近代家族」のはざまを読む』（単著, 晃洋書房, 2018年）
『「家庭」の誕生——理想と現実の歴史を追う』（単著, 筑摩書房, 2023年）
Ⅰ-10　Ⅻ-6　ⅩⅢ-6
本書を通して新たな視界が広がることを期待しています。

松木洋人（まつき・ひろと／1978年生まれ）
早稲田大学人間科学学術院教授
『子育て支援の社会学——社会化のジレンマと家族の変容』（単著, 新泉社, 2013年）
『入門 家族社会学』（共編著, 新泉社, 2017年）
Ⅺ-1　Ⅺ-2　Ⅺ-3
家族について社会学的に考えることの楽しさを実感していただけたら，とてもうれしいです。

南山浩二（みなみやま・こうじ／1964年生まれ）
成城大学社会イノベーション学部教授
『精神障害者-家族の相互関係とストレス』（単著, ミネルヴァ書房, 2006年）
『臨床家族社会学』（共著, 放送大学教育振興会, 2014年）
Ⅰ-9　Ⅰ-13
自身の家族観から離れて，家族研究の知見を拠り所に家族をめぐるさまざまな社会現象について考えてみましょう。

保田時男（やすだ・ときお／1975年生まれ）
関西大学社会学部教授
『日本の家族 1999-2009——全国家族調査［NFRJ］による計量社会学』（共編著, 東京大学出版会, 2016年）
『パネルデータの調査と分析・入門』（共編著, ナカニシヤ出版, 2016年）
Ⅷ-1　Ⅷ-2　Ⅷ-3
家族は身近でありながら複雑で変化に富んだ社会集団です。本書が新しい視点のきっかけになればと思います。

山田昌弘（やまだ・まさひろ／1957年生まれ）
中央大学文学部教授
『希望格差社会——「負け組」の絶望感が日本を引き裂く』（単著, 筑摩書房, 2004年）
『少子社会日本——もうひとつの格差のゆくえ』（単著, 岩波書店, 2007年）
Ⅰ-15　Ⅰ-16
家族をありのままにみつめることで道が拓けてきます。

大和礼子（やまと・れいこ／1960年生まれ）
関西大学社会学部教授
『生涯ケアラーの誕生』（単著, 学文社, 2008年）
『オトナ親子の同居・近居・援助』（単著, 学文社, 2017年）
Ⅴ-1　Ⅴ-2　Ⅴ-3　Ⅴ-4
Ⅴ章やⅦ章は，若者にとっての，自分の親との今後のつきあいを扱っています。将来を想像しつつ読んで下さい。

執筆者紹介（氏名／よみがな／生年／現職／業績／執筆担当／家族社会学について学ぶ読者へのメッセージ）　＊は編著者

吉田　崇（よしだ・たかし／1974年生まれ）
静岡大学人文社会科学部教授
『入門 家族社会学』（共著，新泉社，2017年）
『高校生のゆくえ』（共著，世界思想社，2018年）
ⅩⅢ-8　ⅩⅢ-10
家族について実証的にアプローチすることは，量的であれ質的であれ新鮮な驚きに満ちています。

渡邉泰彦（わたなべ・やすひこ／1969年生まれ）
京都産業大学法学部教授
「同性の両親と子——ドイツ，オーストリア，スイスの状況（その１〜５（未完））」（『産大法学』47巻３・４号，2014年〜）
「第３の性別は必要か——ドイツ連邦憲法裁判所2017年10月10日決定から」（『産大法学』52巻１号，2018年）
ⅩⅢ-2
家族というものを理論的にとらえるという点では，家族社会学も家族法も同じことをしています。

＊米村千代（よねむら・ちよ／1965年生まれ）
千葉大学文学部教授
『「家」を読む』（単著，弘文堂，2014年）
『現代日本の家族社会学を問う——多様化のなかの対話』（共著，ミネルヴァ書房，2017年）
prologue　Ⅰ-2　Ⅰ-3　Ⅰ-4　Ⅰ-5　Ⅰ-6　Ⅳ-1　Ⅳ-2
Ⅳ-3　Ⅳ-4　ⅩⅡ-1　epilogue
理論という光をあてて，目の前の家族をとらえなおす面白さをぜひ体験してください。

やわらかアカデミズム・〈わかる〉シリーズ

よくわかる家族社会学

2019年12月10日　初版第1刷発行
2024年1月10日　初版第4刷発行

〈検印省略〉

定価はカバーに
表示しています

編 著 者	西 野 理 子
	米 村 千 代
発 行 者	杉 田 啓 三
印 刷 者	江 戸 孝 典

発行所　株式会社　ミネルヴァ書房

607-8494 京都市山科区日ノ岡堤谷町1
電話代表 (075) 581-5191
振替口座 01020-0-8076

© 西野・米村, 2019　　　　共同印刷工業・新生製本

ISBN978-4-623-08551-4

Printed in Japan

やわらかアカデミズム・〈わかる〉シリーズ

よくわかる現代家族	神原文子・杉井潤子・竹田美知編著	本	体	2500円
よくわかる社会学	宇都宮京子編	本	体	2500円
よくわかる都市社会学	中筋直哉・五十嵐泰正編著	本	体	2800円
よくわかる教育社会学	酒井朗・多賀太・中村高康編著	本	体	2600円
よくわかる環境社会学	鳥越皓之・帯谷博明編著	本	体	2800円
よくわかる国際社会学	樽本英樹著	本	体	2800円
よくわかる宗教社会学	櫻井義秀・三木英編著	本	体	2400円
よくわかる医療社会学	中川輝彦・黒田浩一郎編著	本	体	2500円
よくわかる産業社会学	上林千恵子編著	本	体	2600円
よくわかる観光社会学	安村克己・堀野正人・遠藤英樹・寺岡伸悟編著	本	体	2600円
よくわかる社会学史	早川洋行編著	本	体	2800円
よくわかる宗教学	櫻井義秀・平藤喜久子編著	本	体	2400円
よくわかる障害学	小川喜道・杉野昭博編著	本	体	2400円
よくわかる社会心理学	山田一成・北村英哉・結城雅樹編著	本	体	2500円
よくわかる社会情報学	西垣通・伊藤守編著	本	体	2500円
よくわかるメディア・スタディーズ	伊藤守編著	本	体	2500円
よくわかるジェンダー・スタディーズ	木村涼子・伊田久美子・熊安貴美江編著	本	体	2600円
よくわかる質的社会調査 プロセス編	谷富夫・山本努編著	本	体	2500円
よくわかる質的社会調査 技法編	谷富夫・芦田徹郎編	本	体	2500円
よくわかる統計学 Ⅰ基礎編	金子治平・上藤一郎編	本	体	2600円
よくわかる統計学 Ⅱ経済統計編	御園謙吉・良永康平編	本	体	2600円
よくわかる学びの技法	田中共子編	本	体	2200円
よくわかる卒論の書き方	白井利明・高橋一郎著	本	体	2500円

———— ミネルヴァ書房 ————
https://www.minervashobo.co.jp/